JOSEPH DE MAISTRE

ESSAI

SUR LE

Principe Générateur

DES CONSTITUTIONS POLITIQUES

suivi de

ETUDE SUR LA SOUVERAINETÉ

LIBRAIRIE CATHOLIQUE EMMANUEL VITTE

LYON { 3, place Bellecour, 3 (SIÈGE SOCIAL) | 5, rue Garancière, 5 / 1, place Saint-Sulpice, 1 } PARIS

1924

ESSAI

SUR

LE PRINCIPE GÉNÉRATEUR

DES CONSTITUTIONS POLITIQUES

JOSEPH DE MAISTRE

ESSAI

SUR LE

Principe Générateur

DES CONSTITUTIONS POLITIQUES

suivi de

Etude sur la Souveraineté

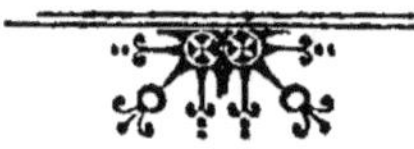

LIBRAIRIE CATHOLIQUE EMMANUEL VITTE

LYON { 3, place Bellecour, 3 | 5, rue Garancière, 5 } PARIS
{ (SIÈGE SOCIAL) | 1, place Saint-Sulpice, 1 }

1924

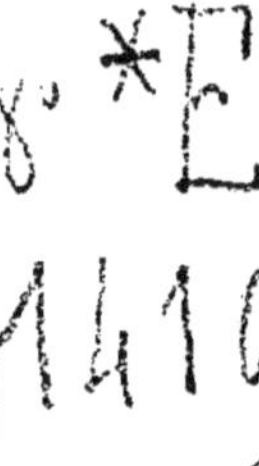

AVERTISSEMENT DE L'ÉDITEUR

Quiconque a voulu chercher la cause de cet esprit inquiet qui depuis plus de trente ans agite l'univers, a reconnu que les systèmes enfantés par la philosophie moderne ont déplacé ou détruit les véritables bases de la société.

En entretenant l'homme de ses droits prétendus, et en lui laissant ignorer une partie de ses premiers devoirs, de hardis novateurs ont flatté ses passions, lui ont inspiré des prétentions inouïes, et l'ont eu bien vite amené à révoquer en doute jusqu'à ces vérités précieuses que l'expérience de tous les siècles avait confirmées. Dès lors tout a été problème, les lois les plus inviolables se sont évanouies, le gouvernement des états n'a plus eu de règle, l'harmonie politique s'est écroulée, et il a fallu recueillir dans le champ de la révolution les fruits trop multipliés des doctrines nouvelles.

Les législateurs les plus anciens avaient mis leurs lois sous la sauvegarde des dieux, ils avaient établi des cérémonies religieuses, ils avaient reconnu les principes constitutifs des états ; et si, dans ces temps reculés, tant de peuples ont successivement brillé et disparu, c'est qu'en s'appuyant sur des religions fausses et de peu de durée, ils ne pouvaient avoir une base solide.

L'établissement du Christianisme a rendu les révolutions moins fréquentes, et c'est à lui que nous devons le bonheur dont la France a joui pendant quatorze siècles. Si la Providence a permis que notre patrie éprouvât de si funestes catastrophes,

4

c'est que nous étions éloignés des saintes maximes de nos ancêtres, et qu'elle a voulu nous rappeler, par cette terrible leçon, que, sans la religion, tout est erreur et calamité.

Cette vérité première d'où découlent toutes les autres a été développée par M. DE MAISTRE, avec autant de force que de logique, dans son livre ayant pour titre : *Essai sur le principe générateur des Constitutions politiques.* Déjà il l'avait établie dans ses *Considérations sur la France ;* mais il a cru devoir en faire l'objet d'un traité séparé pour la rendre plus évidente encore, en la dégageant de toutes les circonstances particulières qui semblaient l'appliquer uniquement à la révolution française.

PRÉFACE

La politique, qui est peut-être la plus épineuse des sciences, à raison de la difficulté toujours renaissante de discerner ce qu'il y a de stable ou de mobile dans ses éléments, présente un phénomène bien étrange et bien propre à faire trembler tout homme sage appelé à l'administration des États : c'est que tout ce que le bon sens aperçoit d'abord dans cette science comme une vérité évidente, se trouve presque toujours, lorsque l'expérience a parlé, non seulement faux, mais funeste.

A commencer par les bases, si jamais on n'avait ouï parler de gouvernements, et que les hommes fussent appelés à délibérer, par exemple, sur la

monarchie héréditaire ou élective, on regarderait
justement comme un insensé celui qui se détermi-
nerait pour la première. Les arguments contre elle
se présentent si naturellement à la raison, qu'il est
inutile de les rappeler.

L'histoire cependant, qui est la politique expérimentale, démontre que la monarchie héréditaire
est le gouvernement le plus stable, le plus heureux,
le plus naturel à l'homme, et la monarchie élective,
au contraire, la pire espèce des gouvernements
connus.

En fait de population, de commerce, de lois
prohibitives, et mille autres sujets importants, on
trouve presque toujours la théorie la plus plausible
contredite et annulée par l'expérience. Citons quelques exemples.

*Comment faut-il s'y prendre pour rendre un État
puissant?* « Il faut avant tout favoriser la popula-
« tion par tous les moyens possibles. » Au contraire,
toute loi tendant directement à favoriser la population, sans égard à d'autres considérations, est
mauvaise. Il faut même tâcher d'établir dans l'État
une certaine force morale qui tende à diminuer le
nombre des mariages, et à les rendre moins hâtifs.
L'avantage des naissances sur les morts établi par
les tables, ne prouve ordinairement que le nombre
des misérables, etc., etc. Les énonomistes français

avaient ébauché la démonstration de ces vérités, le beau travail de M. *Malthus* est venu l'achever.

Comment faut-il prévenir les disettes et les famines? — « Rien de plus simple. Il faut défendre « l'exportation des grains » — Au contraire, il faut accorder une prime à ceux qui les exportent. L'exemple et l'autorité de l'Angleterre nous ont forcés d'*engloutir* ce paradoxe.

Comment faut-il soutenir le change en faveur d'un pays? — « Il faut sans doute empêcher le numéraire de sortir ; et, par conséquent, veiller par de fortes lois prohibitives à ce que l'État n'achète pas plus qu'il ne vend. » Au contraire, jamais on n'a employé ces moyens sans faire baisser le change, ou, ce qui revient au même, sans augmenter la dette de la nation ; et jamais on ne prendra une route opposée sans le faire hausser, c'est-à-dire, sans prouver aux yeux que la créance de la nation sur ses voisins, s'est accrue, etc., etc.

Mais c'est dans ce que la politique a de plus substantiel de plus fondamental, je veux dire dans la constitution même des empires, que l'observation dont il s'agit revient le plus souvent. J'entends dire que les philosophes allemands ont inventé le mot *métapolitique*, pour être à celui de *politique* ce que le mot *métaphysique* est à celui de *physique*. Il semble que cette nouvelle expression est fort bien

inventée pour exprimer la *métaphysique de la politique;* car il y en a une, et cette science mérite toute
l'attention des observateurs.

Un écrivain anonyme qui s'occupait beaucoup de
ces sortes de spéculations, et qui cherchait à sonder
les fondements cachés de l'édifice social, se croyait
en droit, il y a près de vingt ans, d'avancer, comme
autant d'axiomes incontestables, les propositions
suivantes diamétralement opposées aux théories du
temps.

1° Aucune constitution ne résulte d'une délibération : les droits du peuple ne sont jamais écrits,
ou ils ne le sont que comme de simples déclarations
de droits antérieurs non écrits.

2° L'action humaine est circonscrite dans ces
sortes de cas, au point que les hommes qui agissent
ne sont que des circonstances.

3° Les droits des peuples proprement dits, par-
tent presque toujours de la concession des souverains, et alors il peut en conster historiquement :
mais les droits du souverain et de l'aristocratie
n'ont ni date ni auteurs connus.

4° Ces concessions même ont toujours été précé-
dées par un état de choses qui les a nécessitées et
qui ne dépendait pas du souverain.

5° Quoique les lois écrites ne soient jamais que
des déclarations de droits antérieurs, il s'en faut de

beaucoup cependant que tous ces droits puissent être écrits.

6° Plus on écrit, et plus l'institution est faible.

7° Nulle nation ne peut se donner la liberté, si elle ne l'a pas (1) ; l'influence humaine ne s'étendant pas au delà du développement des droits existants.

8° Les législateurs proprement dits sont des hommes extraordinaires qui n'appartiennent peut-être qu'au monde antique et à la jeunesse des nations.

9° Ces législateurs, même avec leur puissance merveilleuse, n'ont jamais fait que rassembler des éléments préexistants, et toujours ils ont agi au nom de la Divinité.

10° La liberté, dans un sens, est un don des Rois ; car presque toutes les nations libres furent constituées par des Rois (2).

---

(1) Machiavel est appelé ici en témoignage : *Un popolo uso a vivere sotto un principe, si per qualche accidente diventa libero, con difficoltà mantiene la libertà. (Disc. sopr. Tit. Liv.*, I, cap. XVI.)

(2) Ceci doit être pris en grande considération dans les monarchies modernes. Comme toutes légitimes et saintes franchises de ce genre doivent partir du souverain, tout ce qui lui est arraché par la force est frappé d'anathème. *Écrire une loi*, disait très bien Démosthène, *ce n'est rien:* c'est *LE FAIRE VOULOIR qui est tout.* (Olynt. III.) Mais si cela est vrai du souverain à l'égard du

11º Jamais il n'exista de nation libre qui n'eût dans sa constitution naturelle des germes de liberté aussi anciens qu'elle, et jamais nation ne tenta efficacement de développer par ses lois fondamentales écrites d'autres droits que ceux qui existaient dans sa constitution naturelle.

12º Une assemblée quelconque d'hommes ne peut constituer une nation. Une entreprise de ce genre doit même obtenir une place parmi les actes de folie les plus mémorables (1).

Il ne paraît pas que, depuis l'année 1796, date de la première édition du livre que nous citons (2), il se soit passé dans le monde rien qui ait pu amener l'auteur à se repentir de sa théorie. Nous croyons au contraire que, dans ce moment, il peut être utile de la développer pleinement et de la suivre dans toutes ses conséquences, dont l'une des plus importantes, sans doute, est celle qui se trouve

---

peuple, que dirons-nous d'une *nation ;* c'est-à-dire, pour employer les termes les plus doux, d'une poignée de théoristes échauffés qui proposeraient une constitution à un souverain légitime, comme on propose une capitulation à un général assiégé? Tout cela serait indécent, absurde, et surtout nul.

(1) Machiavel est encore cité ici : *E necessario che uno sia quello che dia il modo e della cui mente dipenda qualunque simile ordinazione. Disc. sopr. Tit. Liv.,* lib. I, cap. IV.

(2) *Considérations sur la France,* chap. IV.

énoncée en ces termes au chapitre X du même ouvrage.

L'homme ne peut faire de souverain. Tout au plus, il peut servir d'instrument pour déposséder un souverain et livrer ses États à un autre souverain déjà prince... « *Du reste, il n'a jamais existé de famille souveraine dont on puisse assigner l'origine plébéienne. Si ce phénomène paraissait, ce serait une époque du monde* (1). »

On peut réfléchir sur cette thèse, que la *censure divine* vient d'approuver d'une manière assez solennelle. Mais qui sait si l'ignorante légèreté de notre âge ne dira pas sérieusement : *S'il l'avait voulu, il serait encore à sa place?* comme elle le répète encore après deux siècles : *Si Richard Cromwell avait eu le génie de son père, il aurait fixé le protectorat dans sa famille;* ce qui revient précisément à dire : *Si cette famille n'avait pas cessé de régner, elle régnerait encore.*

Il est écrit : C'EST MOI QUI FAIS LES SOUVERAINS (2). Ceci n'est point une phrase d'église, une métaphore de prédicateur ; c'est la vérité littérale, simple et palpable. C'est une loi du monde politique. Dieu *fait* les Rois, au pied de la

---

(1) *Considérations sur la France*, chap. x, § 3•

(2) *Per me Reges regnant*. Prov., VIII, 15.

lettre. Il prépare les races royales ; il les mûrit au milieu d'un nuage qui cache leur origine. Elles paraissent ensuite *couronnées de gloire et d'honneur ;* elles se placent ; et voici le plus grand signe de leur légitimité.

C'est qu'elles s'avancent comme d'elles-mêmes, sans violence d'une part, et sans délibération marquée de l'autre : c'est une espèce de tranquillité magnifique qu'il n'est pas aisé d'exprimer. *Usurpation légitime* me semblerait l'expression propre (si elle n'était point trop hardie) pour caractériser ces sortes d'origines que le temps se hâte de consacrer.

Qu'on ne se laisse donc point éblouir par les plus belles apparences humaines. Qui jamais en rassembla davantage que le personnage extraordinaire dont la chute retentit encore dans toute l'Europe ? Vit-on jamais de souveraineté en apparence si affermie, une plus grande réunion de moyens, un homme plus puissant, plus actif, plus redoutable ? Longtemps nous le vîmes fouler aux pieds vingt nations muettes et glacés d'effroi ; et son pouvoir enfin avait jeté certaines racines qui pouvaient *désespérer* l'espérance. — Cependant il est tombé, et si bas, que la pitié qui le contemple, recule, de peur d'en être *touchée.* On peut, au reste, observer ici en passant que, par une raison *un peu* dif-

férente, il est devenu également difficile de parler
de cet homme, et de l'auguste rival qui en a débar-
rassé le monde. L'un échappe à l'insulte et l'autre
à la louange.— Mais revenons.

Dans un ouvrage connu seulement d'un petit
nombre de personnes à Saint-Pétersbourg, l'auteur écrivait en l'année 1810 :

« *Lorsque deux partis se heurtent dans une révolution, si l'on voit tomber d'un côté des victimes précieuses, on peut gager que ce parti finira par l'empor-
ter, malgré toutes les apparences contraires.* »

C'est encore là une assertion dont la vérité vient
d'être justifiée de la manière la plus éclatante et la
moins prévue. L'ordre moral a ses lois comme le
physique, et la recherche de ces lois est tout à fait
digne d'occuper les méditations du véritable philosophe. Après un siècle entier de futilités criminelles, il est temps de nous rappeler ce que nous
sommes, et de faire remonter toute science à sa
source. C'est ce qui a déterminé l'auteur de cet
opuscule à lui permettre de s'évader du porte-
feuille timide qui le retenait depuis cinq ans. On en
laisse subsister la date, et on le donne mot à mot tel
qu'il fut écrit à cette époque. L'amitié a provoqué
cette publication, et c'est peut-être tant pis pour
l'auteur ; car la bonne dame est, dans certaines
occasions, tout aussi aveugle que son frère. Quoi

qu'il en soit, l'esprit qui a dicté l'ouvrage jouit d'un privilège connu : il peut sans doute se tromper quelquefois sur des points indifférents, il peut exagérer ou parler trop haut ; il peut enfin offenser la langue ou le goût, et dans ce cas, tant mieux pour les malins, *si par hasard il s'en trouve;* mais toujours il lui resta l'espoir le mieux fondé de ne choquer personne, puisqu'il aime tout le monde ; et, de plus, la certitude parfaite d'intéresser une classe d'. _mmes assez nombreuses et très estimable, sans pouvoir jamais nuire à un seul : cette *foi* est tout à fait tranquillisante.

ESSAI

SUR

LE PRINCIPE GÉNÉRATEUR

DES CONSTITUTIONS POLITIQUES

ET DES AUTRES INSTITUTIONS HUMAINES

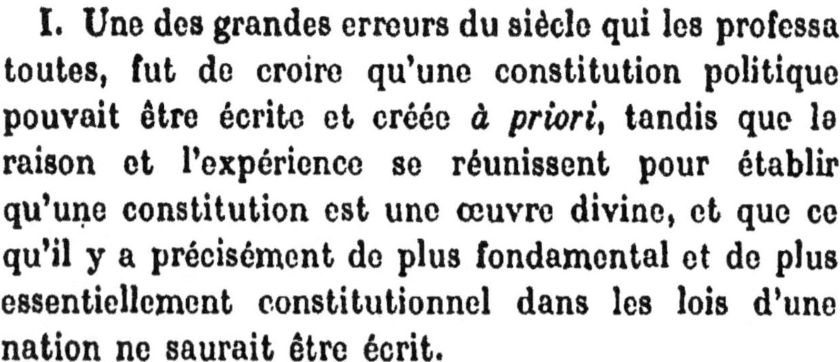

I. Une des grandes erreurs du siècle qui les professa toutes, fut de croire qu'une constitution politique pouvait être écrite et créée *à priori*, tandis que la raison et l'expérience se réunissent pour établir qu'une constitution est une œuvre divine, et que ce qu'il y a précisément de plus fondamental et de plus essentiellement constitutionnel dans les lois d'une nation ne saurait être écrit.

II. On a cru souvent faire une excellente plaisanterie aux Français en leur demandant *dans quel livre était écrite la loi salique?* mais Jérôme Bignon répondait fort à propos, et très probablement sans savoir à quel point il avait raison, *qu'elle était écrite* ÈS *cœurs des Français.* En effet, supposons qu'une loi de cette importance n'existe que parce qu'elle est écrite, il est certain que l'autorité quelconque qui l'aura écrite, aura le droit de l'effacer ; la loi n'aura donc pas ce caractère de sainteté et d'immutabilité qui distingue les lois véritablement constitutionnelles. L'essence d'une loi fondamentale est que personne n'ait le droit de l'abolir : or, comment sera-t-elle au-dessus de *tous,* si *quelqu'un* l'a faite? L'accord du peuple est impossible ; et, quand il en serait autrement, un accord n'est point une loi, et n'oblige personne, à moins qu'il n'y ait une autorité supérieure qui le garantisse. *Locke* a cherché le caractère de la loi dans l'expression des volontés réunies ; il faut être heureux pour rencontrer ainsi le caractère qui exclut précisément l'idée de *loi.* En effet, les volontés réunies forment le *règlement* et non la *loi,* laquelle suppose nécessairement et manifestement une volonté supérieure qui se fait obéir (1). « Dans le système de Hobbes » (le même qui a fait tant de fortune dans notre siècle sous la plume de Locke), « la force des lois civiles ne porte que sur « une convention ; mais s'il n'y a point de loi naturelle

---

(1) « L'homme dans l'état de nature n'avait que des droits... « En entrant dans la société, je renonce à ma volonté particulière « pour me conformer à la loi, *qui est la volonté générale.* » — Le *Spectateur français* (t. I, p. 194) s'est justement moqué de cette définition ; mais il pouvait observer de plus qu'elle appartient au siècle, et surtout à Locke, qui a ouvert ce siècle d'une manière si funeste.

« qui ordonne d'exécuter les lois qu'on a faites, de
« quoi servent-elles? Les promesses, les engagements,
« les serments ne sont que des paroles : il est aussi aisé
« de rompre ce lien frivole, que de le former. Sans le
« dogme d'un Dieu législateur, toute obligation
« morale est chimérique. Force d'un côté, impuis-
« sance de l'autre, voilà tout le lien des sociétés
« humaines (1). »

Ce qu'un sage et profond théologien a dit ici de
l'obligation morale, s'applique avec une égale vérité
a l'obligation politique ou civile. La loi n'est proprement *loi*, et ne possède une véritable sanction qu'en
la supposant émanée d'une volonté supérieure ; en
sorte que son caractère essentiel est *de n'être pas la
volonté de tous*. Autrement les lois ne seront, comme
on vient de le dire, *que des règlements ;* et, comme le
dit encore l'auteur cité tout à l'heure, « ceux qui ont
« eu la liberté de faire ces conventions, ne se sont
« pas ôté le pouvoir de les révoquer ; et leurs descendants, « qui n'y ont eu aucune part, sont encore
moins tenus « de les observer (2). » De là vient que
le bon sens primordial, heureusement antérieur
aux sophismes, a cherché de tous côtés la sanction
des lois dans une puissance au-dessus de l'homme,

---

(1) Bergier, *Traité hist. et dogm. de la Relig.*, in-8°, t. III,
chap. iv, § 12, pages 330, 831. (*D'après* Tertull., *Apol.* 45.)

(2) Bergier, *Traité historique et dogmatique de la Religion*,
in-8°, t. III, chap. iv, § 12, pages 330, 331. (D'après Tertullien,
Apol., 45.)

soit en reconnaissant que la souveraineté vient de Dieu, soit en révérant certaines lois écrites, comme venant de lui.

III. Les rédacteurs des lois romaines ont jeté, sans prétention, dans le premier chapitre de leur collection, un fragment de jurisprudence grecque bien remarquable. *Parmi les lois qui nous gouvernent*, dit ce passage, *les unes sont écrites et les autres ne le sont pas.* Rien de plus simple et rien de plus profond. Connaît-on quelque loi turque qui permette expressément au souverain d'envoyer immédiatement un homme à la mort, sans la décision intermédiaire d'un tribunal? Connaît-on quelque loi *écrite*, même religieuse, qui le défende aux souverains de l'Europe chrétienne (1)? Cependant le Turc n'est pas plus surpris de voir son maître ordonner immédiatement la mort d'un homme, que de le voir aller à la mosquée. Il croit, avec toute l'Asie, et même avec toute l'antiquité, que le droit de mort exercé immédiatement est un apanage légitime de la souveraineté. Mais nos princes frémiraient à la seule idée de condamner un homme à mort ; car, selon notre manière de voir, cette condam-

---

(1) *L'Église défend à ses enfants, encore plus fortement que les lois civiles, de se faire justice à eux-mêmes ; et c'est par son esprit que les rois chrétiens ne se la font pas, dans les crimes mêmes de lèse-majesté au premier chef, et qu'ils remettent les criminels entre les mains des juges pour les faire punir selon les lois et dans les formes de la justice.* (PASCAL, *XIVe Lettre Prov.*) Ce passage est très important et devrait se trouver ailleurs.

nation serait un meurtre abominable : et cependant je doute qu'il fût possible de le leur défendre par une loi fondamentale écrite, sans amener des maux plus grands que ceux qu'on aurait voulu prévenir.

IV. Demandez à l'histoire romaine quel était précisément le pouvoir du sénat ; elle demeurera muette, du moins quant aux limites précises de ce pouvoir. On voit bien en général que celui du peuple et celui du sénat se balançaient mutuellement, et ne cessaient de se combattre ; on voit bien que le patriotisme ou la lassitude, la faiblesse ou la violence terminaient ces luttes dangereuses, mais nous n'en savons pas davantage (1). En assistant à ces grandes scènes de l'histoire, on se sent quelquefois tenté de croire que les choses seraient allées beaucoup mieux s'il y avait eu des lois précises pour circonscrire les pouvoirs ; mais ce serait une grande erreur : de pareilles lois, toujours compromises par des cas inattendus et des exceptions forcées, n'auraient

---

(1) J'ai souvent réfléchi sur ce passage de Cicéron *(De Leg.,* II, 6.)* : *Leges Liviæ præsertim uno versiculo senatûs puncto temporis sublatæ sunt.* De quel droit le sénat prenait-il cette liberté? et comment le peuple le laisseit-il faire? Il n'est sûrement pas aisé de répondre : mais de quoi peut-on s'étonner dans ce genre, puisqu'après tout ce qu'on a écrit sur l'histoire et sur les antiquités romaines, il a fallu de nos jours écrire des dissertations pour savoir comment le sénat se recrutait?

pas duré six mois, ou elles auraient renversé la république.

V. La constitution anglaise est un exemple plus près de nous, et par conséquent plus frappant. Qu'on l'examine avec attention : on verra *qu'elle ne va qu'en n'allant pas* (si ce jeu de mots est permis).Elle ne se soutient que par les exceptions. L'*habeas corpus*, par exemple, a été si souvent et si longtemps suspendu, qu'on a pu douter si l'exception n'était pas devenue règle. Supposons un instant que les auteurs de ce fameux acte eussent eu la prétention de fixer le cas où il pourrait être suspendu, ils l'auraient anéanti par le fait.

VI. Dans la séance de la chambre des communes du 26 juin 1807, un lord cita l'autorité d'un grand homme d'État pour établir *que le Roi n'a pas le droit de dissoudre le parlement pendant la session;* mais cette opinion fut contredite. Où est la loi? Essayez de la faire, et de fixer exclusivement *par écrit* le cas où le Roi a ce droit ; vous amènerez une révolution. *Le Roi*, dit alors l'un des membres, *a ce droit lorsque l'occasion est importante;* mais qu'est-ce qu'une occasion *importante?* Essayez encore de le décider par écrit.

VII. Mais voici quelque chose de plus singulier. Tout le monde se rappelle la grande question agitée avec tant de chaleur en Angleterre en l'année 1806 : il s'agissait de savoir *si la cumulation d'un emploi de judicature avec une place de membre du conseil privé s'accordait ou non avec les principes de la constitution anglaise;* dans la séance de cette même chambre des communes du 3 mars, un membre observa *que l'Angleterre est gouvernée par un corps* (le conseil privé) *que la constitution ignore* (1). *Seulement,* ajouta-t-il, *elle le laisse faire* (2).

Voilà donc chez cette sage et justement fameuse Angleterre un corps qui gouverne et fait tout dans le vrai, mais *que la constitution ne connaît pas.* Delolme a oublié ce trait, que je pourrais appuyer de plusieurs autres.

Après cela, qu'on vienne nous parler de constitutions écrites et de lois constitutionnelles faites *à priori.* On ne conçoit pas comment un homme sensé peut rêver la possibilité d'une pareille chimère. Si l'on s'avisait de faire une loi en Angleterre pour donner une existence constitutionnelle au conseil privé, et pour régler ensuite et circonscrire rigoureusement ses privilèges et ses attributions, avec les précautions nécessaires pour limiter son influence et l'empêcher d'en abuser, on renverserait l'État.

La véritable *constitution anglaise* est cet esprit public admirable, unique, infaillible, au-dessus de

---

(1) *This country is governed by a body not known by Legislature.*

(2) *Connived at.* V. le *London Chronicle* du 4 mars 1806. Observez que ce mot de *Législature,* renfermant les trois pouvoirs, il suit de cette assertion que le Roi même *ignore le conseil privé.* — Je crois cependant qu'il s'en doute.

tout éloge, qui mène tout, qui sauve tout. — Ce qui est écrit n'est rien (1).

VIII. On jeta les hauts cris, sur la fin du siècle dernier, contre un ministre qui avait conçu le projet d'introduire cette même constitution anglaise (ou ce qu'on appelait de ce nom) dans un royaume en convulsion qui en demandait une quelconque avec une espèce de fureur. Il eut tort, si l'on veut, autant du moins qu'on peut avoir tort lorsqu'on est de bonne foi ; ce qu'il est bien permis de supposer, et ce que je crois de tout mon cœur. Mais qui donc avait le droit de le condamner? *Vel duo, vel nemo.* Il ne déclarait pas vouloir rien détruire de son chef, il voulait seulement, disait-il, substituer une chose qui lui paraissait raisonnable, à une autre dont on ne voulait plus, et qui même par le fait n'existait plus. Si l'on suppose d'ailleurs le principe comme posé (et il l'était en effet), *que l'homme peut créer une constitution,* ce ministre (qui était certainement un homme) avait droit de faire la sienne tout comme un autre, et plus qu'un autre. Les doctrines sur ce point étaient-elles douteuses? Ne croyait-on pas de tout côté qu'une constitution est un ouvrage d'esprit comme une ode ou une tragédie? *Thomas Payne* n'avait-il pas déclaré

----

(1) *Cette constitution turbulente,* dit Hume, *toujours flottante entre la prérogative et le privilège, présente une foule d'autorités pour et contre. (Hist. d'Angl.,* Jacques Ier, chap. xlvii, ann. 1621.) Hume, en disant ainsi la vérité, ne manque point de respect à son pays ; il dit ce qui est et ce qui doit être.

avec une profondeur qui ravissait les universités, *qu'une constitution n'existe pas tant qu'on ne peut la mettre dans sa poche?* Le dix-huitième siècle, qui ne s'est douté de rien, n'a douté de rien : c'est la règle ; et je ne crois pas qu'il ait produit un seul jouvenceau de quelque talent qui n'ait fait trois choses au sortir du collège : une *néopédie*, une constitution et un monde. Si donc un homme, dans la maturité de l'âge et du talent, profondément versé dans les sciences économiques et dans la philosophie du temps, n'avait entrepris que la seconde de ces choses seulement, je l'aurais trouvé déjà excessivement modéré ; mais j'avoue qu'il me paraît un véritable prodige de sagesse et de modestie lorsque je le vois, mettant (au moins comme il le croyait) l'expérience à la place des folles théories, demander respectueusement une constitution aux Anglais, au lieu de la faire lui-même. On dira : *Cela même n'était pas possible.* Je le sais, mais il ne le savait pas : et comment l'aurait-il su? Qu'on me nomme celui qui le lui avait dit.

IX. Plus on examinera le jeu de l'action humaine dans la formation des constitutions politiques, et plus on se convaincra qu'elle n'y entre que d'une manière infiniment subordonnée, ou comme simple instrument ; et je ne crois pas qu'il reste le moindre doute sur l'incontestable vérité des propositions suivantes :

1. Que les racines des constitutions politiques existent avant toute loi écrite ;

2. Qu'une loi constitutionnelle n'est et ne peut

être que le développement ou la sanction d'un droit préexistant et non écrit ;

3. Que ce qu'il y a de plus essentiel, de plus intrinsèquement constitutionnel, et de véritablement fondamental, n'est jamais écrit, et même ne saurait l'être, sans exposer l'État ;

4. Que la faiblesse et la fragilité d'une constitution sont précisément en raison directe de la multiplicité des articles constitutionnels écrits (1).

X. Nous sommes trompés sur ce point par un sophisme si naturel, qu'il échappe entièrement à notre attention. Parce que l'homme agit, il croit agir seul, et parce qu'il a la conscience de sa liberté, il oublie sa dépendance. Dans l'ordre physique il entend raison ; et quoiqu'il puisse, par exemple, planter un gland, l'ar   ser, etc., cependant il est capable de convenir qu'il ne fait pas des chênes, parce qu'il voit l'arbre croître et se perfectionner sans que le pouvoir humain s'en mêle, et que d'ailleurs il n'a pas fait le gland ; mais dans l'ordre social, où il est présent et agent, il se met à croire qu'il est réellement l'auteur direct de tout ce qui se fait par lui : c'est, dans un sens, la truelle qui se croit architecte. L'homme est intelligent, il est libre, il est sublime, sans doute ; mais il n'en est pas moins un *outil de Dieu*, suivant l'heureuse expression de Plutarque dans un beau passage qui vient de lui-même se placer ici.

---

(1) Ce qui peut servir de commentaire au mot célèbre de Tacite : *Pessimæ Reipublicæ plurimæ Leges.*

Il ne faut pas s'esmerveiller, dit-il, si les plus belles et les plus grandes choses du monde se font par la volonté et providence de Dieu, attendu que, en toutes les plus grandes et principales parties du monde, il y a une ame; car l'organe et util de l'ame, c'est le corps, et l'ame est L'UTIL DE DIEU. *Et comme le corps a de soy plusieurs mouvements, et que la pluspart, mesmement les plus nobles, il les a de l'ame, aussy l'ame ne faict ne plus, ne moins, auscunes de ses opérations, estant meuë d'elle-mesme; ès autres, elle se laisse manier, dresser et tourner à Dieu, comme il lui plaist; estant le plus bel organe et le plus adroist util qui sçauroit estre: car ce seroit chose estrange que le vent, les nuées et les pluyes fussent instruments de Dieu, avec lesquels il nourrit et entretient plusieurs creatures, et en perd aussy et deffaict plusieurs austres, et qu'il ne se servist nullement des animaux à faire pas une de ses œuvres. Ains est beaucoup plus vraysemblable, attendu qu'ils dépendent totalement de la puissance de Dieu, qu'ils servent à tous les mouvements et secondent toutes les volontés de Dieu, plus-tost que les arcs ne s'accommodent aux Scythes, les lyres aux Grecs ne les haubois* (1).

. On ne saurait mieux dire ; et je ne crois pas que ces belles réflexions trouvent nulle part d'application plus juste que dans la formation des constitutions politiques, où l'on peut dire, avec une égale vérité, que l'homme fait tout et ne fait rien.

---

(1) PLUTARQUE, *Banquet des sept Sages*, traduction d'Amyot.

XI. S'il y a quelque chose de connu, c'est la comparaison de Cicéron au sujet du système d'Epicure, qui voulait bâtir un monde avec les atomes tombant au hasard dans le vide. *On me ferait plutôt croire*, disait le grand orateur, *que des lettres jetées en l'air pourraient s'arranger, en tombant, de manière à former un poème.* Des milliers de bouches ont répété et célébré cette pensée ; je ne vois pas cependant que personne ait songé à lui donner le complément qui lui manque. Supposons que des caractères d'imprimerie jetés à pleines mains du haut d'une tour viennent former à terre l'*Athalie* de Racine, qu'en résultera-t-il? *Qu'une intelligence a présidé à la chute et à l'arrangement des caractères.* Le bon sens ne conclura jamais autrement.

XII. Considérons maintenant une constitution politique quelconque, celle de l'Angleterre, par exemple. Certainement elle n'a pas été faite à *priori*. Jamais des hommes d'État ne se sont assemblés et n'ont dit : *Créons trois pouvoirs; balançons-les de telle manière*, etc. ; personne n'y a pensé. La constitution est l'ouvrage des circonstances, et le nombre de ces circonstances est infini. Les lois romaines, les lois ecclésiastiques, les lois féodales ; les coutumes saxonnes, normandes et danoises ; les privilèges, les préjugés et les prétentions de tous les ordres ; les guerres, les révoltes, les révolutions, la conquête, les croisades ; toutes les vertus, tous les vices, toutes les connaissances, toutes les erreurs, toutes les passions ; tous ces éléments, enfin, agissant ensemble, et formant par leur mélange et leur action réciproque des combinaisons multipliées par myriades de millions, ont produit enfin, après plusieurs siècles, l'unité la plus compliquée et le plus bel équilibre de forces politiques qu'on ait jamais vu dans le monde (1).

XIII. Or, puisque ces éléments, ainsi projetés dans l'espace, se sont arrangés en si bel ordre, sans que, parmi cette foule innombrable d'hommes qui ont agi dans ce vaste champ, un seul ait jamais su ce qu'il faisait par rapport au tout, ni prévu ce qui devait arriver, il s'ensuit que ces éléments étaient guidés dans leur chute par une main infaillible, supérieure à l'homme. La plus grande folie, peut-être, du siècle des folies, fut de croire que des lois fondamentales pouvaient être écrites *à priori;* tandis qu'elles sont évidemment l'ouvrage d'une force supérieure à l'homme ; et que l'écriture même, très postérieure, est pour elle le plus grand signe de nullité.

---

(1) Tacite croyait que cette forme de gouvernement ne serait jamais qu'une théorie idéale ou une expérience passagère. « Le meilleur de tous les gouvernements », dit-il (d'après Cicéron, comme on sait), « serait celui qui résulterait du mélange des trois « pouvoirs balancés l'un par l'autre ; *mais ce gouvernement n'exis-* « *tera jamais ; ou, s'il se montre, il ne durera pas.* » (*Annal.,* IV, 33.) Le bon sens anglais peut cependant le faire durer bien plus longtemps qu'on ne pourrait l'imaginer, en subordonnant sans cesse, mais plus ou moins, la théorie, ou ce qu'on appelle *les principes,* aux leçons de l'expérience et de la modération : ce qui serait impossible, si les *principes* étaient écrits.

XIV. Il est bien remarquable que Dieu, ayant daigné parler aux hommes, a manifesté lui-même ces vérités dans les deux révélations que nous tenons de sa bonté. Un très habile homme qui a fait, à mon avis, une sorte d'époque dans notre siècle, à raison du combat à outrance qu'il nous montre dans ses écrits entre les préjugés les plus terribles de siècle, de secte, d'habitudes, etc., et les intentions les plus pures, les mouvements du cœur le plus droit, les connaissances les plus précieuses ; cet habile homme, dis-je, a décidé « *qu'une instruction venant immédiatement de Dieu, ou donnée seulement par ses ordres,* DEVAIT *premièrement certifier aux hommes l'existence de cet* ÊTRE. » C'est précisément le contraire ; car le premier caractère de cette instruction est de ne révéler directement ni l'existence de Dieu, ni ses attributs, mais de supposer le tout antérieurement connu, sans qu'on sache ni pourquoi, ni comment. Ainsi elle ne dit point : *Il n'y a,* ou *vous ne croirez qu'un seul Dieu éternel, tout-puissant,* etc., elle dit (et c'est son premier mot), sous une forme purement narrative : *Au commencement Dieu créa,* etc. ; par où elle suppose que le dogme est connu avant l'Écriture.

XV. Passons au christianisme, qui est la plus grande de toutes les institutions imaginables, puisqu'elle est toute divine, et qu'elle est faite pour les hommes et pour tous les siècles. Nous la trouverons soumise à la loi générale. Certes, son divin auteur était bien le maître d'écrire lui-même ou de faire écrire ; cependant il n'a fait ni l'un ni l'autre, du moins en forme législative. Le Nouveau-Testament, postérieur à la mort du législateur, et même à l'établissement de sa religion, présente une narration, des avertissements, des préceptes moraux, des exhortations, des ordres, des menaces, etc., mais nullement un recueil de dogmes énoncés en forme impérative. Les évangélistes, en racontant cette dernière *cène* où Dieu nous aima JUSQU'A LA FIN, avaient là une belle occasion de commander par écrit à notre croyance ; ils se gardent cependant de déclarer ni d'ordonner rien. On lit bien dans leur admirable histoire : *Allez, enseignez;* mais point du tout : *Enseignez ceci ou cela.* Si le dogme se présente sous la plume de l'historien sacré, il l'énonce simplement comme une chose antérieurement connue (1). Les symboles qui parurent depuis sont des professions de foi pour se reconnaître, ou pour contredire les erreurs du moment. On y lit : *Nous croyons;* jamais *vous croirez.* Nous les récitons en particulier : nous les chantons dans les temples, *sur la lyre et sur l'orgue* (2), comme de véritables prières, parce qu'ils

---

(1) Il est très remarquable que les évangélistes mêmes ne prirent la plume que tard, et principalement pour contredire des histoires fausses publiées de leur temps. Les épîtres canoniques naquirent aussi de causes accidentelles : jamais l'Écriture n'entra dans le plan primitif des fondateurs. *Mill*, quoique protestant, l'a reconnu expressément. *(Pro leg. in Nov. Test. græc.*, p. 1, n° 65. Et Hobbes avait déjà fait la même observation en Angleterre (HOBBES's *T, ipos in three discourses. Dis. The III* p. 265, in-8°.)

(2) *In chordis et organo.* Ps., CL, 4.

sont des formules de soumission, de confiance et de foi adressées à Dieu, et non des ordonnances adressées aux hommes. Je voudrais bien voir la *Confession d'Augsbourg* ou les *trente-neuf articles* mis en musique ; cela serait plaisant (1) !

Bien loin que les premiers symboles contiennent l'énoncé de *tous* nos dogmes, les chrétiens d'alors auraient au contraire regardé comme un grand crime de les énoncer *tous*. Il en est de même des saintes Écritures : jamais il n'y eut d'idée plus creuse que celle d'y chercher la totalité des dogmes chrétiens : il n'y a pas une ligne dans ces écrits qui déclare, qui laisse seulement apercevoir le projet d'en faire un code ou une déclaration dogmatique de tous les articles de foi.

XVI. Il y a plus : si un peuple possède un de ces *codes de croyance*, on peut être sûr de trois choses :

1. Que la religion de ce peuple est fausse ;

2. Qu'il a écrit son code religieux dans un accès de fièvre ;

---

(1) La raison ne peut que *parler*, c'est l'amour qui *chante ;* et voilà pourquoi nous chantons nos symboles ; car la *foi* n'est qu'une *croyance par amour ;* elle ne réside point seulement dans l'entendement : elle pénètre encore et s'enracine dans la volonté. Un théologien philosophe a dit avec beaucoup de vérité et de finesse : « Il y a bien de la différence entre croire et juger qu'il « faut croire. » *Aliud est credere, aliud judicare esse credendum.* (Leon. Lessii Opuscula. Lugd. 1651, in-fol. pag. 556, col. 2. De Prædestinatione.)

3. Qu'on s'en moquera en peu de temps chez cette nation même, et qu'il ne peut avoir ni force ni durée. Tels sont, par exemple, ces fameux ARTICLES, *qu'on signe plus qu'on ne les lit, et qu'on lit plus qu'on ne les croit* (1). Non seulement ce catalogue de dogmes est compté pour rien, ou à peu près, dans le pays qui l'a vu naître ; mais de plus il est évident, même pour l'œil étranger, que les illustres possesseurs de cette feuille de papier en sont fort embarrassés. Ils voudraient bien la faire disparaître, parce qu'elle impatiente le bon sens national éclairé par le temps, et parce qu'elle leur rappelle une origine malheureuse ; mais la *constitution est écrite.*

XVII. Jamais, sans doute, ces mêmes Anglais n'auraient demandé la grande charte, si les privilèges de la nation n'avaient pas été violés ; mais jamais aussi ils ne l'auraient demandée, si les privilèges n'avaient pas existé avant la charte. Il en est de l'Église comme de l'État : si jamais le christianisme n'avait été attaqué, jamais il n'aurait écrit pour fixer le dogme ; mais jamais aussi le dogme n'a été fixé par écrit, que parce qu'il existait antérieurement dans son état naturel, qui est celui de *parole.*

Les véritables auteurs du concile de Trente furent les deux grands novateurs du xvie siècle (2). Leurs

---

(1) GIBBON, dans ses *Mémoires*, t. I, chap. vi, de la traduction française.

(2) On peut faire la même observation en remontant jusqu'à Arius : jamais l'Église n'a cherché à écrire ses dogmes ; toujours on l'y a forcée.

disciples, devenus plus calmes, nous ont proposé depuis d'effacer cette loi fondamentale, parce qu'elle contient quelques mots difficiles pour eux ; et ils ont essayé de nous tenter, en nous montrant comme possible à ce prix une réunion qui nous rendrait complices au lieu de nous rendre amis ; mais cette demande n'est ni théologique ni philosophique. Eux-mêmes amenèrent jadis dans la langue religieuse ces mots qui les fatiguent, désirons qu'ils apprennent aujourd'hui à les prononcer. La foi, si la sophistique opposition ne l'avait jamais forcée d'écrire, serait mille fois plus angélique : elle pleure sur ces décisions que la révolte lui arracha et qui furent toujours des malheurs, puisqu'elles supposent toutes le doute ou l'attaque, et qu'elles ne purent naître qu'au milieu des commotions les plus dangereuses. L'état de guerre éleva ces remparts vénérables autour de la vérité : ils la défendent sans doute, mais ils la cachent ; ils la rendent inattaquable, mais par là même moins accessible. Ah ! ce n'est pas ce qu'elle demande, elle qui voudrait serrer le genre humain dans ses bras.

XVIII. J'ai parlé du christianisme comme système de croyance ; je vais maintenant l'envisager comme souveraineté, dans son association la plus nombreuse. Là, elle est monarchique, comme tout le monde le sait, et cela devrait être, puisque la monarchie devient par la nature même des choses, plus nécessaire à mesure que l'association devient plus nombreuse. On n'a point oublié qu'une bouche impure se fit cependant approuver de nos jours, lorsqu'elle dit *que la*

France était géographiquement monarchique. Il serait difficile, en effet, d'exprimer plus heureusement une vérité plus incontestable. Mais si l'étendue de la France repousse seule l'idée de toute autre espèce de gouvernement, à plus forte raison cette souveraineté qui, par l'essence même de sa constitution, aura toujours des sujets sur tous les points du globe, ne pouvait être que monarchique ; et l'expérience sur ce point se trouve d'accord avec la théorie. Cela posé, qui ne croirait qu'une telle monarchie se trouve plus rigoureusement déterminée et circonscrite que toutes les autres, dans la prérogative de son chef? C'est cependant le contraire qui a eu lieu. Lisez les innombrables volumes enfantés par la guerre étrangère, et même par une espèce de guerre civile qui a ses avantages et ses inconvénients, vous verrez que de tout côté on ne cite que des faits ; et c'est une chose surtout bien remarquable que le tribunal suprême ait constamment laissé disputer sur la question qui se présente à tous les esprits comme la plus fondamentale de la constitution, sans avoir voulu jamais la décider par une loi formelle ; ce qui devait être ainsi, si je ne me trompe infiniment, à raison précisément de l'importance fondamentale de la question (1). Quelques

---

(1) Je ne sais si les Anglais ont remarqué que le plus docte et le plus fervent défenseur de la souveraineté dont il s'agit ici, intitule ainsi un de ses chapitres : *Que la monarchie mixte tempérée d'aristocratie et de démocratie, vaut mieux que la monarchie pure.* (BELLARMINUS, *de summo Pontif.*, cap. II.) Pas mal pour un fanatique !

hommes sans mission, et téméraires par faiblesse, tentèrent de la décider en 1682, en dépit d'un grand homme ; et ce fut une des plus solennelles imprudences qui aient jamais été commises dans le monde. Le monument qui nous en est resté est condamnable sans doute sous tous les rapports ; mais il l'est surtout par un côté qui n'a pas été remarqué, quoiqu'il prête le flanc plus que tout autre à une critique éclairée. La fameuse déclaration osa décider par écrit et sans nécessité, même apparente (ce qui porte la faute à l'excès), une question qui devait être constamment abandonnée à une certaine sagesse pratique, éclairée par la conscience UNIVERSELLE.

Ce point de vue est le seul qui se rapporte au dessein de cet ouvrage , mais il est bien digne des méditations de tout esprit juste et de tout cœur droit.

XIX. Ces idées ne sont point étrangères (prises dans leur généralité) aux philosophes de l'antiquité : ils ont bien senti la faiblesse, j'ai dit le néant de l'écriture dans les grandes institutions ; mais personne n'a mieux vu, ni mieux exprimé cette vérité que Platon, qu'on trouve toujours le premier sur la route de toutes les grandes vérités. Suivant lui, d'abord, « l'homme « qui doit toute son instruction à l'écriture, *n'aura* « *jamais que l'apparence de la sagesse* (1). La parole, « ajoute-t-il, est à l'écriture ce qu'un homme est à son

---

(1) Δοξόσοφοι γεγονότες ἀντὶ σοφῶν. (PLAT., *in Phæd. Opp. tom.*, edit. Bipont., p. 381.)

« portrait. Les productions de la peinture se présentent
« à nos yeux comme vivantes ; mais *si on les interroge,*
« *elles gardent le silence avec dignité* (1). Il en est de
« même de l'écriture, *qui ne sait ce qu'il faut dire à un*
« *homme, ni ce qu'il faut cacher à un autre.* Si l'on vient
« à l'attaquer ou à l'insulter sans raison, elle ne peut
« se défendre ; *car son père n'est jamais là pour la sou-*
« *tenir* (2). De manière que celui qui s'imagine pouvoir
« établir par l'écriture seule une doctrine claire et
« durable, EST UN GRAND SOT (3). S'il possédait
« réellement les véritables germes de la vérité, il se
« garderait bien de croire qu'*avec un peu de liqueur*
« *noire et une plume* (4) il pourra les faire germer dans
« l'univers, les défendre contre l'inclémence des
« saisons et leur communiquer l'efficacité nécessaire.
« Quant à celui qui entreprend d'écrire *des lois ou des*
« *constitutions civiles* (5), et qui se figure que parce
« qu'il les a écrites il a pu leur donner l'évidence et la
« stabilité convenables, quelque puisse être cet homme,
« particulier ou législateur (6), et soit qu'on le dise ou

---

(1) Σεμνῶς πάνυ σιγᾷ. *(Ibid.*, p. 382.)

(2) Τοῦ πατρός δεῖται βοηθοῦ. *(Ibid.*, p. 382.)

(3) Πολλῆς ἂν εὐηθείας γέμει. *(Ibid.*, p. 382.) Mot à mot : *Il
regorge de bêtise.*

Prenons garde, chacun dans notre pays, que cette espèce de
pléthore ne devienne endémique.

(4) 'Εν ὕδατι μέλανι διὰ καλαμοῦ. *(Ibid.*, p. 384.)

(5) Νόμους τιθείς σύγγραμμα πολιτικὸν γράφων. (PLAT., *in Phæd.
Opp.* Tom. X, etc., Bi)ont, p. 386, 126.)

(6) Ἰδία ἢ δημοσίᾳ. *(Ibid.)*

« qu'on ne le dise pas (1), il s'est déshonoré ; car il a
« prouvé par là qu'il ignore également ce que c'est que
« l'inspiration et le délire, le juste et l'injuste, le bien
« et le mal : or, cette ignorance est une ignominie,
« quand même la masse entière du vulgaire applau-
« dirait (2). »

XX. Après avoir entendu *la sagesse des nations*, il ne
sera pas inutile, je pense, d'entendre encore la philosophie chrétienne.

« Il eût été sans doute bien à désirer, » a dit le plus
éloquent des Pères grecs, « que nous n'eussions jamais
« eu besoin de l'écriture, et que les préceptes divins ne
« fussent écrits que dans nos cœurs, par la grâce,
« comme ils le sont par l'encre, dans nos livres : mais,
« puisque nous avons perdu cette grâce par notre
« faute, saisissons donc, puisqu'il le faut, *une planche*
« *au lieu du vaisseau*, et sans oublier cependant la
« supériorité du premier état. Dieu ne révéla jamais
« rien par écrit aux élus de l'Ancien-Testament ;
« toujours il leur parla directement, parce qu'il voyait
« la pureté de leurs cœurs ; mais le peuple hébreu
« s'étant précipité dans l'abîme des vices, il fallut
« des livres et des lois. La même marche s'est renou-
« velée sous l'empire de la nouvelle révélation ; car le
« Christ n'a pas laissé un seul écrit à ses Apôtres.
« Au lieu de livre il leur promit le Saint-Esprit. *C'est*

---

(3) Εἴτέ τις φησίν, εἴτε μὴ. *(Ibid.)*

(4) Οὐκ ἐκφεύγει τῇ ἀληθείᾳ μὴ οὐκ ἐπονείδιστον εἶναι, οὐδε ὑν ὁ πας
ὄχλος αὐτον επαινέσῃ. *(Ibid.,* pages 386, 387.)

« *lui*, leur dit-il, *qui vous inspirera ce que vous aurez*
« *à dire* (1). Mais parce que, dans la suite des temps,
« des hommes coupables se révoltèrent contre les
« dogmes et contre la morale, il fallut en venir aux
« livres. »

XXI. Toute la vérité se trouve réunie dans ces
deux autorités. Elles montrent la profonde imbécillité (il est bien permis de parler comme Platon, qui ne
se fâche jamais), la profonde imbécillité, dis-je, de
ces pauvres gens qui s'imaginent que les législateurs
sont des hommes (2), que les lois sont du papier, et
qu'on peut constituer les nations *avec de l'encre*.
Elles montrent au contraire que l'écriture est constamment un signe de faiblesse, d'ignorance ou de
danger ; qu'à mesure qu'une institution est parfaite,
elle écrit moins ; de manière que celle qui est
certainement divine, n'a rien écrit du tout en s'établissant, pour nous faire sentir que toute loi écrite
n'est qu'un mal nécessaire, produit par l'infirmité
ou par la malice humaine ; et qu'elle n'est rien du
tout, si elle n'a reçu une sanction antérieure et non
écrite.

XXII. C'est ici qu'il faut gémir sur le paralogisme

____

(1) CHRYSOST., *Hom. in Matth.*, I, 1.

(2) Parmi une foule de traits admirables dont les Psaumes
de David étincellent, je distingue le suivant : *Constitue, Domine,
legislatorem super eos, ut sciant quoniam homines sunt;* c'est-à-dire :
« Place, Seigneur, un législateur sur leurs têtes, afin qu'ils sachent
« qu'ils sont des hommes. » — C'est un beau mot !

fondamental d'un système qui a malheureusement divisé l'Europe. Les partisans de ce système ont dit : *Nous ne croyons qu'à la parole de Dieu...* Quel abus des mots ! quelle étrange et funeste ignorance des choses divines ! Nous seuls croyons *à la parole*, tandis que nos *chers ennemis* s'obstinent à ne croire qu'à *l'écriture :* comme si Dieu avait pu ou voulu changer la nature des choses dont il est l'auteur, et communiquer à l'écriture la vie et l'efficacité qu'elle n'a pas ! L'Écriture sainte n'est-elle donc pas *une écriture ?* n'a-t-elle pas été tracée *avec une plume et un peu de liqueur noire ? Sait-elle ce qu'il faut dire à un homme et ce qu'il faut cacher à un autre* (1) ? Leibnitz et sa servante n'y lisaient-ils pas les mêmes mots ? Peut-elle être, cette écriture, autre chose que le *portrait du Verbe ?* Et, quoique infiniment respectable sous ce rapport, si l'on vient à l'interroger, ne faut-il pas qu'*elle garde un silence divin* (2) ? Si on l'attaque enfin, ou si on l'insulte, *peut-elle se défendre en l'absence de son père ?* Gloire à la vérité ! Si la *parole* éternellement vivante ne vivifie l'écriture, jamais celle-ci ne deviendra *parole*, c'est-à-dire *vie*. Que d'autres invoquent donc tant qu'il leur plaira LA PAROLE MUETTE, nous rirons en paix de ce *faux dieu ;* attendant toujours avec une tendre impatience le moment où ses partisans détrompés se jetteront dans nos bras, ouverts bientôt depuis trois siècles.

---

(1) Revoyez la page 255 et suiv.

(2) Σεμνῶς πανυ σιγᾶ. (PLAT., *ibid.*)

XXIII. Tout bon esprit achèvera de se convaincre sur ce point, pour peu qu'il veuille réfléchir sur un axiome également frappant par son importance et par son universalité, c'est que RIEN DE GRAND N'A DE GRANDS COMMENCEMENTS. On ne trouvera pas dans l'histoire de tous les siècles une seule exception à cette loi. *Crescit occulto velut arbor œvo;* c'est la devise éternelle de toute grande institution ; et de là vient que toute institution fausse écrit beaucoup, parce qu'elle sent sa faiblesse, et qu'elle cherche à s'appuyer. De la vérité que je viens d'énoncer résulte l'inébranlable conséquence, que nulle institution grande et réelle ne saurait être fondée sur une loi écrite, puisque les hommes mêmes, instruments successifs de l'établissement, ignorent ce qu'il doit devenir, et que l'accroissement insensible est le véritable signe de la durée, dans tous les ordres possibles de choses. Un exemple remarquable de ce genre se trouve dans la puissance des souverains pontifes, que je n'entends point envisager ici d'une manière dogmatique. Une foule de savants écrivains ont fait, depuis le XVIe siècle, une prodigieuse dépense d'érudition pour établir, en remontant jusqu'au berceau du christianisme, que les évêques de Rome n'étaient point, dans les premiers siècles, ce qu'ils furent depuis ; supposant ainsi, comme un point accordé, que tout ce qu'on ne trouve pas dans les temps primitifs, est abus. Or, je le dis sans le moindre esprit de contention, et sans prétendre choquer personne, ils montrent en cela autant de philosophie et de véritable savoir que s'ils cherchaient dans un enfant au maillot les véritables dimensions de l'homme fait. La souveraineté dont je parle dans ce moment est née comme les autres, s'est accrue comme les autres. C'est une pitié de voir d'excellents esprits se tuer à vouloir prouver par l'enfance que la virilité est un abus, tandis qu'une institution quelconque adulte en naissant, est une absurdité au premier chef, une véritable contradiction logique. Si les ennemis éclairés et généreux de cette puissance (et certes, elle en a beaucoup de ce genre), examinent la question sous ce point de vue, comme je les en prie avec amour, je ne doute pas que toutes ces objections tirées de l'antiquité ne disparaissent à leurs yeux comme un léger brouillard.

Quant aux abus, je ne dois point m'en occuper ici. Je dirai seulement, puisque ce sujet se rencontre sous ma plume, qu'il y a bien à rabattre des déclamations que le dernier siècle nous a fait lire sur ce grand sujet. Un temps viendra où les papes, contre lesquels on s'est le plus récrié, tels que Grégoire VII, par exemple, seront regardés, dans tous les pays, comme les amis, les tuteurs, les sauveurs du genre humain, comme les véritables génies constituants de l'Europe.

Personne n'en doutera dès que les savants français seront chrétiens, et dès que les savants anglais seront catholiques, ce qui doit bien cependant arriver une fois.

XXIV. Mais par quelle parole pénétrante pourrions-nous dans ce moment nous faire entendre d'un siècle infatué de l'écriture et brouillé avec la parole, au point de croire que les hommes peuvent créer des consti-

tutions, des langues et même des souverainetés ;
d'un siècle pour qui toutes les réalités sont des
mensonges, et tous les mensonges des réalités ; qui
ne voit pas même ce qui se passe sous ses yeux ;
qui se repaît de livres, et va demander d'équivoques
leçons à Thucydide ou à Tite-Live, tout en fermant
les yeux à la vérité qui rayonne dans les gazettes du
temps ?

Si les vœux d'un simple mortel étaient dignes
d'obtenir de la Providence un de ces décrets mémorables qui forment les grandes époques de l'histoire,
je lui demanderais d'inspirer à quelque nation puissante qui l'aurait grièvement offensée, l'orgueilleuse
pensée de se constituer elle-même politiquement, en
commençant par les bases. Que si, malgré mon indi-
gnité, l'antique familiarité d'un patriarche m'était
permise, je dirais : « Accorde-lui tout ! Donne-lui
« l'esprit, le savoir, la richesse, la valeur, surtout une
« confiance démesurée en elle-même, et ce génie à la
« fois souple et entreprenant, que rien n'embarrasse
« et que rien n'intimide. Éteins son gouvernement
« antique ; ôte-lui la mémoire ; tue ses affections ;
« répands de plus en plus la terreur autour d'elle ;
« aveugle ou glace ses ennemis ; ordonne à la victoire
« de veiller à la fois sur toutes ses frontières, en sorte
« que nul de ses voisins ne puisse se mêler de ses
« affaires, ni la troubler dans ses opérations. Que cette
« nation soit illustre dans les sciences, riche en philo-
« sophes, ivre de pouvoir humain, libre de tout pré-
« jugé, de tout lien, de toute influence supérieure :
« donne-lui tout ce qu'elle désirera, de peur qu'elle ne

« puisse dire un jour : *Ceci m'a manqué ou cela m'a*
« *gênée;* qu'elle agisse enfin librement avec cette
« immensité de moyens, afin qu'elle devienne, sous ton
« inexorable protection, une leçon éternelle pour le
« genre humain. »

XXV. On ne peut, sans doute, attendre une réunion
de circonstances qui serait un miracle au pied de la
lettre ; mais des événements du même ordre, quoique
moins remarquables, se montrent çà et là dans l'histoire, même dans l'histoire de nos jours ; et bien qu'ils
n'aient point, pour l'exemple, cette force idéale que je
désirais tout à l'heure, ils ne renferment pas moins de
grandes instructions.

Nous avons été témoins, il y a moins de vingt-cinq
ans, d'un effort solennel fait pour régénérer une grande
nation mortellement malade. C'était le premier essai
du grand œuvre, et la *préface*, s'il est permis de s'exprimer ainsi, de l'épouvantable livre qu'on nous a
fait lire depuis. Toutes les précautions furent prises.
Les sages du pays crurent même devoir consulter la
divinité moderne dans son sanctuaire étranger. On
écrivit à *Delphes*, et deux pontifes fameux répondirent
solennellement (1). Les oracles qu'ils prononcèrent
dans cette occasion ne furent point, comme autrefois
des feuilles légères, jouets des vents ; ils sont reliés :

> ..... *Quidque hæc Sapientia possit,*
> *Tunc patuit.....*

---

(1) Rousseau et Mably.

C'est une justice, au reste, de l'avouer : dans ce que la nation ne devait qu'à son propre bon sens, il y avait des choses qu'on peut encore admirer aujourd'hui. Toutes les convenances se réunissaient, sans doute, sur la tête sage et auguste appelée à saisir les rênes du gouvernement ; les principaux intéressés dans le maintien des anciennes lois, faisaient volontairement un superbe sacrifice au bien public ; et, pour fortifier l'autorité suprême, ils se prêtaient à changer une épithète de la souveraineté. — Hélas ! toute la sagesse humaine fut en défaut, et tout finit par la mort.

XXVI. On dira : *Mais nous connaissons les causes qui firent manquer l'entreprise.* Comment donc ? veut-on que Dieu envoie des anges sous formes humaines, chargés de déchirer une constitution ? Il faudra bien toujours que les causes secondes soient employées : celle-ci ou celle-là, qu'importe ? Tous les instruments sont bons dans les mains du grand ouvrier ; mais tel est l'aveuglement des hommes, que, si demain quelques entrepreneurs de constitutions viennent encore organiser un peuple, et le constituer *avec un peu de liqueur noire,* la foule se hâtera encore de croire au miracle annoncé. On dira de nouveau : *Rien n'y manque; tout est prévu, tout est écrit;* tandis que, précisément parce que tout serait prévu, discuté et écrit, il serait démontré que la constitution est nulle, et ne présente à l'œil qu'une apparence éphémère.

XXVII. Je crois avoir lu quelque part *qu'il y a bien peu de souverainetés en état de justifier la légitimité de leur origine.* Admettons la justesse de l'assertion, il n'en résultera pas la moindre tache sur les successeurs d'un chef dont les actes pourraient souffrir quelques objections : le nuage qui envelopperait plus ou moins l'origine de son autorité ne serait qu'un inconvénient, suite nécessaire d'une loi du monde moral. S'il en était autrement, il s'ensuivrait que le souverain ne pourrait régner légitimement qu'en vertu d'une délibération de tout le peuple, c'est-à-dire *par la grâce du peuple ;* ce qui n'arrivera jamais, car il n'y a rien de si vrai que ce qui a été dit par l'auteur des *Considérations sur la France* (1) : *Que le peuple acceptera toujours ses maîtres et ne les choisira jamais.* Il faut toujours que l'origine de la souveraineté se montre hors de la sphère du pouvoir humain, de manière que les hommes mêmes qui paraissent s'en mêler directement ne soient néanmoins que des circonstances. Quant à la légitimité, si dans son principe elle a pu sembler ambiguë, Dieu s'explique par son premier ministre au département de ce monde, *le temps.* Il est bien vrai néanmoins que certains présages contemporains trompent peu lorsqu'on est à même de les observer ; mais les détails, sur ce point, appartiendraient à un autre ouvrage.

XXVIII. Tout nous ramène donc à la règle générale : *L'homme ne peut faire une constitution, et nulle constitution légitime ne saurait être écrite.* Jamais on n'a écrit, jamais on n'écrira *à priori* le recueil des lois fondamentales qui doivent constituer une société

---

(1) Chap. ix, p. 117.

civile ou religieuse. Seulement, lorsque la société se trouve déjà constituée, sans qu'on puisse dire comment, il est possible de faire déclarer ou expliquer par écrit certains articles particuliers ; mais presque toujours ces déclarations sont l'effet ou la cause de très grands maux, et toujours elles coûtent aux peuples plus qu'elles ne valent.

XXIX. A cette règle générale *que nulle constitution ne peut être écrite, ni faite à priori*, on ne connaît qu'une seule exception : c'est la législation de Moïse. Elle seule fut, pour ainsi dire, *jetée* comme une statue, et écrite jusque dans les moindres détails par un homme prodigieux qui dit FIAT ! sans que jamais son œuvre ait eu besoin depuis d'être, ni par lui ni par d'autres, corrigée, suppléée ou modifiée. Elle seule a pu braver le temps, parce qu'elle ne lui devait rien ; elle seule a vécu quinze cents ans ; et même après que dix-huit siècles nouveaux ont passé sur elle, depuis le grand anathème qui la frappa au jour marqué, nous la voyons, vivante, pour ainsi dire, d'une seconde vie, resserrer encore, par je ne sais quel lien mystérieux qui n'a point de nom humain, les différentes familles d'un peuple qui demeure dispersé sans être désuni : de manière que, semblable à l'attraction et par le même pouvoir, elle agit à distance, et fait un tout d'une foule de parties qui ne se touchent point. Aussi cette législation sort évidemment, pour toute conscience intelligente, du cercle tracé autour du pouvoir humain ; et cette magnifique exception à une loi générale qui n'a cédé qu'une fois et n'a cédé qu'à son auteur, démontre seule la mission divine du grand législateur des Hébreux, bien mieux que le livre entier de ce prélat anglais qui, avec la plus forte tête et une érudition immense, a néanmoins eu le malheur d'appuyer une grande vérité sur le plus triste paralogisme.

XXX. Mais puisque toute constitution est divine dans son principe, il s'ensuit que l'homme ne peut rien dans ce genre à moins qu'il ne s'appuie sur Dieu, dont il devient alors l'instrument (1). Or, c'est une vérité à laquelle le genre humain en corps n'a cessé de rendre le plus éclatant témoignage. Ouvrons l'histoire, qui est la politique expérimentale, nous y verrons constamment le berceau des nations environné de prêtres, et la Divinité toujours appelée au secours de la faiblesse humaine (2). La fable, bien plus vraie que l'histoire ancienne, pour des yeux préparés, vient encore renforcer la démonstration. C'est toujours un oracle qui fonde les cités ; c'est toujours un oracle qui annonce la protection divine et les succès du héros fondateur. Les Rois surtout, chefs des empires naissants, sont constamment désignés et presque *marqués*

---

(1) On peut même généraliser l'assertion et prononcer sans exception : *Que nulle institution quelconque ne peut durer, si elle n'est fondée sur la religion.*

(1) Platon, dans un morceau admirable et tout à fait mosaïque, parle d'un temps primitif *où Dieu avait confié l'établissement et le régime des empires, non à des hommes, mais à des génies ;* puis il ajoute, en parlant de la difficulté de créer des constitutions durables : *C'est la vérité même que si Dieu n'a pas présidé à l'éta-*

par le ciel de quelque manière extraordinaire (1).
Combien d'hommes légers ont ri de la *sainte ampoule*,
sans songer que la sainte ampoule est un hiéroglyphe,
et qu'il ne s'agit que de savoir lire (2) !

XXXI. Le sacre des rois tient à la même racine.
Jamais il n'y eut de cérémonie, ou, pour mieux dire,
de profession de foi plus significative et plus respec-

---

blissement d'une cité, et qu'elle n'ait eu qu'un commencement humain,
elle ne peut échapper aux plus grands maux Il faut donc tâcher, par
tous les moyens imaginables, d'imiter le régime primitif; et nous
confiant en ce qu'il y a d'immortel dans l'homme, nous devons fonder
les maisons, ainsi que les états, en consacrant comme des lois les
volontés de l'intelligence (suprême). *Que si un état* (quelle que soit
sa forme) *est fondé sur le vice, et gouverné par des gens qui foulent*
aux pieds la justice, il ne lui reste aucun moyen de salut. (PLAT.,
de Leg., t. VIII, Édit. Bipont., page 180, 181.)

(1) On a fait grand usage dans la controverse de la fameuse
règle de Richard de Saint-Victor : *Quod semper, quod ubique,*
quod ab omnibus. Mais cette règle est générale et peut, je crois,
être exprimée ainsi : *Toute croyance constamment universelle est*
vraie: et toutes les fois qu'en séparant d'une croyance quelconque
certains articles particuliers aux différentes nations, il reste quelque
chose de commun à toutes, ce reste est une vérité.

(2) Toute religion, par la nature même des choses, *pousse*
une mythologie qui lui ressemble. Celle de la religion chrétienne
est, par cette raison, toujours chaste, toujours utile, et souvent
sublime, sans que (par un privilège particulier) il soit jamais
possible de la confondre avec la religion même. De manière que
nul *mythe* chrétien ne peut nuire, et que souvent il mérite toute
l'attention de l'observateur.

tacle. Toujours le doigt du pontife a touché le front de
la souveraineté naissante. Les nombreux écrivains
qui n'ont vu dans ces rites augustes que des vues
ambitieuses, et même l'accord exprès de la superstition et de la tyrannie, ont parlé contre la vérité,
presque tous même contre leur conscience. Ce sujet
mériterait d'être examiné. Quelquefois les souverains
ont cherché le sacre, et quelquefois le sacre a cherché
les souverains. On en a vu d'autres rejeter le sacre
comme un signe de dépendance. Ncus connaissons
assez de faits pour être en état de juger assez sainement ; mais il faudrait distinguer soigneusement
les hommes, les temps, les nations et les cultes. Ici,
c'est assez d'insister sur l'opinion générale et éternelle
qui appelle la puissance divine à l'établissement
des empires.

XXXII. Les nations les plus fameuses de l'antiquité, les plus graves surtout et les plus sages,
telles que les Égyptiens, les Etrusques, les Lacédémoniens et les Romains, avaient précisément les
constitutions les plus religieuses ; et la durée des
empires a toujours été proportionnée au degré
d'influence que le principe religieux avait acquis
dans la constitution politique : *Les villes et les nations
les plus adonnées au culte divin ont toujours été les
plus durables et les plus sages, comme les siècles les
plus religieux ont toujours été les plus distingués par le
génie* (1).

---

(1) XÉNOPHON, *Memor. Socr.*, I, IV, 16.

XXXIII. Jamais les nations n'ont été civilisées que par la religion. Aucun autre instrument connu n'a de prise sur l'homme sauvage. Sans recourir à l'antiquité, qui est très décisive sur ce point, nous en voyons une preuve sensible en Amérique. Depuis trois siècles nous sommes là avec nos lois, nos arts, nos sciences, notre civilisation, notre commerce et notre luxe : qu'avons-nous gagné sur l'état sauvage? Rien. Nous détruisons ces malheureux avec le fer et l'eau-de-vie ; nous les repoussons insensiblement dans l'intérieur des déserts, jusqu'à ce qu'enfin ils disparaissent entièrement, victimes de nos vices autant que de notre cruelle supériorité.

XXXIV. Quelque philosophe a-t-il jamais imaginé de quitter sa patrie et ses plaisirs pour s'en aller dans les forêts de l'Amérique à la chasse des Sauvages, les dégoûter de tous les vices de la barbarie et leur donner une morale (1)? Ils ont bien fait mieux : ils ont composé de beaux livres pour prouver que le Sauvage était l'homme *naturel*, et que nous ne pouvions souhaiter rien de plus heureux que de lui ressembler. Condorcet a dit *que les missionnaires n'ont porté en Asie et en Amérique que de honteuses superstitions* (2).

---

(1) Condorcet nous a promis, à la vérité, que les philosophes se chargeraient incessamment de la civilisation et du bonheur des nations barbares. *(Esquisse d'un Tableau historique des progrès de l'esprit humain ;* in-8°, pag. 335.) Nous attendrons qu'ils veuillent bien commencer.

(2) *Esquisse*, etc. *(Ibid.,* pag. 335.)

Rousseau a dit, avec un redoublement de folie véritablement inconcevable, *que les missionnaires ne lui paraissaient guère plus sages que les conquérants* (1). Enfin, leur coryphée a eu le front (mais qu'avoit-il à perdre?) de jeter le ridicule le plus grossier sur ces pacifiques conquérants que l'antiquité aurait divinisés (2).

XXXV. Ce sont eux cependant, ce sont les missionnaires qui ont opéré cette merveille si fort au-dessus des forces et même de la volonté humaine. Eux seuls ont parcouru d'une extrémité à l'autre le vaste continent de l'Amérique pour y créer des hommes. Eux seuls ont fait ce que la politique n'avait pas seulement osé imaginer. Mais rien dans ce genre n'égale les missions du Paraguay : c'est là où l'on a vu d'une manière plus marquée l'autorité et la puissance exclusive de la religion pour la civilisation des hommes. On a vanté ce prodige, mais pas assez : l'esprit du xviiie siècle et un autre esprit, son complice, ont eu la force d'étouf-

---

(1) Lettre à l'archevêque de Paris.

(2) *Eh ! mes amis, que ne restiez-vous dans votre patrie? Vous n'y auriez pas trouvé plus de diables, mais vous y auriez trouvé tout autant de sottises.* (VOLTAIRE, *Essai sur les mœurs et l'esprit*, etc. Introd. *De la Magie.*)

Cherchez ailleurs plus de déraison, plus d'indécence, plus de mauvais goût même, vous n'y réussirez pas. C'est cependant ce livre, dont bien peu de chapitres sont exempts de traits semblables ; c'est ce *colifichet fastueux*, que de modernes enthousiastes n'ont pas craint d'appeler un *monument de l'esprit humain :* sans doute, comme la chapelle de Versailles et les tableaux de Boucher.

fer, en partie, la voix de la justice et même celle de l'admiration. Un jour peut-être (car on peut espérer que ces grands et nobles travaux seront repris), au sein d'une ville opulente assise sur une antique *savane*, le père de ces missionnaires aura une statue. On pourra lire sur le piédestal :

A L'OSIRIS CHRÉTIEN

dont les envoyés ont parcouru la terre
pour arracher les hommes à la misère,
à l'abrutissement et à la férocité,
en leur enseignant l'agriculture,
en leur donnant des lois,
en leur apprenant à connaître et à servir Dieu,
NON PAR LA FORCE DES ARMES,
dont ils n'eurent jamais besoin,
mais par la douce persuasion, les chants moraux,
ET LA PUISSANCE DES HYMNES,
en sorte qu'on les crut des Anges (1).

---

(1) *Osiris régnant en Égypte, retira incontinent les Égyptiens de la vie indigente, souffreteuse et sauvage, en leur enseignant à semer et à planter ; en leur establissant des loix ; en leur monstrant à honorer et à révérer les Dieux : et depuis, allant par tout le monde, il l'apprivoisa aussi sans y employer aucunement la force des armes, mais attirant et gagnant la plus part des peuples par douce persuasion et remontrances couchées en chanson et en toute sorte de musique* (πειθοῖ καὶ λογῳ μετ'ᾠδῆς πασης καὶ μοῦσικῆς) *dont les Grecs eurent opinion que c'était le même que Bacchus.* (PLUTARQUE, *d'Isis et*

XXXVI. Or, quand on songe que cet Ordre législateur, qui régnait au Paraguay par l'ascendant unique
des vertus et des talents, sans jamais s'écarter de la
plus humble soumission envers l'autorité légitime

---

d'Osiris, trad. d'Amyot, édit. de Vascosan, t. III, p. 287, in-8°.
Édit. Henr. Steph., t. I, page 634, in-8°.

On a trouvé naguère dans une île du fleuve Ponobscot, *une peu-*
plade sauvage qui chantait encore un grand nombre de cantiques
pieux et instructifs en indien sur la musique de l'Église, avec une
précision qu'on trouverait à peine dans les chœurs les mieux com-
posés; l'un des plus beaux airs de l'église de Boston vient de ces
Indiens (qui l'avaient appris de leurs maîtres il y a plus de quarante ans), *sans que dès lors ces malheureux Indiens aient joui*
d'aucune espèce d'instruction. (Mercure de France, 5 juillet 1806,
n° 259, p. 29 et suiv.)

Le père *Salvaterra* (beau nom de missionnaire !) justement
nommé l'*Apôtre de la Californie*, abordait les sauvages les plus
intraitables dont jamais on ait eu connaissance, sans autre arme
qu'un luth dont il jouait supérieurement. Il se mettait à chanter :
In voi credo, o dio mio ! etc. Hommes et femmes l'entouraient et
l'écoutaient en silence. Muratori dit, en parlant de cet homme
admirable : *Pare favola quella d'Orfeo ; ma chi sà che non sia succe-*
duto in simil caso ? Les missionnaires seuls ont compris et démontré
la vérité de cette fable. On voit même qu'ils avaient découvert
l'espèce de musique digne de s'associer à ces grandes créations.
« Envoyez-nous, écrivaient-ils à leurs amis d'Europe, envoyez-
« nous les airs des grands maîtres d'Italie, *per essere armo-*
« *niosissimi, senza tanti imbrogli di violini obbligati,* etc. » (MURA-
TORI, *Christianesimo felice,* etc. Venezia, 1752, in-8, chap. XII,
p. 284.)

même la plus égarée ; que cet Ordre, dis-je, venait en
même temps affronter dans nos prisons, dans nos
hôpitaux, dans nos lazarets, tout ce que la misère, la
maladie et le désespoir ont de plus hideux et de plus
repoussant ; que ces mêmes hommes qui couraient,
au premier appel, se coucher sur la paille à côté de
l'indigence, n'avaient pas l'air étranger dans les cercles
les plus polis ; qu'ils allaient sur les échafauds *dire les
dernières paroles* aux victimes de la justice humaine,
et que de ces théâtres d'horreur ils s'élançaient dans
les chaires pour y tonner devant les rois (1); qu'ils
tenaient le *pinceau* à la Chine, le télescope dans nos
observatoires, la lyre d'Orphée au milieu des sauvages,
et qu'ils avaient élevé tout le siècle de Louis XIV ;
lorsqu'on songe enfin qu'une détestable coalition de
ministres pervers, de magistrats en délire et d'ignobles
sectaires, a pu, de nos jours, détruire cette merveilleuse institution et s'en applaudir, on croit voir ce fou
qui mettoit glorieusement le pied sur une montre, en
lui disant : *Je t'empêcherai bien de faire du bruit.* —
Mais, qu'est-ce donc que je dis? un fou n'est pas coupable.

XXXVII. J'ai dû insister principalement sur la
formation des empires comme l'objet le plus important;

---

(1) *Loquebar de testimoniis tuis in conspectu regum : et non
confundebar.* Ps., cxviii, 46. C'est l'inscription mise sous le portrait de Bourdaloue, et que plusieurs de ses collègues ont
méritée.

mais toutes les institutions humaines sont soumises à la même règle, et toutes sont nulles ou dangereuses si elles ne reposent pas sur la base de toute existence. Ce principe étant incontestable, que penser d'une génération qui a tout mis en l'air, et jusqu'aux bases mêmes de l'édifice social, en rendant l'éducation purement scientifique? Il était impossible de se tromper d'une manière plus terrible ; car tout système d'éducation qui ne repose pas sur la religion, tombera en un clin d'œil ou ne versera que des poisons dans l'État, *la religion étant*, comme l'a dit excellemment Bacon, *l'aromate qui empêche la science de se corrompre.*

XXXVIII. Seulement on a demandé : *Pourquoi une école de théologie dans toutes les universités?* La réponse est aisé : *C'est afin que les universités subsistent, et que l'enseignement ne se corrompe pas.* Primitivement elles ne furent que des écoles théologiques où les autres *facultés* vinrent se réunir comme des sujettes autour d'une reine. L'édifice de l'instruction publique, posé sur cette base, avait duré jusqu'à nos jours. Ceux qui l'ont renversé chez eux s'en repentiront longtemps inutilement. Pour brûler une ville, il ne faut qu'un enfant ou un insensé ; pour la rebâtir, il faut des architectes, des matériaux, des ouvriers, des millions, et surtout du temps.

XXXIX. Ceux qui se sont contentés de corrompre les institutions antiques, en conservant les formes extérieures, ont peut-être fait autant de mal au genre humain. Déjà l'influence des sociétés modernes sur les mœurs et l'esprit national dans une partie considérable du continent de l'Europe, est parfaitement connue (1). Les universités d'Angleterre ont conservé, sous ce rapport, plus de réputation que les autres ; peut-être parce que les Anglais savent mieux se taire ou se louer à propos ; peut-être aussi que l'esprit public, qui a une force extraordinaire dans ce pays, a su y défendre mieux qu'ailleurs ses vénérables écoles, de l'anathème général. Cependant il faut qu'elles succombent, et déjà le mauvais cœur de Gibbon nous a valu

---

(1) Je ne me permettrai point de publier des notions qui me sont particulières, quelque précieuses qu'elles puissent être d'ailleurs ; mais je crois qu'il est loisible à chacun de réimprimer ce qui est imprimé, et de faire parler un Allemand sur l'Allemagne. Ainsi s'exprime, sur les universités de son pays, un homme que personne n'accusera d'être infatué d'idées antiques.

« Toutes nos universités d'Allemagne, même les meilleures, « ont besoin de grandes réformes sur le cha. ilre des mœurs... « Les meilleures même sont un gouffre où se perdent sans res- « source l'innocence, la santé et le bonheur futur d'une foule de « jeunes gens, et d'où sortent des êtres ruinés de corps et d'âme, « plus à charge qu'utiles à la société, etc... Puissent ces pages « être un préservatif pour les jeunes gens ! Puissent-ils lire sur « la porte de nos universités l'inscription suivante : *Jeune homme,* « *c'est ici que beaucoup de tes pareils perdirent le bonheur avec* « *l'innocence !* »

(M. CAMPE, *Recueil des voyages pour l'instruction de la jeunesse,* in-12, t. II, p. 129.)

d'étranges confidences sur ce point (1). Enfin,
pour ne pas sortir des généralités, si l'on n'en
vient pas aux anciennes maximes, si l'éducation
n'est pas rendue aux prêtres, et si la science n'est
pas mise partout à la seconde place, les maux qui
nous attendent sont incalculables : nous serons
abrutis par la science, et c'est le dernier degré de
l'abrutissement.

XL. Non seulement la création n'appartient point
à l'homme, mais il ne paraît pas que notre puissance,
non assistée, s'étende jusqu'à changer en mieux les
institutions établies. S'il y a quelque chose d'évident
pour l'homme, c'est l'existence de deux forces opposées qui se combattent sans relâche dans l'univers.
Il n'y a rien de bon que le mal ne souille et n'altère :
il n'y a rien de mal que le bien ne comprime et
n'attaque, en poussant sans cesse vers un état plus
parfait (2). Ces deux forces sont présentes partout.

---

(1) Voyez ses Mémoires, où, après nous avoir fait de fort
belles révélations sur les universités de son pays, il nous dit en
particulier de celle d'Oxford : *Elle peut bien me renoncer pour
fils d'aussi bon cœur que je la renonce pour mère.* Je ne doute pas
que cette tendre mère, sensible, comme elle le devait, à une telle
déclaration, ne lui ait décerné une épitaphe magnifique : Lubens
merito.

Le chevalier William Jones, dans sa lettre à M. Anquetil,
donne dans un excès contraire ; mais cet excès lui fait honneur.

(2) Un Grec aurait dit : Πρὸς ἐπανόρθωσιν. On pourrait dire,
vers la *restitution en entier :* expression que la philosophie peut

On les voit également dans la végétation des plantes, dans la génération des animaux, dans la formation des langues, dans celle des empires (deux choses inséparables), etc. Le pouvoir humain ne s'étend peut-être qu'à ôter ou à combattre le mal pour en dégager le bien et lui rendre le pouvoir de germer suivant sa nature. Le célèbre Zanotti a dit : *Il est difficile de changer les choses en mieux* (1). Cette pensée cache un très grand sens sous l'apparence d'une extrême simplicité. Elle s'accorde parfaitement avec une autre pensée d'*Origène*, qui vaut seule un beau livre. *Rien*, dit-il, *ne peut changer en mieux parmi les hommes*, INDIVINEMENT (2). Tous les hommes ont

---

fort bien emprunter à la jurisprudence, et qui jouira, sous cette nouvelle acception, d'une merveilleuse justesse. Quant à l'opposition et au balancement des deux forces, il suffit d'ouvrir les yeux. *Le bien est contraire au mal, et la vie à la mort... Considérez toutes les œuvres du Très-Haut, vous les trouverez ainsi deux à deux et opposées l'une à l'autre.* Eccles., XXXIII, 15.

Pour le dire en passant : c'est de là que naît la règle du *beau idéal*. Rien dans la nature n'étant ce qu'il doit être, le véritable artiste, celui qui peut dire : EST DEUS IN NOBIS, a le pouvoir mystérieux de discerner les traits les moins altérés, et de les assembler pour en former des touts qui n'existent que dans son entendement.

(1) *Difficile est mutare in melius.* Zanotti cité dans le *Transunto della R. Accademia di Torino.* 1788-89, in-8°, p. 6.

(2) ἀθεεί : ou, si l'on veut exprimer cette pensée d'une manière plus laconique, et dégagée de toute licence grammaticale, SANS

le sentiment de cette vérité, mais sans être en état de s'en rendre compte. De là cette aversion machinale de tous les bons esprits pour les innovations. Le mot de *réforme*, en lui-même et avant tout examen, sera toujours suspect à la sagesse, et l'expérience de tous les siècles justifie cette sorte d'instinct. On sait trop quel a été le fruit des plus belles spéculations dans ce genre (1).

XLI. Pour appliquer ces maximes générales à un cas particulier, c'est par la seule considération de l'extrême danger des innovations fondées sur de simples théories humaines, que, sans me croire en état d'avoir un avis décidé par voie de raisonnement, sur la grande question de la réforme parlementaire qui agite si fort les esprits en Angleterre, et depuis si long-temps, je me sens néanmoins entraîné à croire que cette idée est funeste, et que si les Anglais s'y livrent trop vivement, ils auront à s'en repentir. *Mais*, disent les partisans de la réforme (car c'est le grand argument), *les abus sont frappants, incontestables :* or, *un abus formel, un vice peut-il être constitutionnel?* — Oui, sans doute, il peut l'être ; car toute constitution politique a des défauts essentiels qui tiennent à sa nature et qu'il est impossible d'en séparer ; et ce qui doit faire trembler tous les réformateurs, c'est

---

DIEU, RIEN DE MIEUX. ORIG. *adv. Cels.* I. 26 ed. Ruæi. Paris, 1733. In-fol., t. I, p. 345.

(1) *Nihil motum ex antiquo probabile est.* TIT. LIV., XXXIV, 53.

que ces défauts peuvent changer avec les circonstances, de manière qu'en montrant qu'ils sont nouveaux, on n'a point encore montré qu'ils ne sont pas nécessaires (1). Quel homme sensé ne frémira donc pas en mettant la main à l'œuvre? L'harmonie sociale est sujette à la loi du *tempérament*, comme l'harmonie proprement dite, *dans le clavier général.* Accordez rigoureusement les *quintes*, les *octaves* jureront, et réciproquement. La dissonance étant donc inévitable, au lieu de la chasser, ce qui est impossible, il faut la *tempérer*, en la distribuant. Ainsi, de part et d'autre, *le défaut est un élément de la perfection possible.* Dans cette proposition, il n'y a que la forme de paradoxale. *Mais,* dira-t-on peut-être encore, *où est la règle pour discerner le défaut accidentel, de celui qui tient à la nature des choses*

---

(1) *Il faut,* dit-on, *recourir aux lois fondamentales et primitives de l'état qu'une coutume injuste a abolies ;* et c'est un jeu pour tout perdre. *Rien ne sera juste à cette balance ; cependant le peuple prête aisément l'oreille à ces discours.* (PASCAL, *Pensées*, prem. part., art. 6. Paris, Renouard, 1803, p. 121, 122.)

On ne saurait mieux dire ; mais voyez ce que c'est que l'homme ! l'auteur de cette observation et sa hideuse secte n'ont cessé de jouer *ce jeu infaillible pour tout perdre ;* et en effet le *jeu* a parfaitement réussi. Voltaire, au reste, a parlé sur ce point comme Pascal : « *C'est une idée bien vaine,* dit-il, *un travail bien ingrat,* « *de vouloir tout rappeler aux usages antiques,* etc. » *(Essai sur les Mœurs de l'Esprit,* etc., chap. LXXXV.) Entendez-le ensuite parler des papes, vous verrez comme il se rappelle sa maxime.

et qu'il est impossible d'éliminer? — Les hommes à qui la nature n'a donné que des oreilles, font de ces sortes de questions, et ceux qui ont de l'oreille haussent les épaules.

XLII. Il faut encore bien prendre garde, lorsqu'il est question d'abus, de ne juger les institutions politiques que par leurs effets constants, et jamais par leurs causes quelconques qui ne signifient rien (1), moins encore par certains inconvénients collatéraux (s'il est permis de s'exprimer ainsi) qui s'emparent aisément des vues faibles et les empêchent de voir l'ensemble. En effet, la cause, suivant l'hypothèse qui paraît prouvée, ne devant avoir aucun rapport logique avec l'effet, et les inconvénients d'une institution bonne en soi, n'étant, comme je le disais tout à l'heure, qu'*une dissonance inévitable dans le clavier général*, comment les institutions pourraient-elles être jugées sur les causes et sur les inconvénients ? Voltaire, qui parla de tout pendant un siècle sans avoir jamais percé une surface (2), a fait un plaisant raisonnement sur la vente des offices de magistrature qui avait lieu en France ; et nul exemple, peut-être, ne serait plus

---

(1) Du moins, par rapport au mérite de l'institution : car, sous d'autres points de vue, il peut être très important de s'en occuper.

(2) Dante disait à Vigile en lui faisant, il faut l'avouer, un peu trop d'honneur : *Maestro di color che sanno.* — Parini, quoi-

propro à faire sentir la vérité de la théorie que j'expose. *La preuve, dit-il, que cette vente est un abus, c'est qu'elle ne fut produite que par un autre abus* (1). Voltaire ne se trompe point ici comme tout homme est sujet à se tromper. Il se trompe honteusement. C'est une éclipse centrale du sens commun. *Tout ce qui naît d'un abus est un abus !* Au contraire, c'est une des lois les plus générales et les plus évidentes de cette force à la fois cachée et frappante qui opère et se fait sentir de tous côtés, que le remède de l'abus naît de l'abus, et que le mal, arrivé à un certain point, s'égorge lui-même, et cela doit être : car le mal, qui n'est qu'une négation, a pour mesures de dimensions et de durée celles de l'être auquel il s'est attaché et qu'il dévore. Il existe comme le chancre qui ne peut achever qu'en s'achevant. Mais alors une nouvelle réalité se précipite nécessairement à la place de celle qui vient de disparaître ; *car la nature a horreur du vide*, et le bien... Mais je m'éloigne trop de Voltaire.

XLIII. L'erreur de cet homme venait de ce que ce grand écrivain, *partagé entre vingt sciences*, comme il l'a dit lui-même quelque part, et constamment occupé d'ailleurs à instruire l'univers, n'avait que bien rare-

---

qu'il eût la tête absolument gâtée, a cependant eu le courage de dire à Voltaire, en parodiant Dante : *Sei Maestro... di coloro che credon di sapere.* (Il Mattino). Le mot est juste.

(1) *Précis du siècle de Louis XV*, chap. XLII.

ment le temps de penser. « Une cour voluptueuse et
« dissipatrice, réduite aux abois par ses dilapidations,
« imagine de vendre les offices de magistrature, et
« crée ainsi, » (ce qu'elle n'aurait jamais fait librement
« et avec connaissance de cause), elle crée, dis-je, une
« magistrature riche, inamovible et indépendante ;
« de manière que la puissance infinie *qui se joue dans*
« *l'univers* (1) se sert de la corruption pour créer des
« tribunaux incorruptibles » autant que le permet la
« faiblesse humaine ». Il n'y a rien, en vérité, de si plausible pour l'œil du véritable philosophe ; rien de plus
conforme aux grandes analogies et à cette loi incontestable qui veut que les institutions les plus importantes ne soient jamais le résultat d'une délibération,
mais celui des circonstances. Voici le problème presque
résolu quand il est posé, comme il arrive à tous les
problèmes : *Un pays tel que la France pouvait-il être*
jugé mieux que par des magistrats héréditaires? Si
l'on se décide pour l'affirmative, ce que je suppose, il
faudra tout de suite proposer un second problème que
voici : *La magistrature devant être héréditaire, y a-t-il*
pour la constituer d'abord, et ensuite pour la recruter,
un mode plus avantageux que celui qui jette des millions
au plus bas prix dans les coffres du souverain, et qui
certifie en même temps la richesse, l'indépendance et
même la noblesse (quelconque) *des juges supérieurs?*
Si l'on ne considère la vénalité que comme moyen

---

(1) *Ludens in orbe terrarum.* PROV., VIII, 3.

d'hérédité, tout esprit juste est frappé de ce point de vue qui est le vrai. Ce n'est point ici le lieu d'approfondir la question ; mais c'en est assez pour prouver que Voltaire ne l'a pas seulement aperçue.

XLIV. Supposons maintenant à la tête des affaires un homme tel que lui, réunissant par un heureux accord la légèreté, l'incapacité et la témérité : il ne manquera pas d'agir suivant ses folles théories de lcis et d'abus. Il empruntera au dernier quinze pour rembourser des titulaires, créanciers au dernier cinquante ; il préparera les esprits par une foule d'écrits payés, qui insulteront la magistrature et lui ôteront la confiance publique. Bientôt la protection, mille fois plus sotte que le hasard, ouvrira la liste éternelle de ses bévues : l'homme distingué, ne voyant plus dans l'hérédité un contrepoids à d'accablants travaux, s'écartera sans retour ; et les grands tribunaux seront livrés à des aventuriers sans nom, sans fortune et sans considération ; au lieu de cette magistrature vénérable, en qui la vertu et la science étaient devenues héréditaires comme ses dignités, véritable sacerdoce que les nations étrangères ont pu envier à la France jusqu'au moment où le philosophisme, ayant exclu la sagesse de tous les lieux qu'elle hantait, termina de si beaux exploits par la chasser de chez elle.

XLV. Telle est l'image naturelle de la plupart des réformes ; car non seulement la création n'appartient point à l'homme, mais la réformation même ne lui appartient que d'une manière secondaire et avec une foule de restrictions terribles. En partant de ces principes incontestables, chaque homme peut juger les institutions de son pays avec une certitude parfaite ; il peut surtout apprécier tous ces *créateurs*, ces *législateurs*, ces *restaurateurs* des nations, si chers au dix-huitième siècle, et que la postérité regardera avec pitié, peut-être même avec horreur. On a bâti des châteaux de cartes en Europe et hors de l'Europe. Les détails seraient odieux ; mais certainement on ne manque de respect à personne en priant simplement les hommes de regarder et de juger au moins par l'événement, s'ils s'obstinent à refuser tout autre genre d'instruction. L'homme en rapport avec son Créateur est sublime, et son action est créatrice : au contraire, dès qu'il se sépare de Dieu et qu'il agit seul, il ne cesse pas d'être puissant, car c'est un privilège de sa nature ; mais son action est négative et n'aboutit qu'à détruire.

XLVI. Il n'y a pas dans l'histoire de tous les siècles un seul fait qui contredise ces maximes. Aucune institution humaine ne peut durer si elle n'est supportée par la main qui supporte tout : c'est-à-dire si elle ne lui est spécialement consacrée dans son origine. Plus elle sera pénétrée par le principe divin, et plus elle sera durable. Étrange aveuglement des hommes de notre siècle ! ils se vantent de leurs lumières, et ils ignorent tout, puisqu'ils s'ignorent eux-mêmes. Ils ne savent ni ce qu'ils sont ni ce qu'ils peuvent. Un orgueil indomptable les porte sans cesse à renverser tout ce qu'ils n'ont pas fait ; et pour opérer de nouvelles créations, ils se séparent du principe de toute exis-

tence. Jean-Jacques Rousseau, lui-même, a cependant
fort bien dit : *Homme petit et vain, montre-moi ta
puissance, je te montrerai ta faiblesse.* On pourrait dire
encore avec autant de vérité et plus de profit . *Homme
petit et vain, confesse-moi ta faiblesse, je te montrerai
ta puissance.* En effet, dès que l'homme a reconnu sa
nullité, il a fait un grand pas ; car il est bien près de
chercher un appui avec lequel il peut tout. C'est précisément le contraire de ce qu'a fait le siècle qui
vient de finir. (Hélas ! il n'a fini que dans nos alma-
nachs.) Examinez toutes ses entreprises, toutes ses
institutions quelconques, vous le verrez constamment
occupé à les séparer de la Divinité. L'homme s'est
cru un être indépendant, et il a professé un véritable
athéisme pratique, plus dangereux, peut-être, et plus
coupable que celui de théorie.

XLVII. Distrait par ses vaines sciences de la seule
science qui l'intéresse réellement, il a cru qu'il avait
le pouvoir de *créer*, tandis qu'il n'a pas seulement celui
de *nommer*. Il a cru, lui qui n'a pas seulement le pouvoir de produire un insecte ou un brin de mousse, qu'il
était l'auteur immédiat de la souveraineté, la chose la
plus importante, la plus sacrée, la plus fondamentale
du monde moral et politique (1); et qu'une telle famille,

----

(1) *Le principe que tout pouvoir légitime part du peuple est noble
et spécieux en lui-même, cependant il est démenti par tout le poids
de l'histoire et de l'expérience.* HUME, *Hist. d'Angl.,* Charles Ier,
ch. LIX, ann. 1642. Édit. angl. de Bâle, 1789, in-8°, p. 120.

par exemple, règne parce qu'un tel peuple l'a voulu ; tandis qu'il est environné de preuves incontestables que toute famille souveraine règne parce qu'elle est choisie par un pouvoir supérieur. S'il ne voit pas ces preuves, c'est qu'il ferme les yeux ou qu'il regarde de trop près. Il a cru que c'est lui qui avoit inventé les langues, tandis qu'il ne tient encore qu'à lui de voir que toute langue humaine est *apprise* et jamais *inventée*, et que nulle hypothèse imaginable dans le cercle de la puissance humaine ne peut expliquer avec la moindre apparence de probabilité, ni la formation, ni la diversité des langues. Il a cru qu'il pouvoit constituer les nations, c'est-à-dire, en d'autres termes, *qu'il pouvait créer cette unité nationale en vertu de laquelle une nation n'est pas une autre.* Enfin, il a cru que, puisqu'il avait le pouvoir de créer des institutions, il avait à plus forte raison celui de les emprunter aux nations, et de les transporter chez lui toutes faites, avec le nom qu'elles portaient chez ces peuples, pour en jouir comme eux avec les mêmes avantages. Les papiers français me fournissent sur ce point un exemple singulier.

XLVIII. Il y a quelques années que les Français s'avisèrent d'établir à Paris certaines courses qu'on appela sérieusement dans quelques écrits du jour, *jeux olympiques.* Le raisonnement de ceux qui inventèrent ou renouvelèrent ce beau nom, n'était pas compliqué. *On courait,* se dirent-ils, *à pied et à cheval, sur les bords de l'Alphée ; on court à pied et à cheval sur les bords de la Seine : donc c'est la même chose.* Rien

de plus *simple;* mais, sans leur demander pourquoi
ils n'avaient pas imaginé d'appeler ces jeux *parisiens,*
au lieu de les appeler *olympiques,* il y aurait bien
d'autres observations à faire. Pour instituer les jeux
olympiques, on consulta les oracles : les dieux et les
héros s'en mêlèrent ; on ne les commençait jamais
sans avoir fait des sacrifices et d'autres cérémonies
religieuses : on les regardait comme les grands comices
de la Grèce, et rien n'était plus auguste. Mais les Parisiens, avant d'établir leurs courses *renouvelées des
Grecs,* allèrent-ils à Rome *ad limina Apostolorum,*
pour consulter le pape? Avant de lancer leurs casse-
cous, pour amuser des boutiquiers, faisaient-ils chanter
la grand'messe? A quelle grande vu> politique avaient-
ils su associer ces courses? Comment s'appelaient les
instituteurs? — Mais c'en est trop : le bon sens le plus
ordinaire sent d'abord le néant et même le ridicule
de cette imitation.

XLIX. Cependant, dans un journal écrit par des
hommes d'esprit qui n'avaient d'autre tort ou d'autre
malheur que celui de professer les doctrines modernes,
on écrivait, il y a quelques années, au sujet de ces
courses, le passage suivant dicté par l'enthousiasme
le plus divertissant :

Je le prédis: les jeux olympiques *des Français
attireront un jour l'Europe au Champ-de-Mars.
Qu'ils ont l'âme froide et peu susceptible d'émotion
ceux qui ne voient ici que des courses ! Moi, j'y
vois un spectacle tel que jamais l'univers n'en a
offert de pareil, depuis ceux de l'Elide, où la Grèce
était en spectacle à la Grèce. Non, les cirques des*

Romains, les tournois de notre ancienne chevalerie, n'en approchaient pas (1).

Et moi, je *crois*, et même je *sais* que nulle institution humaine n'est durable si elle n'a une base religieuse ; *et, de plus* (je prie qu'on fasse bien attention à ceci), *si elle ne porte un nom pris dans une langue nationale, et né de lui-même, sans aucune délibération antérieure et connue.*

L. La théorie des noms est encore un objet de grande importance. Les noms ne sont nullement arbitraires, comme l'ont affirmé tant d'hommes *qui avaient perdu leurs noms.* Dieu s'appelle : *Je suis;* et toute créature s'appelle : *Je suis cela.* Le nom d'un être spirituel étant nécessairement relatif à son action, qui est sa qualité distinctive ; de là vient que, parmi les anciens, le plus grand honneur pour une divinité était la *polyonymie,* c'est-à-dire la *pluralité des noms,* qui annonçait celle des fonctions ou l'étendue de la puissance. L'antique mythologie nous montre Diane, encore enfant, demandant cet honneur à Jupiter ; et,

---

(1) *Décade philosophique,* octobre 1797, n° 1, pag. 31, (1809). Ce passage, rapproché de sa date, a le double mérite d'être éminemment plaisant et de faire penser. On y voit de quelles idées se berçaient alors ces enfants, et ce qu'ils savaient sur ce que l'homme doit savoir avant tout. Dès lors un nouvel ordre de choses a suffisamment réfuté ces belles imaginations ; *et si toute l'Europe est aujourd'hui attirée à Paris,* ce n'est pas certainement pour y voir *les jeux olympiques* (1814).

dans les vers attribués à Orphée, elle est complimentée
sous le nom de *démon polyonyme* (génie à plusieurs
noms) (1). Ce qui veut dire, au fond, que Dieu seul a
droit de donner un *nom*. En effet, il a tout *nommé*,
puisqu'il a tout créé. Il a donné des noms aux
étoiles (2), il en a donné aux esprits, et de ces derniers
noms, l'Écriture n'en prononce que trois, mais tous
les trois relatifs à la destination de ces ministres. Il
en est de même des hommes que Dieu a voulu nommer
lui-même, et que l'Écriture nous a fait connaître en
assez grand nombre : toujours les noms sont relatifs
aux fonctions (3). N'a-t-il pas dit que dans son royaume
à venir il donnerait aux vainqueurs UN NOM NOU-
VEAU (4), proportionné à leurs *exploits?* Et les hommes,
faits à l'image de Dieu, ont-ils trouvé une manière
plus solennelle de récompenser les vainqueurs que
celle de leur donner un *nouveau nom*, le plus honorable
de tous, au jugement des hommes, celui des nations

---

(1) Voyez la note sur le septième vers de l'hymne à Diane de
Callimaque (édition de Spanheim) ; et Lanzi, *Saggio di letteratura
etrusca*, etc., in-8°, t. II, page 241, note. Les hymnes d'Homère ne
sont, au fond, que des collections d'épithètes ; ce qui tient au même
principe de la *polyonymie*.

(2) Isaïe, XL, 26.

(3) Qu'on se rappelle le plus grand nom donné divinement et
directement à un homme (Pierre). La raison du nom fut donnée
dans ce cas avec le nom, et le nom exprime précisément la destination, ou, ce qui revient au même, le pouvoir.

(4) *Apoc.*, III, 12.

**   6

vaincues (1)? Toutes les fois que l'homme est censé changer de vie et recevoir un nouveau caractère, assez communément il reçoit un *nouveau nom.* Cela se voit dans le baptême, dans la confirmation, dans l'enrôlement des soldats, dans l'entrée en religion, dans l'affranchissement des esclaves, etc. ; en un mot le nom de tout être exprime ce qu'il est, et dans ce genre il n'y a rien d'arbitraire. L'expression vulgaire, *il a un nom, il n'a point de nom,* et très juste et très expressive ; aucun homme ne pouvant être rangé parmi ceux qu'*on appelle aux assemblées et qui ont un nom* (2), si sa famille n'est marquée du signe qui la distingue des autres.

LI. Il en est des nations comme des individus : il y en a *qui n'ont point de nom.* Hérodote observe que les Thraces seraient le peuple le plus puissant de l'univers s'ils étaient unis : *mais,* ajoute-t-il, *cette union est impossible, car ils ont tous un nom différent* (3). C'est une très bonne observation. Il y a aussi des peuples modernes *qui n'ont point de nom,* et il y en a d'autres qui en ont plusieurs ; mais la *polyonymie* est aussi

---

(1) Cette observation a été faite par l'auteur anonyme, mais très connu, du livre allemand intitulé : *Die Siegsgeschichte der christlichen Religion, in einer gemeinnützigen Erklarung der Offenbarung Johannis,* in-8°, Nuremberg, 1799, pag. 89. Il n'y a rien à dire contre cette page.

(2) *Num.,* XVI, 2.

(3) Hérod. *Therpsyc.,* V, 3.

malheureuse pour les nations qu'on a pu la croire
honorable pour les *génies.*

LII. Les noms n'ayant donc rien d'arbitraire,
et leur origine tenant, comme toutes les choses,
plus ou moins immédiatement à Dieu, il ne
faut pas croire que l'homme ait droit de nommer,
sans restriction, même celles dont il a quelque
droit de se regarder comme l'auteur, et de leur
imposer des noms suivant l'idée qu'il s'en forme.
Dieu s'est réservé à cet égard une espèce de
juridiction immédiate qu'il est impossible de
méconnaître (1). *O mon cher* Hermogène ! *c'est
une grande chose que l'imposition des noms, et
qui ne peut appartenir ni à l'homme mauvais, ni
même à l'homme vulgaire... Ce droit n'appartient
qu'à un créateur de noms* (onomaturge), *c'est-à-dire,
à ce qui semble, au seul législateur; mais de tous
les créateurs humains le plus rare, c'est un législateur* (2).

LIII. Cependant l'homme n'aime rien tant que de
nommer. C'est ce qu'il fait, par exemple, lorsqu'il
applique aux choses des épithètes significatives ;
talent qui distingue le grand écrivain et surtout le
grand poète. L'heureuse imposition d'une épithète
illustre un substantif, qui devient célèbre sous ce nou-

---

(1) ORIG. *Adv. Cels.* I, 18, 24, p. 341, *et in Exhort. ad martyr.,*
n. 46, *et in not. Edit. Ruæi,* in-fol., t. I, pages 305, 341.

(2) PLATO, *In Crat. Opp,* t. III, p. 244.

veau signe (1). Les exemples se trouvent dans toutes les langues ; mais, pour nous en tenir à celle de ce peuple qui a lui-même un si grand nom, puisqu'il l'a donné à la *franchise*, ou que la *franchise* l'a reçu de lui, quel homme lettré ignore l'*avare Achéron, les coursiers attentifs, le lit effronté, les timides supplications, le frémissement argenté, le destructeur rapide, les pâles adulateurs,* etc. (2)? Jamais l'homme n'oubliera ses droits primitifs : on peut dire même, dans un certain sens, qu'il les exercera toujours, mais combien sa dégradation les a restreints ! Voici une loi vraie comme Dieu qui l'a faite :

Il est défendu à l'homme de donner de grands noms aux choses dont il est l'auteur et qu'il croit grandes ; mais s'il a opéré légitimement, le nom vulgaire de la chose sera ennobli par elle et deviendra grand.

LIV. Qu'il s'agisse de créations matérielles ou politiques, la règle est la même. Il n'y a rien, par exemple, de plus connu dans l'histoire grecque que le mot de

---

(1) « *De manière,* » comme l'a observé Denys d'Halycarnasse, « que si l'épithète est *distinctive* et *naturelle,* (εἰκεία καὶ προσφυής), elle pèse dans le discours autant qu'un nom. » *(De la poésie d'Homère,* ch. vi.) On peut même dire, dans un certain sens, qu'elle vaut mieux, puisqu'elle a le mérite de la création, sans avoir le tort du néologisme.

(2) Je ne me rappelle aucune épithète illustre de Voltaire ; c'est peut-être de ma part pur défaut de mémoire.

céramique : Athènes n'en connut pas de plus auguste.
Longtemps après qu'elle eut perdu ses grands hommes
et son existence politique, Atticus, étant à Athènes,
écrivait avec prétention à son illustre ami : *Me trouvant l'autre jour dans le Céramique,* etc., et Cicéron l'en
badinait dans sa réponse (1). Que signifie cependant en
lui-même ce mot si célèbre, *Tuileries* (2)? Il n'y a
rien de plus vulgaire : mais la cendre des héros mêlée
à cette terre l'avait consacrée, et la terre avait consacré le nom. Il est assez singulier qu'à une si grande
distance de temps et de lieux, ce même mot de TUILE-
RIES, fameux jadis comme nom d'un lieu de sépulture,
ait été de nouveau illustré sous celui d'un palais. La
puissance qui venait habiter les *Tuileries,* ne s'avisa
pas de leur donner quelque nom imposant qui eût
certaine proportion avec elle. Si elle eût commis
cette faute, il n'y avait pas de raison pour que, le
lendemain, ce lieu ne fût habité par des filous et par
des filles.

LV. Une autre raison, qui a son prix, quoiqu'elle
soit tirée de moins haut, doit nous engager encore à
nous défier de tout nom pompeux imposé *à priori.*
C'est que la conscience de l'homme l'avertissant
presque toujours du vice de l'ouvrage qu'il vient

----

(1) Voilà pour répondre à votre phrase : *Me trouvant l'autre
jour dans le Céramique,* etc. Cic. *ad Att.,* I, 10.

(2) Avec une certaine latitude qui renferme encore l'idée de
poterie.

de produire, l'orgueil révolté, qui ne peut se tromper lui-même, cherche au moins à tromper les autres, en inventant un nom honorable qui suppose précisément le mérite contraire ; de manière que ce nom, au lieu de témoigner réellement l'excellence de l'ouvrage, est une véritable confession du vice qui le distingue. Le dix-huitième siècle, si riche en tout ce qu'on peut imaginer de faux et de ridicule, a fourni sur ce point une foule d'exemples curieux dans les titres des livres, les épigraphes, les inscriptions et autres choses de ce genre. Ainsi, par exemple, si vous lisez à la tête de l'un des principaux ouvrages de ce siècle :

Tantum series juncturaque pollet,
Tantum de medio sumptis accedit honoris,

effacez la présomptueuse épigraphe, et substituez hardiment, avant même d'avoir ouvert le livre, et sans la moindre crainte d'être injuste :

Rudis indigestaque moles,
Non benè junctarum discordia semina rerum.

En effet, le chaos est l'image de ce livre, et l'épigraphe exprime éminemment ce qui manque éminemment à l'ouvrage. Si vous lisez à la tête d'un autre livre : *Histoire philosophique et politique,* vous savez, avant d'avoir lu l'histoire annoncée sous ce titre, qu'elle n'est ni *philosophique,* ni *politique;* et vous saurez de plus, après l'avoir lue, que c'est l'œuvre d'un frénétique. Un homme ose-t-il écrire au-dessous de son propre portrait : *Vitam impendere vero?* gagez, sans information, que c'est le portrait d'un menteur ; et lui-même vous l'avouera, un jour qu'il lui prendra fantaisie de dire la vérité. Peut-on lire sous un autre portrait : *Postgenitis hic carus erit, nunc amicis,* sans se rappeler sur-le-champ ce vers si heureusement emprunté à l'original même pour le peindre d'une manière un peu différente : *J'eus des adorateurs et n'eus pas un ami?* Et en effet, jamais peut-être il n'exista d'homme, dans la classe des gens de lettres, moins fait pour sentir l'amitié, et moins digne de l'inspirer, etc., etc. Des ouvrages et des entreprises d'un autre genre prêtent à la même observation. Ainsi, par exemple, si la musique, chez une nation célèbre, devient tout à coup une affaire d'État ; si l'esprit du siècle, aveugle sur tous les points, accorde à cet art une fausse importance et une fausse protection, bien différente de celle dont il aurait besoin ; si l'on élève enfin un temple à la musique, sous le nom sonore et authentique d'ODÉON, c'est une preuve infaillible que l'art est en décadence, et personne ne doit être surpris d'entendre dans ce pays un critique célèbre avouer, bientôt après, en style assez vigoureux, que rien n'empêche d'écrire dans le fronton du temple : CHAMBRE A LOUER (1).

---

(1) « Il s'en faut bien que les mêmes morceaux exécutés à l'*Odéon* « produisent en moi la même sensation que j'éprouvais à l'ancien « *Théâtre de musique,* où je les entendais avec ravissement. Nos

LVI. Mais, comme je l'ai dit, tout ceci n'est qu'une observation du second ordre ; revenons au principe général : *Que l'homme n'a pas, ou n'a plus le droit de nommer les choses* (du moins dans le sens que j'ai expliqué). Que l'on y fasse bien attention, les noms les plus respectables ont dans toutes les langues une origine vulgaire. Jamais le nom n'est proportionné à la chose ; toujours la chose illustre le nom. Il faut que le nom *germe*, pour ainsi dire, sans quoi il est faux. Que signifie le mot *trône*, dans l'origine? *siège*, ou même *escabelle*. Que signifie *sceptre?* un bâton pour s'appuyer (1). Mais le *bâton* des Rois fut bientôt dis-

---

« artistes ont perdu la tradition de ce chef-d'œuvre (le *Stabat* de
« Pergolèse) ; il est écrit pour eux en langue étrangère ; ils en disent
« les notes sans en connaître l'esprit ; leur exécution est à la glace,
« dénuée d'âme, de sentiment et d'expression. L'orchestre lui-
« même joue machinalement et avec une faiblesse qui tue l'effet.
« L'ancienne musique *(laquelle?)* est la rivale de la plus haute
« poésie ; la nôtre n'est que la rivale du ramage des oiseaux. Que
« nos virtuoses modernes cessent donc... de déshonorer des compo-
« sitions sublimes..... qu'ils ne se jouent plus (surtout) à Pergo-
« lèse ; il est trop fort pour eux. » *(Journal de l'Empire*, 28 mars
1812.)

(1) Au second livre de l'*Iliade*, Ulysse veut empêcher les Grecs de renoncer lâchement à leur entreprise. S'il rencontre, au milieu du tumulte excité par les mécontents, un roi ou un noble, il lui adresse de douces paroles pour le persuader ; mais s'il trouve sous sa main un *homme du peuple* (δῆμου ἄνδρα) (gallicisme remarquable), il le rosse à *grands coups de sceptre. (Iliad.*, II, 198, 199.)

On fit jadis un crime à Socrate de s'être emparé des vers qu'U-

tingué de tous les autres, et ce nom, sous sa *nouvelle* signification, subsiste depuis trois mille ans. Qu'y a-t-il de plus noble dans la littérature et de plus humble dans son origine que le mot *tragédie?* Et le nom presque fétide de *drapeau*, soulevé et ennobli par la lance des guerriers, quelle fortune n'a-t-il pas faite dans notre langue? Une foule d'autres noms viennent plus ou moins à l'appui du même principe, tels que ceux-ci, par exemple : *sénat, dictateur, consul, empereur, église, cardinal, maréchal*, etc. Terminons par ceux de *connétable* et de *chancelier* donnés à deux éminentes dignités des temps modernes : le premier ne signifie dans l'origine que le chef *de l'écurie* (1), et le second, *l'homme qui se tient derrière une grille* (pour n'être pas accablé par la foule des suppliants).

LVII. Il y a donc deux règles infaillibles pour

---

lysse prononce dans cette occasion, et de les avoir cités pour prouver au peuple qu'il ne sait rien et qu'il n'est rien. (XÉNOPH. *Memor. Socr.* I, II, 20.)

Pindare peut encore être cité pour l'histoire du sceptre, à l'endroit où il nous raconte l'anecdote de cet ancien roi de Rhodes qui assomma son beau-frère sur la place, en le frappant, dans un instant de vivacité et sans mauvaise intention, *avec un sceptre qui se se trouva malheureusement fait d'un bois trop dur. (Olymp.*, VII, v, 49-55.) Belle leçon pour alléger les sceptres !

(1) *Connétable* n'est qu'une contraction gauloise de COMES STABULI, *le compagnon* ou *le ministre du prince au département des écuries.*

juger toutes les créations humaines, de quelque
genre qu'elles soient, la *base*, et le *nom ;* et ces
deux règles, bien entendues, dispensent de toute
application odieuse. Si la base est purement
humaine, l'édifice ne peut tenir ; et plus il y aura
d'hommes qui s'en seront mêlés, plus ils y auront
mis de délibération, de science et d'*écriture surtout*,
enfin, de moyens humains de tous les genres, et
plus l'institution sera fragile. C'est principalement
par cette règle qu'il faut juger tout ce qui a été
entrepris par des souverains ou par des assemblées
d'hommes, pour la civilisation, l'institution ou la
régénération des peuples.

LVIII. Par la raison contraire, plus l'institution
est divine dans ses bases, et plus elle est durable. Il
est bon même d'observer, pour plus de clarté, que le
principe religieux est, par essence, créateur et conservateur, de deux manières. En premier lieu, comme il
agit plus fortement que tout autre sur l'esprit humain,
il en obtient des efforts prodigieux. Ainsi, par exemple,
l'homme persuadé par ses dogmes religieux que c'est
un grand avantage pour lui, qu'après sa mort son corps
soit conservé dans toute l'intégrité possible, sans
qu'aucune main indiscrète ou profanatrice puisse en
approcher ; cet homme, dis-je, après avoir épuisé
l'art des embaumements, finira par construire les
pyramides d'Egypte. En second lieu, le principe religieux déjà si fort par ce qu'il opère, l'est encore infiniment par ce qu'il empêche, à raison du respect dont
il entoure tout ce qu'il prend sous sa protection. Si
un simple caillou est consacré, il y a tout de suite une

raison pour qu'il échappe aux mains qui pourraient l'égarer ou le dénaturer. La terre est couverte des preuves de cette vérité. *Les vases étrusques*, par exemple, *conservés par la religion des tombeaux, sont parvenus jusqu'à nous, malgré leur fragilité, en plus grand nombre que les monuments de marbre et de bronze des mêmes époques* (1). Voulez-vous *conserver* tout, *dédiez* tout.

LIX. La seconde règle, qui est celle des noms, n'est, je crois, ni moins claire ni moins décisive que la précédente. Si le nom est imposé par une assemblée ; s'il est établi par une délibération antécédente, en sorte qu'il précède la chose ; si le nom est pompeux (2), s'il a une proportion grammaticale avec l'objet qu'il doit représenter ; enfin, s'il est tiré d'une langue étrangère, et surtout d'une langue antique, tous les caractères de nullité se trouvent réunis, et l'on peut être sûr que le nom et la chose disparaîtront en très peu de temps. Les suppositions contraires annoncent la légitimité, et par conséquent la durée de l'institution. Il faudrait se garder de passer légèrement sur

____

(1) *Mercure de France*, 17 juin 1809, n° 413, pag. 679.

(2) Ainsi, par exemple, si un homme autre qu'un souverain se nomme lui-même *législateur*, c'est une preuve certaine qu'il ne l'est pas ; et si une assemblée ose se nommer *législatrice*, non seulement c'est une preuve qu'elle ne l'est pas, mais c'est une preuve qu'elle a perdu l'esprit, et que dans peu elle sera livrée aux risées de l'univers.

cet objet. Jamais un véritable philosophe ne doit perdre de vue la langue, véritable baromètre dont les variations annoncent infailliblement *le bon et le mauvais temps*. Pour m'en tenir au sujet que je traite dans ce moment, il est certain que l'introduction démesurée des mots étrangers, appliqués surtout aux institutions nationales de tout genre, est un des signes les plus infaillibles de la dégradation d'un peuple.

LX. Si la formation de tous les empires, les progrès de la civilisation et le concert unanime de toutes les histoires et de toutes les traditions ne suffisaient point encore pour nous convaincre, la mort des empires achèverait la démonstration commencée par leur naissance. Comme c'est le principe religieux qui a tout créé, c'est l'absence de ce même principe qui a tout détruit. La secte d'Epicure, qu'on pourrait appeler l'*incrédulité antique*, dégrada d'abord, et détruisit bientôt tous les gouvernements qui eurent le malheur de lui donner entrée. Partout *Lucrèce* annonça *César*.

Mais toutes les expériences passées disparaissent devant l'exemple épouvantable donné par le dernier siècle. Encore enivrés de ses vapeurs, il s'en faut de beaucoup que les hommes, du moins en général, soient assez de sang froid pour contempler cet exemple dans son vrai jour, et surtout pour en tirer les conséquences nécessaires ; il est donc bien essentiel de diriger tous les regards sur cette scène terrible.

LXI. Toujours il y a eu des religions sur la terre, et

toujours il y a eu des impies qui les ont combattues ;
toujours aussi l'impiété fut un crime : car comme il ne
peut y avoir de religion fausse sans aucun mélange de
vrai, il ne peut y avoir d'impiété qui ne combatte
quelque vérité divine plus ou moins défigurée ; *mais il
ne peut y avoir de véritable impiété qu'au sein de la véritable religion;* et, par une conséquence nécessaire,
jamais l'impiété n'a pu produire dans les temps passés
les maux qu'elle a produits de nos jours ; car elle est
toujours coupable en raison des lumières qui l'environnent. C'est sur cette règle qu'il faut juger le
XVIIIe siècle ; car c'est sur ce point de vue qu'il ne
ressemble à aucun autre. On entend dire assez communément *que tous les siècles se ressemblent, et que tous
les hommes ont toujours été les mêmes;* mais il faut bien
se garder de croire à ces maximes générales que la
presse ou la légèreté inventent pour se dispenser de
réfléchir. Tous les siècles, au contraire, et toutes les
nations, manifestent un caractère particulier et
distinctif qu'il faut considérer soigneusement. Sans
doute il y a toujours eu des vices dans le monde,
mais ces vices peuvent différer en quantité, en nature,
en qualité dominante et en intensité (1). Or, quoiqu'il
y ait toujours eu des impies, jamais il n'y avait eu,

---

(1) Il faut encore avoir égard au mélange des vertus dont la
proportion varie infiniment. Lorsqu'on a montré les mêmes
genres d'excès en temps et lieux différents, on se croit en droit de
conclure magistralement *que les hommes ont toujours été les mêmes.*
Il n'y a pas de sophisme plus grossier ni plus commun.

avant le XVIIIe siècle, et au sein du christianisme, *une insurrection contre Dieu;* jamais surtout on n'avait vu une conjuration sacrilège de tous les talents contre leur auteur ; or, c'est ce que nous avons vu de nos jours. Le vaudeville a blasphémé comme la tragédie ; et le roman, comme l'histoire et la physique. Les hommes de ce siècle ont prostitué le génie à l'irréligion, et, suivant l'expression admirable de saint Louis mourant, ILS ONT GUERROYÉ DIEU ET SES DONS (1). L'impiété antique ne se fâche jamais ; quelquefois elle raisonne ; ordinairement elle plaisante, mais toujours sans aigreur. Lucrèce même ne va guère jusqu'à l'insulte ; quoique son tempérament sombre et mélancolique le portât à voir les choses en noir, même lorsqu'il accuse la religion d'avoir produit de grands maux, il est de sang-froid. Les religions antiques ne valaient pas la peine que l'incrédulité contemporaine se fâchât contre elles.

LXII. Lorsque la *bonne nouvelle* fut publiée dans l'univers, l'attaque devint plus violente : cependant ses ennemis gardèrent toujours une certaine mesure. Ils ne se montrent dans l'histoire que de loin en loin et constamment isolés. Jamais on ne voit de réunion ou de ligue formelle : jamais ils ne se livrent à la fureur dont nous avons été les témoins. Bayle même, le

----

(1) Joinville, dans la collection des Mémoires relatifs à l'histoire de France. In-8°, t. II, p. 160.

père de l'incrédulité moderne, ne ressemble point à
ses successeurs. Dans ses écarts les plus condamnables,
on ne lui trouve point une grande envie de persuader,
encore moins le ton d'irritation ou de l'esprit de parti :
il nie moins qu'il ne doute ; il dit le pour et le contre :
souvent même il est plus discret pour la bonne cause
que pour la mauvaise (1).

LXIII. Ce ne fut donc que dans la première moitié
du xviiie siècle que l'impiété devint réellement une
puissance. On la voit d'abord s'étendre de toutes
parts avec une rapidité inconcevable. Du palais à la
cabane, elle se glisse partout, elle infeste tout ; elle a
des chemins invisibles, une action cachée, mais infaillible, telle que l'observateur le plus attentif, témoin
de l'effet, ne sait pas toujours découvrir les moyens.
Par un prestige inconcevable, elle se fait aimer de
ceux mêmes dont elle est la plus mortelle ennemie ; et
l'autorité qu'elle est sur le point d'immoler, l'embrasse
stupidement avant de recevoir le coup. Bientôt un
simple système devient une association formelle qui,
par une gradation rapide, se change en complot,
et enfin en une grande conjuration qui couvre
l'Europe.

LXIV. Alors se montre pour la première fois ce
caractère de l'impiété qui n'appartient qu'au

---

(1) Voyez, par exemple, avec quelle puissance de logique il
a combattu le matérialisme dans l'article LEUCIPPE de son dictionnaire.

xviii⁰ siècle. Ce n'est plus le ton froid de l'indifférence, ou tout au plus l'ironie maligne du scepticisme, c'est une haine mortelle ; c'est le ton de la colère et souvent de la rage. Les écrivains de cette époque, du moins les plus marquants, ne traitent plus le christianisme comme une erreur humaine sans conséquence, ils le poursuivent comme un ennemi capital, ils le combattent à outrance ; c'est une guerre à mort : et ce qui paraîtrait incroyable, si nous n'en avions pas les tristes preuves sous les yeux, c'est que plusieurs de ces hommes qui s'appelaient *philosophes*, s'élevèrent de la haine du christianisme jusqu'à la haine personnelle contre son divin Auteur. Ils le haïrent réellement comme on peut haïr un ennemi vivant. Deux hommes surtout, qui seront à jamais couverts des anathèmes de la postérité, se sont distingués par ce genre de scélératesse qui paraissait bien au-dessus des forces de la nature humaine la plus dépravée.

LXV. Cependant l'Europe entière ayant été civilisée par le christianisme, et les ministres de cette religion ayant obtenu dans tous les pays une grande existence politique, les institutions civiles et religieuses s'étaient mêlées et comme amalgamées d'une manière surprenante ; en sorte qu'on pouvait dire de tous les États de l'Europe, avec plus ou moins de vérité, ce que *Gibbon* a dit de la France, *que ce royaume avait été fait par des évêques.* Il était donc inévitable que le philosophe du siècle ne tardât pas de haïr les institutions sociales dont il ne lui était pas possible de séparer le principe religieux. C'est ce qui arriva : tous les gouvernements, tous les établissements de l'Europe lui déplurent, *parce qu'ils* étaient chrétiens, et *à mesure* qu'ils étaient chrétiens ; un malaise d'opinion, un mécontentement universel s'empara de toutes les têtes. En France surtout, la rage philosophique ne connut plus de bornes ; bientôt une seule voix formidable se formant de tant de voix réunies, on l'entendit crier au milieu de la coupable Europe :

LXVI. « Laisse-nous (1)! Faudra-t-il donc éternel-« lement trembler devant des prêtres, et recevoir d'eux « l'instruction qu'il leur plaira de nous donner? la « vérité, dans toute l'Europe, est cachée par les fumées « de l'encensoir ; il est temps qu'elle sorte de ce nuage « fatal. Nous ne parlerons plus de toi à nos enfants ; « c'est à eux, lorsqu'ils seront hommes, à savoir si tu « es, et ce que tu es, et ce que tu demandes d'eux. Tout « ce qui existe nous déplait, parce que ton nom est « écrit sur tout ce qui existe. Nous voulons tout « détruire et tout refaire sans toi. Sors de nos conseils ; « sors de nos académies ; sors de nos maisons : nous « saurons bien agir seuls, la raison nous suffit. Laisse-« nous. »

Comment Dieu a-t-il puni cet exécrable délire? Il l'a puni comme il créa la lumière par une seule parole. Il a dit : FAITES ! — Et le monde politique a croulé.

---

(1) *Dixerunt Deo :* RECEDE A NOBIS ! *Scientiam viarum tuarum nolumus.* Job, XXI, 14.

Voilà donc comment les deux genres de démonstrations se réunissent pour frapper les yeux les moins clairvoyants. D'un côté, le principe religieux préside à toutes les créations politiques ; et, de l'autre, tout disparaît dès qu'il se retire.

LXVII. C'est pour avoir fermé les yeux à ces grandes vérités que l'Europe est coupable, et c'est parce qu'elle est coupable qu'elle souffre. Cependant elle repousse encore la lumière, et méconnaît le bras qui la frappe. Bien peu d'hommes, parmi cette génération matérielle, sont en état de connaître la *date*, la *nature* et l'*énormité* de certains crimes commis par les individus, par les nations et par les souverainetés ; moins encore de comprendre le genre d'expiation que ces crimes nécessitent, et le prodige adorable qui force le mal à nettoyer de ses propres mains la place que l'éternel architecte a déjà mesurée de l'œil pour ses merveilleuses constructions. Les hommes de ce siècle ont pris leur parti. *Ils se sont juré à eux-mêmes de regarder toujours à terre* (1). Mais il serait inutile, peut-être dangereux, d'entrer dans de plus grandes détails : il nous est enjoint *de professer la vérité avec amour* (2). Il faut de plus, en certaines occasions, ne la professer qu'avec respect ; et, malgré toutes les

----

(1) *Oculos suos statuerunt declinare in terram.* Ps. xvi, 11.

(1) Ἀληθεύοντες ἐν ἀγάπη. Ephes., iv, 15. Expression intraduisible... La Vulgate aimant mieux, avec raison, parler juste que parler latin, a dit : *Facientes veritatem in charitate.*

précautions imaginables, le pas serait glissant pour l'écrivain même le plus calme et le mieux intentionné. Le monde, d'ailleurs, renferme toujours une foule innombrable d'hommes si pervers, si profondément corrompus, que, s'ils pouvaient se douter de certaines choses, ils pourraient aussi redoubler de méchanceté, et se rendre, pour ainsi dire, coupables comme des anges rebelles : ah ! plutôt, que leur abrutissement se renforce encore, s'il est possible, afin qu'ils ne puissent pas même devenir coupables autant que des hommes peuvent l'être. L'aveuglement est sans doute un châtiment terrible ; quelquefois cependant il laisse encore apercevoir l'amour : c'est tout ce qu'il peut être utile de dire dans ce moment.

Mai, 1809.

FIN.

ÉTUDE

SUR

LA SOUVERAINETÉ

LIVRE PREMIER

DES ORIGINES
DE LA SOUVERAINETÉ

CHAPITRE PREMIER

DE LA SOUVERAINETÉ DU PEUPLE (1)

Non illi imperium.
Virg.

Le peuple est souverain, dit-on ; et de qui ? — De lui-même apparemment. Le peuple est donc sujet. Il y a sûrement ici quelque équivoque s'il n'y a pas une erreur, car le peuple qui *commande* n'est pas le

---

(1) Le manuscrit de cette étude porte les dates de Lausanne, 1794, 1795, 1796. *(Note de l'éditeur.)* — Cet ouvrage a été écrit à la hâte et jamais relu. Quelques morceaux ont passé dans d'autres écrits. Saint-Pétersbourg, 16 (28) janvier 1815. *(Note de l'auteur.)*

peuple qui *obéit*. Il suffit donc d'énoncer la proposition générale : « *Le peuple est souverain* », pour sentir qu'elle a besoin d'un commentaire.

Ce commentaire ne se fera pas attendre, du moins dans le système français. Le peuple, dira-t-on, exerce sa souveraineté par le moyen de ses Représentants. Cela commence à s'entendre. Le peuple est un souverain qui ne peut exercer la souveraineté. Seulement chaque individu mâle de ce peuple a le droit de commander à son tour pendant un certain temps : par exemple, si l'on suppose 25 millions d'hommes en France et 700 députés éligibles chaque deux ans, on comprend que si ces 25 millions d'hommes étaient immortels, et que les députés fussent nommés par tour, chaque Français se trouverait roi périodiquement chaque trois mille cinq cents ans environ. Mais comme, dans cet espace de temps, on ne laisse pas que de mourir de temps en temps, et que d'ailleurs les électeurs sont maîtres de choisir comme il leur plaît, l'imagination est effrayée du nombre épouvantable de rois condamnés à mourir sans avoir régné.

Mais puisqu'il faut examiner plus sérieusement cette question, observons d'abord que, sur ce point comme sur tant d'autres, il pourrait bien se faire qu'on ne se fût pas entendu. Commençons donc à bien poser la question.

On a disputé avec chaleur pour savoir si la souveraineté venait de Dieu ou des hommes ; mais je ne sais si l'on a observé que les deux propositions peuvent être vraies.

Il est très vrai, dans un sens inférieur et grossier, que la souveraineté est fondée sur le consentement humain : car si un peuple quelconque s'accordait tout à coup pour ne pas obéir, la souveraineté disparaîtrait, et il est impossible d'imaginer l'établissement d'une souveraineté sans imaginer un peuple qui consent à obéir. Si donc les adversaires de l'origine divine de la souveraineté ne veulent dire que cela, ils ont raison, et il serait fort inutile de disputer. Dieu n'ayant pas jugé à propos d'employer des instruments surnaturels pour l'établissement des empires, il est sûr que tout a dû se faire par des hommes. Mais dire que la souveraineté ne vient pas de Dieu parce qu'il se sert des hommes pour l'établir, c'est dire qu'il n'est pas le créateur de l'homme parce que nous avons tous un père et une mère.

Tous les *théistes* (1) de l'univers conviendront sans doute que celui qui viole les lois s'oppose à la volonté divine et se rend coupable devant Dieu quoiqu'il ne viole que des ordonnances humaines, car c'est Dieu qui a créé *l'homme* sociable ; et puisqu'il a *voulu* la société, il a *voulu* aussi la souveraineté et les lois sans lesquelles il n'y a point de société.

Les lois viennent donc de Dieu dans le sens qu'il veut qu'il y ait des lois et qu'on leur obéisse ; et cependant

---

(1) Quoique ce mot dans son acception primitive soit synonyme de celui de *déiste*, l'usage cependant en a fait l'opposé d'*athée*, et c'est dans ce sens que je l'emploie. C'est un mot nécessaire, celui de *déiste* excluant la croyance de toute révélation.

ces lois viennent aussi des hommes puisqu'elles sont faites par des hommes.

De même la souveraineté vient de Dieu, puisqu'il est l'auteur de tout, excepté du mal, et qu'il est en particulier l'auteur de la société qui ne peut subsister sans la souveraineté.

Et cependant cette même souveraineté vient aussi des hommes dans un certain sens, c'est-à-dire en tant que tel ou tel mode de gouvernement est établi et déclaré par le consentement humain.

Les partisans de l'autorité divine ne peuvent donc nier que la volonté humaine ne joue un rôle quelconque dans l'établissement des gouvernements ; et les partisans du système contraire ne peuvent nier à leur tour que Dieu ne soit, par excellence et d'une manière éminente, l'auteur de ces mêmes gouvernements.

Il paraît donc que ces deux propositions : *la souveraineté vient de Dieu*, et *la souveraineté vient des hommes*, ne se contredisent pas absolument ; pas plus que ces deux autres : *les lois viennent de Dieu*, et *les lois viennent des hommes*.

Il suffit donc de s'entendre, de mettre les idées à leur place, et de ne les point confondre. Avec ces précautions nous sommes sûrs de ne pas nous égarer, et il semble qu'on doit écouter avec faveur l'écrivain qui dit : « Je ne viens point pour vous dire que la souveraineté vient de Dieu ou des hommes ; examinons seulement ensemble ce qu'il y a de divin et ce qu'il y a d'humain dans la souveraineté. »

CHAPITRE II

ORIGINE DE LA SOCIÉTÉ

C'est une manie étrange de l'homme de se créer des difficultés pour avoir le plaisir de les résoudre. Les mystères qui l'environnent de toute part ne lui suffisent pas, il repousse encore les idées claires, et réduit tout en problème par je ne sais quel détour de l'orgueil qui lui fait regarder comme au-dessous de lui de croire ce que tout le monde croit. Ainsi, par exemple, on a longuement disputé sur l'origine de la société ; et au lieu de la supposition toute simple qui se présente naturellement à l'esprit, on a prodigué la métaphysique pour bâtir des hypothèses aériennes réprouvées par le bon sens et par l'expérience.

Lorsqu'on met en problème les causes de l'origine de la société, on suppose manifestement qu'il a existé pour le genre humain un temps antérieur à la société ; mais c'est précisément ce qu'il faudrait prouver.

On ne niera pas sans doute que la terre en général ne soit destinée à l'habitation de l'homme ; or la multiplication de l'homme entrant dans les vues du Créateur, il s'ensuit que la nature de l'homme est d'être réuni en grandes sociétés sur toute la surface du globe : car la nature d'un être est d'exister tel que le Créateur a voulu qu'il existe. Et cette volonté est parfaitement déclarée par les faits.

L'homme isolé n'est donc point *l'homme de la nature;* l'espèce humaine même n'était point encore ce qu'elle devait être lorsqu'un petit nombre d'hommes était répandu sur une grande surface de terrain. Alors il n'y avait que des familles, et ces familles ainsi disséminées n'étaient encore, *individuellement* ou par leur réunion future, que des embryons de peuples.

Et si, longtemps après la formation des grandes sociétés, quelques peuplades perdues dans les déserts nous présentent encore les phénomènes de l'espèce humaine dans son enfance, ce sont toujours des peuples enfants, qui ne sont point encore ce qu'ils doivent être.

Que penserait-on d'un naturaliste qui dirait que l'homme est un animal de 30 à 35 pouces de long, sans force et sans intelligence, et ne poussant que des cris inarticulés? Cependant ce naturaliste, en ne donnant à la nature physique et morale de l'homme que les caractères de l'enfance, ne serait pas plus ridicule que le philosophe cherchant la nature politique de ce même être dans les *rudiments* de la société.

Toute question sur la *nature* de l'homme doit se résoudre par l'histoire. Le philosophe qui veut nous prouver, par des raisonnements *à priori,* ce que doit être l'homme, ne mérite pas d'être écouté : il substitue des raisons de convenance à l'expérience, et ses propres décisions à la volonté du Créateur.

Je suppose qu'on parvienne à prouver qu'un sauvage d'Amérique a plus de bonheur et moins de vices qu'un homme civilisé : pourrait-on en conclure que ce dernier est un être dégradé, ou, si l'on veut, plus loin de la *nature* que le premier? Point du tout. C'est précisément comme si l'on disait que la nature de l'homme individuel est de demeurer enfant, parce qu'à cette époque de la vie il est exempt des vices et des malheurs qui doivent l'assiéger dans sa virilité. L'histoire nous montre constamment les hommes réunis en sociétés plus ou moins nombreuses, régies par différentes souverainetés. Dès qu'ils se sont multipliés jusqu'à un certain point, ils n'ont pu exister autrement.

Donc, à proprement parler, il n'y a jamais eu pour l'*homme* de temps antérieur à la société, parce qu'avant la formation des sociétés politiques, l'homme n'est point tout à fait homme, et qu'il est absurde de chercher les caractères d'un être quelconque dans le germe de cet être.

Donc la société n'est point l'ouvrage de l'homme, mais le résultat immédiat de la volonté du Créateur qui a voulu que l'homme fût ce qu'il a toujours et partout été.

Rousseau et tous les raisonneurs de sa trempe se figurent ou tâchent de se figurer un peuple *dans l'état de nature* (c'est leur expression), délibérant en règle sur les avantages et les désavantages de l'état social et se déterminant enfin à passer de l'un à l'autre. Mais il n'y a pas l'ombre de bon sens dans cette supposition. Que faisaient ces hommes avant cette *Convention nationale* où ils résolurent enfin de se donner un souverain? Ils vivaient apparemment sans lois, sans gouvernement ; depuis quand?

C'est une erreur capitale de se représenter l'état

social comme un état de choix fondé sur le consentement des hommes, sur une délibération et sur un
contrat primitif qui est impossible. Quand on parle
de l'état de *nature* par opposition à l'état social, on
déraisonne volontairement. Le mot de *nature* est un
de ces termes généraux dont on abuse comme de tous
les termes abstraits. Ce mot, dans son acception la
plus étendue, ne signifie réellement que l'ensemble de
toutes les lois, de toutes les forces, de tous les ressorts
qui constituent l'univers, et *la nature particulière* de tel
ou tel être, l'ensemble des qualités qui le constituent
ce qu'il est, et sans lesquelles il serait autre chose et ne
pourrait pas remplir les vues de l'ouvrier. Ainsi la
réunion de toutes les pièces qui composent la machine
destinée à diviser le temps, forme la *nature* ou l'essence
de la *montre;* et la *nature* ou l'essence du *balancier* est
d'avoir telle forme, telles dimensions, telle position :
autrement il ne serait plus un balancier, et ne pourrait
en remplir les fonctions. La *nature* d'une vipère est
de ramper, d'avoir une peau écailleuse, des dents
creuses et mobiles qui distillent un venin mortel; et
la *nature* de l'homme est d'être un animal intelligent,
religieux et sociable. Une expérience invariable nous
l'enseigne ; et je ne vois pas qu'il y ait rien à
opposer à cette expérience. Si quelqu'un entend
prouver que la nature de la vipère est d'avoir
des ailes et une voix mélodieuse, et que celle du
castor est de vivre isolé sur le sommet des plus
hautes montagnes, c'est à lui de prouver. En attendant, nous croirons que ce qui est doit être et a
toujours été.

« L'ordre social », a dit Rousseau, « est un droit sacré qui sert de base à tous les autres. Cependant ce droit ne vient point de la *nature :* il est donc fondé sur des conventions. » *(Contrat social*, ch. 1er.)

Qu'est-ce que la *nature?* Qu'est-ce qu'un *droit?* Et comment un *ordre* est-il un *droit?*... Mais passons sur ces difficultés ; les questions ne finiraient pas avec un homme qui abuse de tous les termes et n'en définit aucun. On a droit au moins de lui demander la preuve de cette grande assertion : « *L'ordre social ne vient point de la nature* ». — « Je dois », dit-il lui-même, « établir ce que je viens d'avancer. » C'est en effet ce qu'il aurait fallu faire ; mais la manière dont il s'y prend est vraiment curieuse. Il emploie trois chapitres à prouver que l'ordre social ne vient ni de la société de famille, ni de la force ou de l'esclavage (chap. 2, 3, 4), et il en conclut (chap. 5) *qu'il faut toujours remonter à une première convention.* Cette manière de démontrer est commode ; il n'y manque que la formule majestueuse des géomètres : « *ce qu'il fallait démontrer* ».

Il est aussi singulier que Rousseau n'ait pas seulement essayé de prouver l'unique chose qu'il fallait prouver : car si l'ordre social vient de la nature, il n'y a point de pacte social.

« Avant que d'examiner », dit-il, « l'acte par lequel un peuple élit un roi (1), il serait bon d'examiner l'acte

---

(1) Pourquoi un roi? Il fallait dire un souverain.

par lequel un peuple est un peuple : car cet acte, étant nécessairement antérieur à l'autre, est le vrai fondement de la société. » *(Ibid.*, chap. v.) — « C'est la manie éternelle des philosophes », dit ailleurs ce même Rousseau, « de nier ce qui est et d'expliquer ce qui n'est pas (1). » Ajoutons de notre côté. C'est la manie éternelle de Rousseau de se moquer des philosophes (2), sans se douter qu'il était aussi un *philosophe* dans toute la force du sens qu'il attribuait à ce mot : ainsi par exemple le *Contrat social* nie d'un bout à l'autre la nature de l'homme, qui *est*, — pour expliquer le *pacte social*, qui *n'existe pas.*

C'est ainsi qu'on raisonne quand on sépare l'homme de la Divinité. Au lieu de se fatiguer pour ne trouver que l'erreur, il en coûterait peu de tourner les yeux vers la source des êtres ; mais une manière de philosopher si simple, si sûre et si consolante n'est pas du goût des écrivains de ce malheureux siècle dont la véritable maladie est l'horreur du bon sens.

Ne dirait-on pas que l'homme, cette propriété de la Divinité (3), est jeté sur la terre par une cause aveugle ; qu'il pouvait être ceci ou cela, et que c'est par un effet de son choix qu'il est ce qu'il est? Certainement, Dieu en créant *l'homme* se proposait une fin quelconque : la

------

(1) *Nouvelle Héloïse*, t. IV.

(2) Voir dans l'*Emile*, t. III, le portrait d'une vérité si frappante que Rousseau fait de ces Messieurs. Il oublie seulement d'ajouter : *Et quorum pars magna fui.*

(3) Cette belle expression de Platon. (Voir le *Phédon.)*

question se réduit donc à savoir si l'homme est devenu *animal politique*, comme disait Aristote, *par* ou *contre* la volonté divine. Quoique cette question énoncée ouvertement soit un véritable trait de folie, elle est faite cependant d'une manière indirecte, dans une foule d'écrits dont les auteurs décident même assez souvent pour la négative. Le mot de *nature* a fait prononcer une foule d'erreurs. Répétons que la nature d'un être n'est que l'assemblage des qualités attribuées à cet être par le Créateur. M. Burke a dit, avec une profondeur qu'il est impossible d'admirer assez que l'art est la nature de l'homme : oui, sans doute, l'homme avec toutes ses affections, toutes ses connaissances, tous ses arts, est véritablement *l'homme de la nature*, et la toile du tisserand est aussi *naturelle* que celle de l'araignée.

L'*état de nature* pour l'homme est donc d'être ce qu'il est aujourd'hui et ce qu'il a toujours été, c'est-à-dire *sociable* : toutes les annales de l'univers établissent cette vérité. Parce qu'on a trouvé dans les forêts de l'Amérique, pays nouveau sur lequel on n'a pas encore tout dit, des hordes vagabondes que nous appelons *sauvages*, il ne s'ensuit pas que l'homme ne soit naturellement sociable : le sauvage est une exception et par conséquent ne prouve rien ; il est déchu de l'*état naturel*, ou il n'y est point encore arrivé. Et remarquez bien que le sauvage même ne forme pas une exception à proprement parler : car cette espèce d'hommes vit en société et connait la souveraineté tout comme nous. Sa Majesté le Cacique est couverte d'une peau de castor graisseuse, au lieu d'une pelisse de renard de

Sibérie ; il mange royalement son ennemi prisonnier, au lieu de le renvoyer sur sa parole, comme dans notre Europe dégradée. Mais, enfin, il y a parmi les sauvages une société, une souveraineté, un gouvernement et des lois quelconques. Quant aux histoires vraies ou fausses d'individus humains trouvés dans les bois et vivant absolument comme des animaux, on est dispensé, sans doute, d'examiner des théories fondées sur ces sortes de faits ou de contes.

CHAPITRE III

DE LA SOUVERAINETÉ EN GÉNÉRAL

Si la souveraineté n'est pas antérieure au *peuple*, du moins ces deux idées sont collatérales, puisqu'il faut un souverain pour faire un *peuple*. Il est aussi impossible de se figurer une société humaine, un peuple sans souverain qu'une ruche et un essaim sans reine : car l'essaim, en vertu des lois éternelles de la nature, existe de cette manière ou n'existe pas. La société et la souveraineté naquirent donc ensemble ; il est impossible de séparer ces deux idées. Vous représentez-vous l'homme isolé : alors il ne s'agit ni de lois ni de gouvernement, puisqu'il n'est point tout à fait homme et qu'il n'y a point encore de société. Mettez-vous l'homme en contact avec ses semblables : dès ce moment vous supposez le souverain. Le premier homme fut roi de ses enfants (1); chaque famille isolée fut gouvernée de la même manière. Mais dès que les familles se touchèrent, il leur fallut un souve-

---

(1) En observant qu'il ne peut exister d'association humaine sans une domination quelconque, je n'entends point établir de parité exacte entre l'autorité paternelle et l'autorité souveraine : on a tout dit sur ce point.

rain, et ce *souverain* en fit un *peuple* en leur donnant des lois, puisqu'il n'y a de société que par le souverain. Tout le monde connaît ce vers fameux :

Le premier qui fut roi fut un soldat heureux.

On n'a peut-être jamais rien dit de plus faux ; il faut dire, au contraire, que : *le premier soldat fut soldé par un roi.*

Il y a eu un *peuple*, une civilisation quelconque et un souverain aussitôt que les hommes se sont touchés. Le mot de *peuple* est un terme relatif qui n'a point de sens séparé de l'idée de la souveraineté : car l'idée de *peuple* réveille celle d'une agrégation autour d'un centre commun, et sans la souveraineté il ne peut y avoir d'ensemble ni d'unité politique.

Il faut donc renvoyer dans les espaces imaginaires les idées de choix et de délibération dans l'établissement de la société et de la souveraineté. Cette opération est l'œuvre immédiate de la nature ou, pour mieux dire, de son auteur.

Si les hommes ont repoussé des idées aussi simples et aussi évidentes, il faut les plaindre. Accoutumons-nous à ne voir dans la société humaine que l'expression de la volonté divine. Plus les faux docteurs ont tâché de nous isoler et de détacher le rameau de sa TIGE, plus nous devons nous y attacher, sous peine de sécher et de pourrir.

CHAPITRE IV

DES SOUVERAINETÉS PARTICULIÈRES
ET DES NATIONS.

La même puissance qui a décrété l'ordre social et la souveraineté a décrété aussi différentes modifications de la souveraineté suivant le différent caractère des nations.

Les nations naissent et périssent comme les individus ; les nations ont des *pères*, au pied de la lettre, et des *instituteurs* ordinairement plus célèbres que leurs pères, quoique le plus grand mérite de ces instituteurs soit de pénétrer le caractère du peuple enfant, et de le placer dans les circonstances qui peuvent en développer toute l'énergie.

Les nations ont une *âme* générale et une véritable unité morale qui les constitue ce qu'elles sont. Cette unité est surtout annoncée par la langue.

Le Créateur a dessiné sur le globe les limites des nations, et saint Paul parlait philosophiquement aux Athéniens, lorsqu'il leur disait : *C'est lui qui a fait naître d'un seul toute la race des hommes pour habiter toute la terre, ayant déterminé les temps précis et les bornes de leur demeure dans le monde* (Act., XVII, 26). Ces bornes sont visibles, et l'on voit toujours chaque peuple tendre à remplir en entier un des espaces

renfermés entre ces bornes. Quelquefois des circonstances invincibles précipitent deux nations l'une dans
l'autre et les forcent à se mêler : alors leurs principes
constituants se pénètrent, et il en résulte une nation
hybride qui peut être plus ou moins puissante et célèbre
que si elle était de race *franche*.

Mais plusieurs principes de nations jetés dans le
même réceptacle se nuisent mutuellement. Les germes
se compriment et s'étouffent ; les hommes qui les
composent, condamnés à une certaine médiocrité
morale et politique, n'attireront jamais les yeux de
l'univers malgré le grand nombre des mérites individuels, jusqu'à ce qu'une grande secousse mettant un
de ces germes à l'aise, lui permette d'engloutir les
autres et de les assimiler à sa propre substance.
Italiam! Italiam (1) !

Quelquefois une nation subsiste au milieu d'une
autre beaucoup plus nombreuse, refuse de se mêler
parce qu'il n'y a point assez d'affinité entre elles, et
conserve son unité morale. Alors, si quelque événement extraordinaire vient à désorganiser la nation
dominante, ou lui imprime un grand mouvement, on

---

(1) Il n'est pas besoin du coup d'œil d'un J. de Maistre pour
reconnaître avec lui les inconvénients du morcellement excessif de
l'Italie. Mais l'adversaire constant de la Révolution, le politique
honnête et chrétien eût réprouvé de toute son énergie le procédé
des Cavour et des Garibaldi. Il existait un moyen d'unir les forces
et les ressources de la brillante péninsule tout en respectant les
droits. *(Note de l'éditeur.)*

sera fort étonné de voir l'autre résister à l'impulsion générale et se donner un mouvement contraire. De là le miracle de la Vendée. Les autres mécontents du royaume, quoiqu'en beaucoup plus grand nombre, n'ont pu opérer rien de pareil parce que ces mécontents ne sont que des *hommes*, au lieu que la Vendée est une *nation*. Le salut peut même venir de là, car l'*âme* qui préside à ces efforts miraculeux a, comme toutes les puissances actives, une force d'expansion qui la fait tendre constamment à s'agrandir, de manière qu'elle peut, en s'assimilant de proche en proche ce qui lui ressemble et compriment le reste, acquérir enfin assez de prépondérance pour achever le prodige. Quelquefois encore, l'unité nationale se prononce fortement dans une très petite peuplade ; comme elle ne peut point avoir une langue à elle, pour s'en consoler elle s'approprie celle de ses voisins par un accent et des formes particulières. Ses vertus sont à elle, ses vices sont à elle ; pour n'avoir pas les ridicules des autres, elle s'en fait ; sans force physique, elle se fera connaître. Tourmentée du besoin d'agir, elle sera conquérante à sa manière. La nature, par un de ces contrastes qu'elle aime, la placera, en se jouant, à côté de peuples légers ou apathiques qui la feront remarquer de plus loin. On citera ses brigandages dans le royaume de l'opinion ; enfin elle marquera, elle se fera citer, elle parviendra à se mettre dans la balance avec de grands noms, et l'on dira : *Je ne décide point entre Genève et Rome.*

Quand on parle du *génie* d'une nation, l'expression n'est pas aussi métaphorique qu'on le croit.

De ces différents caractères des nations naissent les différentes modifications des gouvernements. On peut dire que chacun a son caractère, car ceux-mêmes qui appartiennent à la même classe et qui portent le même nom présentent des nuances différentes à l'œil de l'observateur.

Les mêmes lois ne peuvent convenir à des provinces diverses qui ont des mœurs différentes, qui vivent sous des climats opposés et qui ne peuvent souffrir la même forme de gouvernement...

Les objets généraux de toute bonne institution doivent être modifiés en chaque pays par les rapports qui naissent tant de la situation locale, que du caractère des habitants ; et c'est sur ces rapports qu'il faut assigner à chaque peuple un système particulier d'institutions qui soit le meilleur, non peut-être en lui-même, mais pour l'État auquel il est destiné...

Il n'y a qu'un bon gouvernement possible dans un État : et comme mille événements peuvent changer les rapports d'un peuple, non seulement différents gouvernements peuvent être bons à divers peuples, mais au même peuple en différents temps !...

On a de tout temps beaucoup disputé sur la meilleure forme de gouvernement, sans considérer que chacune d'elles est la meilleure en certains cas, et la pire en d'autres !....

Il ne faut donc pas croire que « *toute forme de gouvernement soit propre à tout pays : la liberté, par exemple, n'étant pas un fruit de tous les climats, n'est pas à la portée de tous les peuples* ». Plus on médite ce principe établi par Montesquieu, plus on en sent la vérité. Plus on le conteste, plus on donne lieu de l'établir par de nouvelles preuves...

Quand donc on demande absolument quel est le meilleur gouvernement, on fait une question insoluble autant que indéterminée ; ou, si l'on veut, elle a autant de bonnes solutions qu'il y a de combinaisons possibles dans les positions absolues et relatives des peuples.

De ces principes incontestables naît une conséquence qui ne l'est pas moins : c'est que le contrat social est une chimère. Car s'il y a autant de différents gouvernements qu'il y a de différents peuples ; si les formes de ces gouvernements sont prescrites impérieusement par la puissance qui a donné à chaque nation telle position morale, physique, géographique, commerciale, etc., il n'est plus permis de parler de *pacte.* Chaque mode de souveraineté est le résultat immédiat de la volonté du Créateur, comme la souveraineté en général. Le despotisme, pour telle nation, est aussi naturel, aussi légitime que la démocratie pour telle autre (1); et si un homme établissait lui-même ces

______

(1) Dira-t-on que, même dans cette hypothèse, il y a toujours un pacte en vertu duquel chaque partie contractante est tenue de maintenir le gouvernement tel qu'il est? Dans ce cas, pour le despotisme ou la monarchie absolue, le pacte sera précisément celui que Rousseau tourne en ridicule à la fin de son pitoyable chapitre de l'esclavage. « Je fais avec toi une convention toute à la charge et toute à mon profit, que j'observerai tant qu'il me plaira,

principes inébralables (1) dans un livre fait exprès pour établir qu'« *il faut toujours remonter à une convention* (2) », s'il écrivait, dans un chapitre, que « l'homme est né libre (3) », et dans l'autre, que « la liberté, n'étant pas un fruit de tous les climats, n'est pas faite pour tous les peuples (4) », cet homme serait, sans contredit, un des plus ridicules de l'univers.

Nulle nation n'ayant pu se donner le caractère et la position qui la rendent propre à tel gouvernement, toutes se sont accordées non seulement à croire cette vérité d'une manière abstraite, mais à croire que la divinité était intervenue immédiatement dans l'établissement de leurs souverainetés particulières.

Les Livres saints nous montrent le premier roi du peuple choisi, élu et couronné par une intervention immédiate de la divinité ; les annales de toutes les nations de l'univers assignent la même origine à leurs gouvernements particuliers. Il n'y a que les noms de changés. Toutes, après avoir conduit la succession de leurs princes jusqu'à une époque plus ou moins reculée, arrivent enfin à ces temps mythologiques dont l'histoire véritable nous instruirait bien plus que toutes les autres. Toutes nous montrent le berceau de

---

et que tu observeras tant qu'il me plaira. » *(Contrat social*, l. I, ch. IV.)

(1) *Contrat social*, l. II, ch. IC, 11 ; l. III, ch. I, III, VIII.

(2) *Ibid.*, l. I, ch. V.

(3) *Ibid.*, l. I, ch. I.

(4) *Ibid.*, l. III, ch. VIII.

la souveraineté environné de miracles ; toujours la divinité intervient dans la fondation des empires ; toujours le premier souverain, au moins, est un favori du Ciel : il reçoit le sceptre des mains de la divinité. Elle se communique à lui, elle l'inspire, elle grave sur son front le signe de sa puissance ; et les lois qu'il dicte à ses semblables ne sont que le fruit de ses communications célestes.

Ce sont des fables, dira-t-on. Je n'en sais rien en vérité ; mais les fables de tous les peuples, même des peuples modernes, couvrent beaucoup de réalités. La sainte ampoule, par exemple, n'est qu'un hiéroglyphe : il suffit de savoir lire. La puissance de guérir attribuée à certains princes ou à certaines dynasties de princes tient aussi à ce dogme universel de l'origine divine de la souveraineté. Ne soyons donc pas surpris que les anciens instituteurs des peuples aient tant parlé de la part de Dieu. Ils sentaient qu'ils n'avaient pas droit de parler en leur nom. C'est à eux d'ailleurs qu'il appartenait de dire sans figure : « *Est Deus in nobis, agitante calescimus ipso* ». Les philosophes de ce siècle se sont beaucoup plaints de la ligue de l'empire et du sacerdoce, mais l'observateur sage ne peut se dispenser d'admirer l'obstination des hommes à mêler ces deux choses ; plus on remonte dans l'antiquité, et plus on trouve la législation religieuse. Tout ce que les nations nous racontent sur leur origine prouve qu'elles se sont accordées à regarder la souveraineté comme divine dans son essence : autrement elles nous auraient fait des contes tout différents. Jamais elles ne nous parlent de *contrat primordial*, d'association volontaire, de délibération populaire. Aucun historien ne cite les *assemblées primaires* de Memphis ou de Babylone. C'est une véritable folie d'imaginer que le préjugé universel est l'ouvrage des souverains. L'intérêt particulier peut bien abuser de la croyance générale, mais il ne peut la créer. Si celle dont je parle n'avait pas été fondée sur l'assentiment antérieur des peuples, non seulement on n'aurait pu la leur faire adopter, mais les souverains n'auraient pu imaginer une telle fraude. En général, toute idée universelle est naturelle.

CHAPITRE V

EXAMEN DE QUELQUES IDÉES DE ROUSSEAU SUR LE LÉGISLATEUR

Rousseau a fait un chapitre *du législateur* où toutes les idées sont confondues de la manière la plus intolérable. D'abord ce mot de *législateur* peut avoir deux significations différentes : l'usage permet de donner ce nom à l'homme extraordinaire qui promulgue des lois constitutives, et à l'homme beaucoup moins admirable qui publie des lois civiles. Il paraît que Rousseau entend le mot dans le premier sens, puisqu'il parle de celui « qui ose entreprendre d'instituer un peuple et « qui constitue la République ». Mais, bientôt après, il dit que « *le législateur est à tous égards un homme extraordinaire*, DANS L'ÉTAT ». Ici il y a déjà un État ; le peuple est donc constitué : il ne s'agit donc plus d'*instituer* un peuple, mais, tout au plus, de le réformer.

On cite ensuite tout à la fois et sans miséricorde Lycurgue, les législateurs modernes des républiques de l'Italie, Calvin et les décemvirs.

Calvin peut remercier Rousseau de l'avoir placé à côté de Lycurgue : certes il avait besoin d'un pareil introducteur, et sans lui jamais il ne lui serait arrivé de se trouver en si bonne compagnie.

Quant aux décemvirs, Rome était âgée de 300 ans et
possédait toutes ses lois fondamentales, lorsque trois
députés allèrent lui chercher des lois civiles dans la
Grèce ; et je ne vois pas qu'il faille regarder les décemvirs comme des êtres au-dessus de la sphère humaine (1)
pour avoir dit :

SI IN JUS VOCAT, ATQUE EAT, SI CALVITUR
PEDEMVE STRUIT, MANUM ENDO JACITO

et mille autres choses, très belles assurément, sur les
legs, les testaments, les funérailles, les chemins, les
gargouilles et les gouttières, mais qui sont néanmoins
un peu au-dessous des créations de Lycurgue.

Rousseau confond toutes ces idées, et il affirme en
général que le législateur n'est ni magistrat, ni souverain. « Son emploi », dit-il, « est une fonction supérieure qui n'a rien de commun avec l'empire humain ».
Si Rousseau veut dire qu'un simple particulier peut
être consulté par un souverain, et lui proposer de
bonnes lois qui pourront être acceptées, c'est une de
ces vérités si triviales et si stériles qu'il est inutile de
s'en occuper. S'il entend soutenir qu'un souverain ne
peut faire des lois civiles, comme en firent le décemvirs, c'est une découverte dont il a tout l'honneur,
personne ne s'en étant jamais douté. S'il entend prou-

---

(1) « Le législateur est à tous égards un homme extraordinaire
dans l'Etat..... Son emploi..... n'a rien de commun avec l'empire
humain. » *(Contrat social, ch. vii.)*

ver qu'un souverain ne peut être législateur dans la forme du terme, et donner aux peuples des lois véritablement constituantes, en créant ou perfectionnant leur droit politique, j'en appelle à l'histoire universelle.

Mais l'histoire universelle ne gêne jamais Rousseau, car, lorsqu'elle le condamne (ce qui arrive presque toujours), il dit qu'elle a tort. « Celui qui rédige les lois, » dit-il, « n'a donc *ou ne doit avoir* aucun droit législatif. » *(Ibid.)*

Ici il faut se taire : Rousseau parlant lui-même comme législateur, il n'y a plus rien à répondre. Cependant il cite aussi l'histoire, et il n'est pas inutile d'examiner comment il s'en acquitte.

« Rome », dit-il « dans son plus bel âge... se vit prête à périr pour avoir réuni sur les mêmes têtes (les décemvirs) l'autorité législative et le pouvoir souverain ». *(Ibid.)*

En premier lieu, le pouvoir législatif et le pouvoir souverain étant la même chose suivant Rousseau, c'est tout comme s'il avait dit que les décemvirs réunirent le pouvoir souverain et le pouvoir souverain.

En second lieu, puisque, suivant Rousseau même, « les décemvirs ne s'arrogèrent jamais le droit de faire passer aucune loi de leur propre autorité », et qu'en effet les lois qu'ils avaient rédigées furent sanctionnées par l'assemblée des centuries, c'est encore comme s'il avait dit que les décemvirs eurent l'autorité législative et n'eurent pas l'autorité législative.

Enfin la vérité toute simple, non point d'après Rousseau, mais d'après Tite-Live, est que les Romains

ayant eu l'imprudence d'abolir toutes leurs magistratures, et de réunir tous les pouvoirs sur la tête des
décemvirs (1), ils créèrent ainsi de véritables souverains
qui perdirent la tête comme tous les souverains
impromptu, et abusèrent de leur pouvoir. C'est encore
là une de ces vérités banales que tout le monde sait,
et qui est absolument étrangère à ce que Rousseau
voulait prouver. Passons à Lycurgue.

« Quand Lycurgue », dit-il, « donna des lois à sa
patrie, il commença par abdiquer la royauté. » *(Ibid.)*
Ces paroles signifient évidemment que ce fameux
législateur, *étant roi*, abdiqua la royauté *au moment*
où il voulut donner des lois à son pays, et pour se
mettre en état de lui en donner. Or nous avions cru
jusqu'à présent que Lycurgue, à parler exactement, ne
fut jamais roi ; que seulement on le crut tel un instant,
c'est-à-dire depuis la mort de son frère jusqu'au
moment où la grossesse de sa belle-sœur fut déclarée ;
qu'à la vérité il avait gouverné pendant huit mois,
mais comme régent et tuteur du jeune Charilaüs
(Prodicos) ; qu'en montrant son neveu aux Spartiates,
et leur disant : « Seigneurs Spartiates, il nous est né
un roi », il n'avait fait envers l'héritier légitime qu'un
acte de justice stricte qui ne pouvait porter le nom
d'*abdication*. Nous avions cru, de plus, que Lycurgue
ne pensait nullement alors *à donner des lois à sa patrie ;*
que, depuis cette époque mémorable, fatigué par les

----

(1) « *Placet creari decemviros sine provocatione, et ne quis eo
anno alius magistratus esset.* » (TITE-LIVE, I., III.)

intrigues et la haine de la veuve de son frère et de ses partisans, il voyagea dans l'île de Crète, dans l'Asie-Mineure, en Egypte, et même, suivant un historien grec, en Espagne, en Afrique, et jusque dans les grandes Indes ; et que ce fut seulement au retour de ses longs voyages qu'il entreprit son grand ouvrage, vaincu par les prières réitérées de ses compatriotes et par les oracles des dieux. C'est ce que Plutarque raconte ; mais Rousseau aurait pu dire comme Molière : « *Nous avons changé tout cela* ».

Et voilà comment ce grand politique savait l'histoire !

CHAPITRE VI

CONTINUATION DU MÊME SUJET

Après avoir vu ce que le législateur *ne doit pas être* suivant Rousseau, voyons *ce qu'il doit être* suivant lui.

« Pour découvrir », dit-il, « les meilleures règles de société qui conviennent aux nations, il faudrait *une intelligence supérieure*, qui vît toutes les passions des hommes et qui n'en éprouvât aucune ; qui n'eût aucun rapport avec notre nature et qui la connût à fond ; dont le bonheur fût indépendant de nous et qui pourtant voulût bien s'occuper du nôtre (1). »

Cette intelligence est toute trouvée. Celui-là est bien fou qui la cherche sur la terre, ou qui ne la voit pas où elle est.

« Il faudrait *des dieux* pour donner des lois aux hommes (2). »

Point du tout, il n'en faut qu'un.

« Celui qui ose entreprendre d'instituer un peuple doit se sentir en état de changer, pour ainsi dire, la nature humaine, de transformer chaque individu qui,

---

(1) *Contrat social*, l. VIII, ch. VII : du Législateur.
(2) *Ibid.*

par lui-même, est un tout parfait et solitaire, en
partie d'un plus grand tout, dont cet individu reçoive
en quelque sorte sa vie et son être ; d'altérer la constitution de l'homme pour la renforcer ; de substituer
une existence partielle et morale à l'existence physique et indépendante que nous avons tous reçue de la
nature ; il faut, en un mot, qu'il ôte à l'homme ses
forces propres pour lui en donner qui lui soient étrangères et dont il ne puisse faire usage sans le secours
d'autrui (1). »

L'*instituteur d'un peuple* est un homme dont la
qualité distinctive est un certain bon sens *praticien*
brouillé à mort avec les subtilités métaphysiques.
Lycurgue n'aurait pas compris le mot à la tirade
qu'on vient de lire ; et il aurait recommandé l'auteur
au puissant Esculape. Qu'est-ce que la *transformation*
d'un *individu* dont l'essence et la fin sont déterminées
par l'Etre suprême? Qu'est-ce que ce *tout parfait et
solitaire?* Où, quand et comment cette merveille
a-t-elle existé? Qu'est-ce que la *constitution de l'homme?*
Qu'est-ce que le *renforcement* d'une constitution par
l'*altération* de cette constitution? Qu'est-ce que l'*existence physique et indépendante* d'un être spirituel,
moral et dépendant par essence? Dieu merci, ce n'est
pas sur ces toiles d'araignées que le bon sens bâtit les
empires.

« Ainsi l'on trouve à la fois dans l'ouvrage de la
législation deux choses qui sont incompatibles : une

---

(1) *Contrat social*, l. VIII, ch. vii : du Législateur.

entreprise au-dessus de la force humaine, et, pour l'exécution, une autorité qui n'est rien (1). »

Au contraire, l'instituteur d'une nation a, pour l'exécution de son entreprise, une autorité qui est tout. Car « il est né pour commander, ayant de nature une grâce et une efficace d'attraire les hommes à volontairement lui obéir parce qu'il est aimé des dieux, et dieu plutôt qu'homme (2). »

Rousseau montre ensuite, parfaitement, comment et pourquoi tous les législateurs ont dû parler au nom de la divinité ; ensuite il ajoute ces paroles remarquables :

« Mais il n'appartient pas à tout homme de faire parler les dieux, ni d'être cru lorsqu'il s'annonce pour être leur interprète. La grande âme du législateur est le vrai miracle qui doit prouver sa MISSION. Tout homme peut graver des tables de pierre, ou acheter un oracle, ou feindre un secret commerce avec quelque divinité, ou dresser un oiseau pour lui parler à l'oreille, ou trouver d'autres moyens grossiers d'en imposer au peuple. Celui qui ne sera que cela pourra même assembler par hasard une troupe d'insensés ; mais il ne fondera jamais un empire, et son extravagant ouvrage périra bientôt avec lui (3). »

Tel est le caractère de Rousseau : il rencontre souvent des vérités particulières, et les exprime mieux

---

(1) *Contrat social*, l. VIII, ch. vii : du Législateur.

(2) PLUTARQUE, *In Lycurg.*, trad. d'Amyot.

(3) *Contrat social*, l. II, ch. iv.

que personne ; mais ces vérités sont stériles entre ses mains : presque toujours il conclut mal, parce que son orgueil l'éloigne constamment des routes battues du bon sens pour le jeter dans la singularité. Personne ne taille mieux que lui les matériaux, et personne ne bâtit plus mal. Tout est bon dans ses ouvrages, excepté ses systèmes.

Après le morceau brillant et même profond qu'on vient de lire, on s'attend à des conclusions intéressantes sur l'organisation des peuples. Voici le résultat :

« Il ne faut pas de tout ceci conclure, avec War-burton, que la politique et la religion aient parmi nous un objet commun, mais que, dans l'origine des nations, l'une sert d'instrument à l'autre. »

Desinit in piscem. Warburton, qui se comprenait lui-même, n'a jamais dit que la politique et la religion eussent le *même but parmi nous,* ce qui ne signifie rien. Mais il a pu dire avec grande raison que le but de la politique est manqué si la religion ne lui sert de base.

CHAPITRE VII

DES FONDATEURS
ET DE LA CONSTITUTION POLITIQUE DES PEUPLES

Lorsqu'on réfléchit sur l'unité morale des nations, on ne peut douter qu'elle ne soit le résultat d'une cause unique. Ce que le sage Bonnet a dit du corps animal en réfutant un rêve de Buffon, peut se dire du corps politique : tout germe est nécessairement *un*, et c'est toujours d'un seul homme que chaque peuple tient son trait dominant et son caractère distinctif.

De savoir ensuite pourquoi et comment un homme *engendre*, au pied de la lettre, une nation, et comment il lui communique ce tempérament moral, ce caractère, cette âme générale qui doit, à travers les siècles et un nombre infini de générations, subsister d'une manière sensible et distinguer un peuple de tous les autres, c'est un mystère comme tant d'autres, sur lequel on peut méditer utilement.

Les généalogies des nations sont écrites dans leurs langues. Comme les peuples, les idiomes naissent, grandissent, se mêlent, se pénètrent, s'associent, se combattent et meurent.

Certaines langues ont péri dans toute la force du terme, comme l'égyptien : d'autres, comme le grec et le latin, ne sont mortes que dans un sens, et vivent encore par l'écriture.

Il en est une, c'est l'hébreu, la plus ancienne de toutes peut-être : soit qu'on la considère en elle-même, ou comme un dialecte du *syriaque*, qui vit encore tout entière dans l'arabe, sans que la chute de cinquante siècles ait pu en effacer les traits.

Le mélange des idiomes produit la même confusion que celui des peuples ; cependant on n'est pas tout à fait égaré dans ce labyrinthe ; et l'œil pénétrant du chevalier Jones peut remonter, à travers une foule de dialectes les plus étrangers à nos organes, jusqu'à trois nations primitives dont toutes les autres descendent (1).

Mais le développement de ces hautes spéculations n'appartient point à cet ouvrage. Je reviens à mon sujet, en observant que le gouvernement d'une nation n'est pas plus son ouvrage que sa langue. Comme, dans la nature, les germes d'une infinité de plantes sont destinés à périr, à moins que le vent ou la main de l'homme ne les placent dans le lieu où ils doivent être fécondés ; de même, il y a dans les nations certaines qualités, certaines forces qui ne sont qu'en puissance jusqu'à ce qu'elles reçoivent leur développement des circonstances seules ou des circonstances employées par une main habile.

L'instituteur d'un peuple est précisément cette main habile ; doué d'une pénétration extraordinaire,

---

(1) *Asiatic researches*, in4°. Calcutta, 1792, t. III.

ou, ce qui est plus probable, d'une instinct infaillible (car souvent le génie ne se rend pas compte de ce qu'il opère, et c'est en quoi surtout il diffère de l'esprit), il devine ces forces et ces qualités occultes qui forment le caractère de sa nation, les moyens de les féconder, de les mettre en action et d'en tirer le plus grand parti possible. On ne le voit jamais écrire ni argumenter ; sa manière tient de l'inspiration : et si quelquefois il prend la plume, ce n'est pas pour disserter, c'est pour ordonner.

Une des grandes erreurs de ce siècle est de croire que la constitution politique des peuples est une œuvre purement humaine ; qu'on peut faire une constitution comme un horloger fait une montre. Rien n'est plus faux ; et ce qui l'est encore plus, c'est que ce grand œuvre puisse être exécuté par une assemblée d'hommes. L'auteur de toutes choses n'a que deux manières de donner un gouvernement à un peuple : presque toujours il s'en réserve plus immédiatement la formation en le faisant, pour ainsi dire, germer insensiblement comme une plante, par le concours d'une infinité de circonstances que nous nommons fortuites ; mais lorsqu'il veut jeter tout à la fois les fondements d'un édifice politique et montrer à l'univers une création de ce genre, c'est à des hommes rares, c'est à de véritables élus qu'il confie ses pouvoirs : placés de loin en loin dans la durée des siècles, ils s'élèvent comme des obélisques sur la route du temps, et à mesure que l'espèce humaine vieillit, ils paraissent plus rarement. Pour les rendre propres à ces œuvres extraordinaires, Dieu les investit d'une puissance

extraordinaire, souvent inconnue de leurs contemporains, et peut-être d'eux-mêmes. Rousseau lui-même
a prononcé le vrai mot lorsqu'il a dit que l'œuvre de
l'instituteur des peuples était une MISSION. C'est
une idée véritablement enfantine que de transformer
ces grands hommes en charlatans, et d'attribuer leurs
succès à je ne sais quels *tours* inventés pour en imposer
à la multitude. On cite le pigeon de Mahomet, la
nymphe Égérie, etc. ; mais si les fondateurs des nations,
qui furent tous des hommes prodigieux, se présentaient
devant nous ; si nous connaissions leur génie et leurs
moyens, au lieu de parler sottement d'usurpation, de
fraude, de fanatisme, nous tomberions à leurs genoux,
et notre nullité s'abîmerait devant le caractère sacré
qui brillait sur leur front.

« De vains prestiges forment un lien passager : il
n'y a que la sagesse qui la rende durable. La loi judaïque toujours subsistante, celle de l'enfant d'Ismaël
qui depuis dix siècles régit la moitié du monde,
annoncent encore aujourd'hui les grands hommes
qui les ont dictées ; et tandis que l'orgueilleuse philosophie ou l'aveugle esprit de parti ne voit en eux que
d'heureux imposteurs, le vrai politique admire ce
grand et puissant génie qui préside aux établissements
durables (1). »

Ce qu'il y a de sûr, c'est que la constitution civile
des peuples n'est jamais le résultat d'une délibération.

____

(1) *Contrat social*, l. II, ch. IV.

Presque tous les grands législateurs ont été rois, et les nations même nées pour la république ont été constituées par des rois ; ce sont eux qui président à l'établissement politique des peuples et qui créent leurs premières lois fondamentales. Ainsi toutes les petites républiques de la Grèce furent d'abord gouvernées par des rois, et libres sous l'autorité monarchique (1). Ainsi, à Rome et à Athènes, les rois précédèrent le gouvernement républicain et furent les véritables fondateurs de la liberté.

Le peuple le plus fameux de la haute antiquité, celui qui a le plus attiré la curiosité des observateurs anciens, qui était le plus visité, le plus étudié, l'Egypte, n'a jamais été gouverné que par des rois.

Le plus fameux législateur de l'univers, Moïse, fut plus qu'un roi ; Servius et Numa furent des rois ; Lycurgue fut si près de la royauté qu'il en eut toute l'autorité. C'était Philippe d'Orléans, avec l'ascendant du génie, de l'expérience et des vertus. Dans le moyen âge, Charlemagne, saint Louis et Alfred peuvent encore être mis au rang des législateurs constituants.

Enfin les plus grands législateurs ont été des souve-

---

(1) « Omnes Græciæ civitates à principio reges habuere, non tamen despoticos, ut apud gentes barbaras, sed secundum leges et mores patrios, adeo ut regum potentissimus fuerit qui justissimus erat et legum observantissimus. » (DIONYS. HALIC., lib. V.)

rains ; et Solon est, je crois, le seul exemple d'un particulier qui forme une exception un peu marquante à
la règle générale.

Quant aux petites républiques de l'Italie moderne,
ces atomes politiques méritent peu notre attention.
Sans doute elles ont commencé comme celles de la
Grèce ; d'ailleurs on ne doit jamais s'occuper que des
masses : c'est le talent de Rousseau (et il ne faut
pas le lui envier) de bâtir des systèmes sur des
exceptions.

Observez toutes les constitutions de l'univers,
anciennes et modernes : vous verrez que l'expérience
des âges a pu dicter de temps à autre quelques
institutions destinées à perfectionner les gouvernements d'après leurs bases primitives, ou à prévenir
quelques abus capables de les altérer : institutions
dont il est possible d'assigner la date et les auteurs ;
mais vous remarquerez que les véritables racines
du gouvernement ont toujours existé et qu'il est
impossible d'en montrer l'origine, par la raison
toute simple qu'elles sont aussi anciennes que les
nations, et que, n'étant point le résultat d'un accord,
il ne peut rester de trace d'une convention qui n'exista
jamais.

Toute institution importante et réellement constitutionnelle n'établit jamais rien de nouveau ; elle ne
fait que déclarer et défendre des droits antérieurs :
voilà pourquoi on ne connaît jamais la constitution
d'un pays d'après ses lois constitutionnelles écrites,
parce que ces lois ne sont faites à différentes époques
que pour déclarer des droits oubliés ou contestés, et

qu'il y a toujours une foule de choses qui ne s'écrivent point (1).

Il n'y a certainement rien de si marquant, dans l'histoire romaine, que l'établissement des tribuns ; mais cette institution n'établit aucun droit nouveau en faveur du peuple, qui se donna seulement des magistrats pour protéger ses droits antiques et constitutionnels contre les atteintes de l'aristocratie. Tout le monde y gagna, même les patriciens. Cicéron en a donné d'excellentes raisons qui prouvent clairement que l'établissement de ces fameux magistrats ne fit que donner une forme à l'action désordonnée du peuple et mettre à couvert ses droits constitutionnels (2). En effet, le peuple romain, comme toutes les petites nations de la Grèce dont je parlais tout à l'heure, fut toujours libre, même sous ses rois. C'était une tradition, chez lui, que la division du peuple en trente *curies* remontait à Romulus, et qu'il avait lui-même porté, avec le concours du peuple, quelques-unes de ces lois qu'on appelait pour cette raison *leges curiatæ*.

---

(1) Je crois, par exemple, que l'homme le plus érudit serait extrémement embarrassé d'assigner les bornes précises de la puissance du *Sénat romain*.

(2) « Nimia potestas est tribunorum plebis. Quis neget? Sed vis populi multo sævior multoque vehementior, quæ, ducem, quod habet, interdum lenior est, quam si nullum haberet. Dux enim suo periculo progredi cogitat : populi impetus periculi sui rationem non habet. » (CICERO, *De Leg.*, l. III, ch. x

Ses successeurs en firent plusieurs de ce genre avec la formule solennelle : S'IL PLAIT AU PEUPLE (1). Le droit de la guerre et de la paix fut divisé entre le roi, le sénat et le peuple, d'une manière très remarquable (2). Enfin Cicéron nous apprend qu'on appelait quelquefois au peuple du jugement des rois (3) : ce qui n'a rien d'étonnant, car le principe démocratique existait dans la Constitution romaine, même sous les rois ; autrement il n'aurait jamais pu s'établir (4). Tarquin ne se vit point chassé parce qu'il fut roi, mais

---

(1) « Romulum traditur populum in 30 partes divisisse, quas partes curias appellavit : propterea quod tunc reipublicæ curam per sententias partium earum expediebat : et ita leges quasdam et ipse curiatas ad populum tulit. Tulerunt et sequentes reges, ut rogarent SI PLACERENT LEGES. » (POMPONIUS, in l. I. *Dig.*, *de origine juris.)*

(2) « Plebi permisit de bello, si rex permisisset, decernere : non tamen in his populo absolutam voluit esse potestatem nisi in iis accessisset auctoritas. » (DION. HALICARN., *Antiq. Rom.*, l. II.) — Voilà bien les trois pouvoirs qui se trouvent, je crois, partout où se trouve la liberté, du moins la liberté durable.

(3) « Provocationem ad populum etiam a regibus fuisse docet. » (CICERO, *de Republica. Apud Senecam*, epist. 108 ; Brottier, sur *Tacite, Ann.*, II. 22.)

(4) « Romulus in urbe sua democratiam moderatam instituit... quare leges ejus primigeniæ, democratiæ indoli ac naturæ conveniunt. » (V. Jos. TOSCANO J. C. *Neapolitani juris publici romani arcana, sive de causis romani juris*, l. I, § 2 et 3, p. 52, 70).

parce qu'il fut tyran (1) ; la puissance royale fut donnée à deux consuls annuels ; la révolution se. borna là. Le peuple n'acquit point de nouveaux droits ; il revint seulement à la liberté parce qu'il était fait pour elle, qu'elle était née avec lui et qu'il en avait joui primitivement. Ses chefs (car le peuple ne fait jamais rien) firent justice du tyran, non pour établir une nouvelle Constitution, mais pour rétablir l'ancienne, que le tyran avait violée passagèrement.

Prenons un autre exemple dans l'histoire moderne.

Comme les bases de la liberté romaine sont fort antérieures à l'établissement du tribunal, et même à l'expulsion des rois, celles de la liberté anglaise doivent être recherchées bien avant la révolution de 1688. La liberté a pu sommeiller chez cette nation ; mais toujours elle a existé, toujours on a pu dire du gouvernement : *Miscuit res olim dissociabiles, principatum et libertatem.* C'est même une remarque fort importante que les monarques anglais auxquels la Constitution de ce royaume a le plus d'obligations, ALFRED, HENRI II et EDOUARD Ier, furent précisément des rois conquérants; c'est-à-dire les plus capables de la

---

(1) « Regale civitatis genus probatum quondam, postea, non tam regni, quam regis vitiis, repudiatum est. » (CICERO, *De Leg.*, L. III, ch. VII.) — « Regium imperium initio conservandæ libertatis atque augendæ reipublicæ fuit. » (SALLUST., *Cat.* VII.)

violer impunément ; et c'est faire injure à ces grands
hommes, comme l'a très bien observé un historien
anglais, de soutenir, comme quelques personnes
l'ont fait, que l'Angleterre n'a eu ni Constitution
ni vraie liberté avant l'expulsion des Stuarts (1).
Enfin, comme les nations *naissent*, au pied de la
lettre, les gouvernements naissent aussi avec elles.
Quand on dit qu'un peuple s'est donné un gouvernement, c'est tout comme si l'on disait qu'il s'est
donné un caractère et une couleur. Si quelquefois
on ne sait pas distinguer les bases d'un gouvernement dans son enfance, il ne s'ensuit point du tout
qu'elles n'existent pas. Voyez ces deux embryons :
votre œil peut-il apercevoir quelque différence entre
eux? Cependant l'un est Achille, et l'autre Ther-
site. Ne prenons pas des développements pour des
créations.

Les différentes formes et les différents degrés de la
souveraineté ont fait penser qu'elle était l'ouvrage des
peuples qui l'avaient modifiée à leur gré ; mais rien
n'est plus faux. Tous les peuples ont le gouvernement
qui leur convient, et nul n'a choisi le sien. Il est même

---

(1) MINFORD'S *History of Greece*, t. II. — Un membre distingué
de l'opposition (M. Gray) disait fort bien, dans la séance du Parlement d'Angleterre du 11 février 1794, que « le bill des droits
n'établit pas de nouveaux principes sur la Constitution anglaise ;
mais qu'il déclare seulement quels sont ces vrais principes. »
(Courrier de Londres, 1794, n° 13.)

remarquable que c'est presque toujours pour son malheur qu'il essaye de s'en donner un, ou pour parler
plus exactement, qu'une trop grande portion du peuple
se met en mouvement pour cet objet : car, dans ce
tâtonnement funeste, il est trop aisé qu'il se trompe
sur ses véritables intérêts ; qu'il poursuive avec achar-
nement ce qui ne peut lui convenir, et qu'il rejette au
contraire ce qui lui convient le mieux : et l'on sait combien dans ce genre les erreurs sont terribles. C'est ce
qui a fait dire à Tacite, avec sa profondeur ordinaire,
qu'« *il y a bien moins d'inconvénient pour un peuple*
d'accepter un *souverain* que de le chercher (1). »

Au reste, comme toute proposition outrée est fausse,
je n'entends point nier la possibilité des perfection-
nements politiques opérés par quelques hommes sages.
Autant vaudrait nier le pouvoir de l'éducation morale
et de la gymnastique pour le perfectionnement physique et moral de l'homme ; mais cette vérité, loin
d'ébranler ma thèse générale, la confirme au contraire,
en établissant que le pouvoir humain ne peut rien
créer, et que tout dépend de l'aptitude primordiale des
peuples et des individus.

De là vient qu'une constitution libre n'est assurée
que lorsque les différentes pièces de l'édifice politique
sont nées ensemble et, s'il est permis de s'exprimer
ainsi, à côté l'une de l'autre. Les hommes ne respectent

---

(1) *Minore discrimine sumitur princeps quam quæritur.* (TACITE,
Hist. I, 56.)

jamais ce qu'ils ont fait : voilà pourquoi un roi électif
no possède point la force morale d'un *souverain* héréditaire, parce qu'il n'est pas assez *noble*, c'est-à-dire
qu'il ne possède pas cette espèce de grandeur indépendante des hommes et qui est l'ouvrage du temps.

En Angleterre, ce n'est pas le Parlement qui a fait
le roi, ni le roi qui a fait le Parlement. Ces deux puissances sont collatérales : elles se sont établies on ne
sait ni quand ni comment, et la sanction insensible
et puissante de l'opinion les a faites enfin ce qu'elles
sont (1).

Prenons, si l'on veut, un gouvernement républicain
quelconque ; on trouvera ordinairement un grand

---

(1) La vérité peut se trouver jusque dans la tribune des Jacobins.
Félix Lepelletier, l'un d'eux, disait, le 5 févirer 1794, en parlant
du gouvernement d'Angleterre : « Les membres de la Chambre
très haute tiennent leurs titres et leur pouvoirs du roi ; ceux de la
Chambre *très basse* ont reçu les leurs de quelques villes ou com-
munautés où une classe d'individus privilégiés a seule le droit de
suffrage. La masse du peuple n'a eu aucune part à la création du
royaume en Angleterre ni à l'organisation actuelle du Parlement. »
(Voir le *Moniteur*, 1794, n° 137.)

L'honorable membre avait tort de confondre les *pairs* avec
la *pairie*, qui ne tient du roi ni son existence ni ses droits; il a tort
de confondre les *représentants* avec la *représentation*, qui ne doit
rien à personne, pas plus que la pairie. A cela près, il a raison.
Non, sans doute, le gouvernement anglais (non plus que les autres)
n'est point du tout l'ouvrage du peuple ; et les conclusions criminelles ou extravagantes que l'orateur jacobin tire bientôt de ce
principe ne peuvent en altérer la vérité.

Conseil en qui réside, à proprement parler, la souveraineté. Qui a établi ce Conseil? La nature, le temps, les circonstances, c'est-à-dire Dieu. Plusieurs hommes se sont mis à leur place, comme ailleurs un seul homme l'a fait. Il fallait à ce pays une souveraineté divisée entre plusieurs têtes ; et parce qu'il la fallait ainsi, elle s'est établie ainsi : c'est tout ce qu'on en sait.

Mais comme les délibérations générales, les brigues, et les longueurs interminables qui résultent d'un Conseil souverain, nombreux, ne s'accordent point avec les mesures secrètes, promptes et vigoureuses d'un gouvernement bien organisé, la force des choses exigeait encore l'établissement de quelque autre pouvoir différent de ce Conseil général ; et ce pouvoir nécessaire, vous le trouverez partout dans ces sortes de gouvernement, sans pouvoir de même en assigner l'origine. En un mot, la masse du peuple n'entre pour rien dans toutes les créations politiques. Il ne respecte même le gouvernement que parce qu'il n'est pas son ouvrage. Ce sentiment est gravé dans son cœur en traits profonds. Il plie sous la souveraineté parce qu'il sent que c'est quelque chose de sacré qu'il ne peut ni créer ni détruire. S'il vient à bout, à force de corruption et de suggestions perfides, d'effacer en lui ce sentiment préservateur, s'il a le malheur de se croire appelé en masse à réformer l'État, tout est perdu. C'est pourquoi, dans les États libres même, il importe infiniment que les hommes qui gouvernent soient séparés de la masse du peuple par cette considération personnelle qui résulte de la naissance et des richesses : car si l'opinion ne met pas une barrière entre elle et l'autorité, si le pouvoir n'est pas hors de sa portée, si la foule gouvernée peut se croire l'égale du petit nombre qui gouverne, il n'y a plus de gouvernement : ainsi l'aristocratie est souveraine ou régissante par essence ; et le principe de la Révolution française heurte de front les lois éternelles de la nature.

CHAPITRE VIII

Faiblesse du pouvoir humain

Dans toutes les créations politiques ou religieuses, quels que soient leur objet et leur importance, c'est une règle générale qu'il n'y a jamais de proportion entre l'effet et la cause. L'effet est toujours immense par rapport à la cause, afin que l'homme sache qu'il n'est qu'un instrument, et que lui-même ne peut rien créer.

L'*Assemblée nationale* des Français, qui eut la coupable folie de s'appeler *Constituante*, voyant que tou.> les législateurs de l'univers avaient décoré le frontispice de leurs lois d'un hommage solennel à la Divinité, se crut forcée de faire aussi sa profession de foi, et je ne sais quel mouvement machinal d'une conscience expirante arracha ces lignes mesquines aux prétendus législateurs de la France (1) :

« L'Assemblée nationale reconnaît en *présence et « sous les auspices* de l'Etre suprême, etc. (2). »

---

(1) Constitution de 1789. Préambule de la Déclaration des droits de l'homme.

(2) Lorsqu'on parle de l'Assemblée constituante, il est à peine nécessaire de rappeler qu'on fait toujours abstraction de la respec-

En présence: sans doute, pour leur malheur ; — mais *sous les auspices:* quelle démence ! Ce n'est point une multitude turbulente, agitée par des passions viles et forcenées, que Dieu a choisie pour l'instrument de ses volontés, dans l'exercice du plus grand acte de sa puissance sur la terre : l'organisation politique des peuples. Partout où les hommes se rassemblent et s'agitent beaucoup, partout où leur puissance se déploie avec fracas et prétention, là ne se trouve point la force créatrice : *non in commotione Dominus* (1). Cette puissance ne s'annonce que par le *vent doux* (2). On a beaucoup répété, dans ces derniers temps, que la liberté *naît* parmi les orages : jamais, jamais. Elle se *défend*, elle *s'affermit* pendant les orages, mais elle *naît* dans le silence, dans la paix, dans l'obscurité ; souvent même le père d'une constitution ne sait pas ce qu'il fait en la créant ; mais les siècles qui s'écoulent attestent sa mission, et c'est Paul-Émile et Caton qui proclament la grandeur de Numa.

Plus la raison humaine se confie en elle-même, plus elle cherche à tirer tous ses moyens d'elle-même ; et plus elle est absurde, plus elle montre son impuissance. Voilà pourquoi le plus grand fléau de l'univers a tou-

---

table minorité dont les principes sains et l'inflexible résistance ont mérité l'admiration et les respects de l'univers. .

(1) III *Reg.*, XIX, 11.

(2) *Ibid.*, 12.

jours été, dans tous les siècles, ce qu'on appelle *philosophie*, attendu que la philosophie n'est que la raison humaine agissant toute seule, et que la raison humaine réduite à ses forces individuelles n'est qu'une brute dont toute la puissance se réduit à détruire (1).

Un élégant historien de l'antiquité a fait une réflexion remarquable sur ce qu'on appelait de son temps, comme à présent, les philosophes. « Il s'en faut de beaucoup, » dit-il, « que je regarde la philosophie comme la maîtresse de l'homme et la règle d'une vie heureuse ; au contraire, je vois que ses adeptes sont précisément les hommes qui auraient le plus besoin de maîtres pour se conduire ; merveilleux pour disserter sur toutes les vertus au milieu d'une école, ils n'en sont pas moins plongés dans toutes sortes de vices (2). »

Lorsqu'autrefois Julien *le philosophe* appela ses

---

(1) Il est évident, par ce qui suit, que l'auteur ne conteste pas à la raison la puissance de connaître par elle-même la vérité : ce qu'il lui refuse, c'est le pouvoir de conduire l'homme au bonheur, quand elle est réduite à ses forces individuelles. *(Note de l'éditeur.)*

(2) Tantum abest ut ego magistram esse putem vitæ philosophiam beatæque vitæ perfectricem, ut nullis magis existimem opus esse magistris vivendi quam plerisque qui in ea disputanda versantur : video enim magnam partem eorum qui in schola de pudore et continentia præcipiunt argutissime, eosdem in omnium libidinum cupiditatibus vivere. » (CORNELIUS NEPOS. *Fragm.,* apud *Lactant. Divin. Inst.* 15, 10.)

confrères à la Cour, il en fit une cloaque. Le bon Tillemont, écrivant l'histoire de ce prince, intitule ainsi un de ses chapitres : « La Cour de Julien se remplit de philosophes et d'hommes perdus ; » et Gibbon, qui n'est pas suspect, observe naïvement qu'« il est fâcheux de ne pouvoir contredire l'exactitude de cet intitulé. »

Frédéric II, philosophe malgré lui, qui payait ces gens-là pour en être loué, mais qui les connaissait bien, n'en pensait pas mieux, et le bon sens l'a forcé de dire comme tout le monde sait, que « s'il voulait perdre un empire, il le ferait gouverner par des philosophes. »

Ce n'était donc point une exagération théologique, c'était une vérité toute simple, exprimée rigoureusement, que cette phrase d'un de nos prélats, mort si heureusement pour lui, au moment où il put croire à un renouvellement de choses : « Dans son orgueil, la philosophie disait : « *C'est à moi qu'appartient la sagesse, la science et la domination ; c'est à moi qu'il appartient de conduire les hommes, puisque c'est moi qui éclaire.* » Pour la punir, pour la couvrir d'opprobre, il fallait que Dieu la condamnât à régner un instant. »

En effet, elle a régné chez une des plus puissantes nations de l'univers ; elle règne, elle régnera sans doute encore assez pour qu'elle ne puisse se plaindre que le temps lui a manqué ; et jamais il n'y eut d'exemple plus déplorable de la nullité absolue de la raison humaine réduite à ses forces individuelles. Quel spectacle nous ont donné les législateurs français? Aidés de toutes les connaissances humaines, des leçons de tous les philosophes anciens et modernes et de l'expé-

rience de tous les siècles, maîtres de l'opinion, dispo-
sant de trésors immenses, ayant des complices partout,
forts en un mot de toute la force humaine, ils ont
parlé en leur nom ; l'univers est témoin du résultat :
jamais l'orgueil humain ne disposa de plus de moyens ;
et en oubliant un instant ses crimes, jamais il ne fut
plus ridicule.

Nos contemporains le croiront s'ils veulent, mais la
postérité n'en doutera pas : les plus insensés des
hommes furent ceux qui s'arrangèrent autour d'une
table et qui dirent : « Nous ôterons au peuple français
son ancienne Constitution, et nous lui en donnerons
une autre » (celle-ci ou celle-là, n'importe). Quoique ce
ridicule soit commun à tous les partis qui ont désolé la
France, cependant les Jacobins se présentent plutôt
à l'esprit comme destructeurs que comme construc-
teurs, et ils laissent dans l'imagination une certaine
impression de grandeur qui résulte de l'immensité de
leurs succès. On peut même douter qu'ils aient eu
sérieusement le projet d'organiser la France même en
République, car la Constitution républicaine qu'ils ont
fabriquée n'est qu'une espèce de comédie jouée au
peuple pour le distraire un instant, et je ne puis croire
que le moins éclairé de ses auteurs ait pu y croire un
instant.

Mais les hommes qui parurent sur la scène dans les
premiers jours de l'Assemblée constituante se crurent
réellement législateurs : ils eurent très sérieusement,
très visiblement, l'ambition de donner à la France une
constitution politique, et ils crurent qu'une assemblée
pouvait décréter, à la pluralité des voix, qu'un tel

peuple n'aurait plus un tel gouvernement et qu'il en aurait un autre : or, cette idée est le *maximum* de l'extravagance ; et de tous les *bedlams* de l'univers il n'est jamais sorti rien d'égal. Aussi ces hommes ne font naître que l'idée de la faiblesse, de l'ignorance et du *désappointement.* Aucun sentiment d'admiration ou de terreur ne balance l'espèce de pitié colérique qu'inspire le *bedlam* constituant. La palme de la scélératesse appartient de droit aux Jacobins ; mais la postérité, d'une commune voix, décernera aux Constitutionnels celle de la folie.

Les véritables législateurs ont tous senti que la raison humaine seule ne pouvait se tenir debout, et que nulle institution purement humaine ne pouvait durer. C'est pourquoi ils ont entrelacé, s'il est permis de s'exprimer ainsi, la politique et la religion, afin que la faiblesse humaine, forte d'un appui surnaturel, pût se soutenir par lui. Rousseau admire la loi judaïque et celle de l'enfant d'Ismaël qui subsistent depuis tant de siècles : c'est que les auteurs de ces deux insti-. tutions célèbres étaient tout à la fois pontifes et législateurs : c'est que, dans l'Alcoran comme dans la Bible, la politique est divinisée ; que la raison humaine, écrasée par l'ascendant religieux, ne peut insinuer son poison isolant et corrosif au milieu des ressorts du gouvernement : en sorte que les citoyens sont des croyants dont la fidélité est exaltée jusqu'à la foi, et l'obéissance jusqu'à l'enthousiasme et le fanatisme.

Les grandes institutions politiques sont parfaites et durables à mesure que l'union de la politique et de la religion s'y trouve plus parfaite. Lycurgue se distingua sur ce point fondamental, et tout le monde sait que peu d'institutions peuvent être comparées à la sienne pour la durée comme pour la sagesse. Il n'imagina rien, il ne proposa rien, il n'ordonna rien que sur la foi des oracles. Toutes ses lois furent, pour ainsi dire, des préceptes religieux ; par lui la Divinité intervint dans les conseils, dans les traités, dans la guerre, dans l'administration de la justice, au point que « le gouvernement de Sparte ne semblait pas être police de chose publique, ains plutôt règle de quelque dévote et sainte religion (1). » Aussi, lorsque Lysandre voulut détruire la royauté à Sparte, il essaya d'abord de corrompre les prêtres qui rendaient les oracles, parce qu'il savait que les Lacédémoniens n'exécutaient rien d'important sans avoir consulté ces oracles (2).

Les Romains furent un autre exemple de cette force du lien religieux introduit dans la politique. Tout le monde connaît ce fameux passage de Cicéron où il dit que les Romains avaient des supérieurs en tout, excepté dans la crainte et le culte de Dieu.

« Flattons-nous, » dit-il, « tant qu'il nous plaira : nous ne surpasserons jamais les Grecs en sciences, les Espagnols en nombre, les Gaulois en courage, etc. ;

---

(1) Plutarque, *In Lycurg.*, trad. d'Amyot.

(2) *Iniit consilia reges Lacedæmoniorum tollere, sed sentiebat id se sine ope deorum facere non posse, quod Lacedæmonii omnia ad oracula referre consueverant, primum Delphos corrumpere est conatus,* etc. (Corn. Nep., *In Lys.*, 3.)

mais, pour la religion et le respect envers les dieux
immortels, nous n'avons point d'égaux. » Numa
avait donné à la politique romaine ce caractère religieux qui fut la sève, l'âme, la vie de la République, et
qui périt avec elle. C'est un fait constant, parmi tous
les hommes instruits, que le serment fut le véritable
ciment de la Constitution romaine : c'est par le serment
que le plus turbulent plébéien, baissant la tête devant
le conseil qui demandait son nom, portait sous les
drapeaux la docilité d'un enfant. Tite-Live, qui avait
vu naître la philosophie et mourir la République
(l'époque est la même), soupire quelquefois pour ces
temps heureux où la religion assurait le bonheur de
l'État. A l'endroit où il raconte l'histoire de ce jeune
homme qui vint avertir le consul d'une fraude commise
par l'inspecteur des poulets sacrés, il ajoute : « Ce
jeune homme était né avant la doctrine qui méprise
les dieux (1). »

C'était surtout dans les comices que les Romains
annonçaient le caractère religieux de leur législation :
les assemblées du peuple ne pouvaient avoir lieu avant
que le magistrat qui devait les présider eût pris les
Auspices. Les scrupules à cet égard étaient infinis, et
le pouvoir des *Augures* était tel qu'on les a vus annuler
les délibérations des comices plusieurs mois après leur
date (2); avec ce mot fameux *alio die,* l'*augure* rom-

----

(1) *Juvenis ante doctrinam deos spernentem natus.* (Tit. l., X, 40.)

(2) Cicero, *De natura deor.,* II, 4.

pait toute assemblée du peuple (1). Tout magistrat supérieur ou égal à celui qui présidait aux comices, avait aussi le droit de prendre les Auspices. Et s'il déclarait qu'*il avait regardé le ciel (se de cœlo servasse)* et qu'il avait aperçu un éclair ou entendu un tonnerre (2), les comices étaient renvoyés.

C'était en vain qu'on pouvait craindre les *abus*, qui étaient même palpables dans certaines occasions.

C'était en vain que le plébéien le moins clairvoyant apercevait dans la doctrine des augures une arme infaillible dans la main de l'aristocratie pour entraver les projets et les délibérations du peuple : la fougue de l'esprit de parti se ralentissait devant le respect pour la Divinité. Le magistrat était cru *lors même qu'il avait forgé les auspices* (3), parce qu'on avait cru qu'un objet de cette importance devait être laissé à la conscience du magistrat, et qu'il valait mieux s'exposer à être trompé qu'à blesser les coutumes religieuses.

Dans le siècle même où l'on écrivait qu'*un augure ne pouvait guère en fixer un autre sans rire*, Cicéron, qu'une brigue avait flatté de l'augurat pour l'attirer

---

(1) CICERO, *De divin.*, II, 12.

(2) *Jove fulgente cum populo agi nefas esse.* (CICERO *In Vat.* 8, *De divin.*, II, 18.) — ADAM's *Roman Antiquities.* Edimburgh, 1792, p. 99.)

(3) *Etiam si auspicia ementitus esset.* (CIC. *Phil.* II, 23.)

à elle, écrivait à son ami : « *Je l'avoue, cela seul pour-rait me tenter* (1), » tant la considération attachée à cette espèce de sacerdoce était profondément enracinée dans l'imagination romaine.

Il serait inutile de répéter ce qu'on a dit mille fois, et de montrer dans la Religion des Romains ce qu'elle avait de commun avec celle des autres nations ; mais la religion, chez ce peuple, avait des côtés qui la distinguent des autres et qu'il est bon d'observer.

Le Romain législateur ou magistrat dans le *Forum* était pour ainsi dire environné de l'idée de la Divinité, et cette idée le suivait encore dans le camp. Je doute qu'il soit tombé dans la tête d'un autre peuple, de faire de la partie principale d'un camp un véritable temple où les signes militaires mêlés aux statues des dieux devenaient de véritables divinités et changeaient ces trophées en autels.

C'est ce que firent les Romains. Rien ne peut exprimer le respect dont l'opinion environnait le prétoire d'un camp *(principia)*. Là reposaient les aigles, les drapeaux et les images des dieux. Là se trouvait la tente du général ; on y publiait les lois ; on y tenait le conseil ; on y donnait le signal du combat. Les écrivains romains ne parlent de ce lieu qu'avec une certaine vénération religieuse (2), et pour eux la violation

----

(1) *Epist. ad Attic...*

(2) Stace l'appelle : « le sanctuaire du conseil et le séjour *redoutable des drapeaux* » : *Ventum ad concilii penetrale domumque verendam signorum.* (STATIUS, X, 120.)

du prétoire est un sacrilège. Tacite, racontant la révolte de deux légions près de Cologne, dit que Plancus, envoyé par l'empereur et le sénat auprès des légions mutinées, et sur le point d'être massacré, ne trouva pas d'autre moyen de sauver sa vie que d'embrasser les aigles et les drapeaux *pour se faire une égide de la religion* (1). Ensuite il ajoute : « Si le porte-enseigne « Calpurnius ne se fût opposé aux séditieux, on eût vu « le sang d'un envoyé du peuple romain souiller, dans « un camp romain, les autels des dieux (2). »

Plus on étudiera l'histoire et plus on se convaincra de la nécessité indispensable de cet alliage de la politique et de la religion.

Les abus dans ce genre ne signifient rien ; il faut être prudent quand on raisonne sur l'abus des choses nécessaires, et prendre garde de ne pas donner envie aux hommes d'anéantir la chose pour se défaire de l'abus, sans songer que ce mot *abus* ne désigne que l'usage désordonné d'une bonne chose qu'il faut conserver. Mais je ne m'avancerai pas davantage dans l'examen d'une question qui me conduirait trop loin.

Je voulais seulement montrer que la raison humaine, ou ce qu'on appelle la philosophie, est aussi nulle pour

---

(1) « Cædem parant, Planco maxime... neque aliud periclitanti subsidium quam castra primæ legionis : illic signa et aquilas amplexus, *religione sese tutabatur.* » (TACITE, *Ann.* I, 39.)

(2) « Ac ni aquilifer Calpurnius vim extremam arcuisset... legatus populi romani romanis in castris sanguine suo altaria deûm commaculavisset. » *(Ibid.* Voir Brottier, *ad Ann.* I, 61.)

le bonheur des États que pour celui des individus ;
que toutes les grandes institutions tiennent d'ailleurs
leur origine et leur conservation, et qu'elle ne s'en
mêle que pour les pervertir et les détruire.

CHAPITRE IX

CONTINUATION DU MÊME SUJET

Payne, dans son mauvais ouvrage sur les droits de l'homme, a dit que « la constitution précède le gouvernement ; qu'elle est au gouvernement ce que les lois sont aux tribunaux ; qu'elle est visible, matérielle, article par article, ou bien qu'elle n'existe pas : en sorte que le peuple anglais n'a point de constitution, son gouvernement étant le fruit de la conquête, et non une production de la volonté du peuple (1). »

Il serait difficile d'accumuler plus d'erreurs en moins de lignes. Non seulement un peuple ne peut pas se donner une constitution ; mais une assemblée quelconque, un petit nombre d'hommes par rapport à la population totale, ne pourra jamais exécuter un pareil ouvrage. C'est précisément parce qu'il y a en France une *Convention* toute-puissante qui veut une république qu'il n'y aura point de république durable. La tour de Babel est l'image naïve d'une foule d'hommes qui s'assemblent pour créer une constitution. « Venez, se disent les ENFANTS DES HOMMES ; bâtissons-nous une ville et une tour dont le sommet s'élève jusqu'au

____

(1) PAYNE's *Rights of man*, in-8°. London, 179... p. 57.

ciel, pour rendre notre nom célèbre, avant que nous soyons dispersés. »

Mais l'ouvrage s'appelle *Babel*, c'est-à-dire *confusion;* chacun parle *sa langue;* personne ne s'entend, et la *dispersion* est inévitable.

Il n'y a jamais eu, il n'y aura jamais, il ne peut y avoir de nation constituée *à priori*. Le raisonnement et l'expérience se réunissent pour établir cette grande vérité. Quel œil est capable d'embrasser d'un seul coup l'ensemble des circonstances qui doivent rendre une nation propre à telle ou telle constitution ? Comment surtout plusieurs hommes seraient-ils capables de cet effort d'intelligence ? A moins de s'aveugler volontairement, il faut convenir que cela est impossible et l'histoire qui doit décider toutes ces questions vient encore au secours de la théorie. Un petit nombre de nations libres ont brillé dans l'univers : qu'on en montre une qui ait été constituée à la manière de Payne. Tout mode particulier de gouvernement est une œuvre divine, comme la souveraineté en général. Une constitution dans le sens philosophique n'est donc que le mode d'existence politique attribué à chaque nation par une puissance au-dessus d'elle ; et, dans un sens inférieur, une constitution n'est que l'ensemble des lois plus ou moins nombreuses qui déclarent ce mode d'existence. Il n'est point nécessaire que ces lois soient écrites : c'est même aux lois constitutionnelles que s'applique plus particulièrement l'axiome de Tacite : *Pessimæ reipublicæ plurimæ leges :* plus les nations ont de sagesse, plus elles possèdent d'esprit public, plus leur constitution politique est parfaite, et moins elles ont de lois constitutionnelles écrites, car ces lois ne sont que des étais, et un édifice n'a besoin d'étais que lorsqu'il a perdu son aplomb ou qu'il est violemment ébranlé par une force extérieure. La constitution la plus parfaite de l'antiquité, c'est sans contredit celle de Sparte, et Sparte ne nous a pas laissé une ligne sur son droit public. Elle se vantait justement de n'avoir écrit ses lois que dans le cœur de ses enfants. Lisez l'histoire des lois romaines, j'entends de celles qui appartiennent au droit public (1) : vous observerez d'abord que les véritables racines de la Constitution romaine ne tiennent point à des lois écrites. Où est la loi qui avait fixé les droits respectifs du roi, des patriciens et du peuple? Où est la loi qui, après l'expulsion des rois, partagea la puissance entre le sénat et le peuple, assigna à l'un et à l'autre sa portion juste de souveraineté, et fixa aux consuls, successeurs des rois, les limites précises du pouvoir exécutif dont ils venaient d'être revêtus? Vous ne trouverez rien de pareil.

Vous verrez, en second lieu, que, dans les premiers temps de la République, on ne trouve presque pas de lois, et qu'elles se multiplient à mesure que l'Etat penche vers sa ruine.

Deux pouvoirs sont en présence : le sénat et le peuple. Ces deux pouvoirs sont placés là par ce qu'on

---

(1, Vinc. GRAVINÆ *Origines juris;* — ROSINI, *Antiq. rom.,* *cum notis* Th. Demsteri à Murreck. lib. *de leg;* — ADAM's *Roman antiq.*, p. 191 et suiv.

appelle la *nature :* c'est tout ce qu'on peut savoir sur les bases primitives de la Constitution romaine.

Si ces deux pouvoirs réunis, à l'époque de l'expulsion des Tarquins, avaient mis sur le trône un roi héréditaire avec lequel ils auraient stipulé le maintien de leurs droits constitutionnels, la Constitution de Rome, suivant toutes les règles de la probabilité, aurait duré beaucoup plus longtemps ; mais des consuls annuels n'eurent pas assez de puissance pour maintenir l'équilibre. Lorsque la souveraineté est partagée entre deux pouvoirs, le *balancement* de ces deux pouvoirs est nécessairement un *combat ;* si vous introduisez un troisième pouvoir muni de la force nécessaire, il établira tout de suite un équilibre tranquille en s'appuyant doucement tantôt d'un côté et tantôt de l'autre. C'est ce qui ne pouvait avoir lieu à Rome par la nature même des choses : aussi c'était toujours par des secousses alternatives que les deux pouvoirs se maintenaient, et l'histoire romaine entière présente le spectacle de deux athlètes vigoureux qui s'étreignent et se roulent, tour à tour écrasants et écrasés.

Ces différentes secousses nécessitèrent des lois, non pour établir de nouvelles bases à la Constitution, mais pour maintenir les anciennes alternativement ébranlées par deux ambitions différentes ; et si les deux partis avaient été plus sages, ou contenus par un pouvoir suffisant, ces lois n'auraient pas été nécessaires.

Revenons à l'Angleterre. Ses libertés écrites peuvent se réduire à six articles : 1º la grande Charte ; 2º le statut appelé *Confirmatio chartarum ;* 3º la *Pétition des droits* qui est une déclaration de tous les droits du peuple anglais, prononcée par le Parlement et confirmée par Charles Ier à son avènement au trône ; 4° l'*Habeas corpus;* 5° le bill des droits présentés à Guillaume et Marie à leur arrivée en Angleterre, et auquel le Parlement donna force de loi le 13 février 1688 ; 6° enfin l'acte passé au commencement du siècle et connu sous le nom d'acte de *Settlement,* parce qu'il fixe la couronne dans la maison régnante ; les libertés civiles et religieuses de l'Angleterre y sont nouvellement consacrées (1).

Ce n'est point en vertu de ces lois que l'Angleterre est libre ; mais elle possède ces lois parce qu'elle est libre. Un peuple né pour la liberté a pu seul demander la grande Charte ; et la grande Charte serait inutile à un peuple étranger à la liberté.

« La constitution anglaise », disait fort bien un membre de la Chambre des Communes, dans la séance du Parlement d'Angleterre du 10 mai 1793, « la Constitution anglaise n'est point le résultat des délibérations d'une assemblée ; c'est la fille de l'expérience, et nos ancêtres n'ont jamais fait attention qu'aux théories qui pouvaient être réduites en pratique. Cet ouvrage ne fut point formé d'un seul jet, il naquit du temps ; il fut le produit des circonstances, du choc des partis et des luttes pour le pouvoir (2). » Il n'y a rien de plus

---

(1) Voir Blackstone's *Commentary on the civil and criminal laws of England,* ch. i.

(2) « Our constitution was not the result of an assembly : it was the offspring of experience. Our ancestors only had an eye to

vrai ; et ces vérités n'appartiennent pas seulement à l'Angleterre ; elles s'appliquent à toutes les nations et à toutes les constitutions politiques de l'univers.

Ce que Payne et tant d'autres regardent comme un défaut est donc une loi de la nature. La constitution *naturelle* des nations est toujours antérieure à la constitution *écrite* et peut s'en passer : jamais il n'y eut, jamais il ne peut y avoir de constitution écrite faite toute à la fois, surtout par une assemblée ; et par cela seul qu'elle serait écrite toute à la fois, il serait prouvé qu'elle est fausse et inexécutable. Toute constitution proprement dite est une *création* dans toute la force du terme, et toute *création* passe les forces de l'homme. La loi écrite n'est que la déclaration de la loi antérieure et non écrite. L'homme ne peut se donner des droits à lui-même, il ne peut que défendre ceux qui lui sont attribués par une puissance supérieure, et ces droits sont les *bonnes coutumes*, bonnes parce qu'elles ne sont pas écrites, et parce qu'on ne peut en assigner ni le commencement ni l'auteur.

Prenons un exemple dans la religion. Les *canons*, qui sont aussi dans leur genre des lois exceptionnelles, ne peuvent créer des dogmes, puisqu'un dogme serait

---

those theories which could be reduced to practice. The Constitution was not formed at once, it was the **work** of time : it emerged from a concurrence of circumstances, from a collision of parties and contention for power. » (M. GREY. Voyez le *Craftsman*, n° 1746.)

faux précisément parce qu'il serait nouveau. Les personnes mêmes qui croiraient qu'on peut innover dans
une religion vraie seront forcées de convenir qu'il faut
que le dogme ou la croyance précède le canon : autrement le cri universel réfuterait les innovateurs. Le
canon ou le *dogme écrit* est produit par l'*hérésie*, qui est
une insurrection religieuse. Si la croyance n'avait pas
été attaquée, il eût été inutile de la déclarer.

De même, en matière de gouvernement, les hommes
ne créent rien. Toute loi constitutionnelle n'est qu'une
déclaration d'un droit antérieur ou d'un *dogme politique*. Et jamais elle n'est produite que dans la contradiction d'un parti qui méconnaît ce droit ou qui l'attaque : en sorte qu'une loi qui a la prétention d'établir *à
priori* un nouveau mode de gouvernement est un
acte d'extravagance dans toute la force du terme.

CHAPITRE X

DE L'AME NATIONALE

La raison humaine réduite à ses forces individuelles est parfaitement nulle, *non seulement pour la création, mais encore pour la conservation de toute association religieuse ou politique,* parce qu'elle ne produit que des disputes, et que l'homme pour se conduire, n'a pas besoin de problèmes, mais de croyances. Son berceau doit être environné de dogmes ; et, lorsque sa raison se réveille, il faut qu'il trouve toutes ses opinions faites, du moins sur tout ce qui a rapport à sa conduite. Il n'y a rien de si important pour lui que les *préjugés.* Ne prenons point ce mot en mauvaise part. Il ne signifie point nécessairement des idées fausses, mais seulement, suivant la force du mot, des opinions quelconques adoptées avant tout examen. Or ces sortes d'opinions sont le plus grand besoin de l'homme, les véritables éléments de son bonheur, et le Palladium des empires. Sans elles, il ne peut y avoir ni culte, ni morale, ni gouvernement. Il faut qu'il y ait une religion de l'Etat comme une politique de l'Etat ; ou, plutôt, il faut que les dogmes religieux et politiques mêlés et confondus forment ensemble une *raison universelle* ou *nationale* assez forte pour réprimer les aberrations de la raison individuelle qui est, de sa nature, l'ennemie mortelle de toute association quelconque, parce qu'elle ne produit que des opinions divergentes.

Tous les peuples connus ont été heureux et puissants à mesure qu'ils ont obéi plus fidèlement à cette raison nationale qui n'est autre chose que l'anéantissement des dogmes individuels et le règne absolu et général des dogmes nationaux, c'est-à-dire des préjugés utiles. Que chaque homme, en fait de culte, s'appuie sur sa raison particulière : tout de suite vous verrez naître l'anarchie de croyance ou l'anéantissement de la souveraineté religieuse. Pareillement, si chacun se rend juge des principes du gouvernement, tout de suite, vous verrez naître l'anarchie civile ou l'anéantissement de la souveraineté politique. Le gouvernement est une véritable religion : il a ses dogmes, ses mystères, ses ministres ; l'anéantir ou le soumettre à la discussion de chaque individu, c'est la même chose ; il ne vit que par la raison nationale, c'est-à-dire par la foi politique, qui est un *symbole*. Le premier besoin de l'homme c'est que sa raison naissante soit courbée sous ce double joug, c'est qu'elle s'anéantisse, c'est qu'elle se perde dans la raison nationale, afin qu'elle change son existence individuelle en une autre existence commune, comme une rivière qui se précipite dans l'Océan existe bien toujours dans la masse des eaux, mais sans nom et sans réalité distincte (1).

---

(1) Rousseau a dit qu'il ne fallait point parler religion aux enfants et qu'il fallait se reposer sur leur raison du soin de s'en

Qu'est-ce que le *patriotisme?* c'est cette raison nationale dont je parle, c'est l'*abnégation* individuelle. La
foi et le patriotisme sont les deux grands thaumaturges
de ce monde. L'un et l'autre sont divins : toutes leurs
actions sont des prodiges; n'allez pas leur parler d'examen, de choix, de discussion : ils diront que vous blas-
phémez ; ils ne savent que deux mots : *soumission* et
croyance : avec ces deux leviers ils soulèvent l'univers ;
leurs erreurs mêmes sont sublimes. Ces deux enfants
du Ciel prouvent leur origine à tous les yeux en créant
et en conservant : mais s'ils viennent à se réunir, à
confondre leurs forces et à s'emparer ensemble d'une
nation, ils l'exaltent, ils la divinisent, ils centuplent
ses forces. On verra une nation de cinq ou six millions
d'hommes, asseoir sur les rochers stériles de la Judée
la plus superbe ville de la superbe Asie (1), résister à
des chocs qui auraient pulvérisé des nations dix fois
plus nombreuses, braver le torrent des siècles, l'épée
des conquérants et la haine des peuples, étonner par
sa résistance les maitres du monde (2), survivre enfin

---

choisir une. On peut mettre cette maxime à côté de cette autre :
« La constitution de l'homme est l'ouvrage de la nature ; celle de
l'État est l'ouvrage de l'art. » *(Contrat social.)* Il n'en faudrait
pas davantage pour établir que ce Jean-Jacques, si superficiel,
sous une vaine apparence de profondeur, n'avait pas la moindre
idée de la nature humaine et des véritables bases politiques.

(1) *Hierosolyma longe clarissima urbium orientis, non Judææ
modo.* (PLIN., *Hist. nat.*, V, 14.)

(2) JOSEPH. *Bell. Jud.*, VI, 9.

à toutes les nations conquérantes et montrer encore après quarante siècles ses restes déplorables aux yeux de l'observateur surpris.

On verra un autre peuple sorti des déserts de l'Arabie, devenir en un clin d'œil un colosse prodigieux ; parcourir l'univers, le glaive dans une main et l'Alcoran dans l'autre, brisant les empires dans sa marche triomphale, rachetant les maux de la guerre par ses institutions. Grand, généreux et sublime, il brillera à la fois par la raison et par l'imagination ; il apportera les sciences, les arts et la poésie au milieu de la nuit du moyen âge ; de l'Euphrate au Guadalquivir enfin, vingt nations prosternées baisseront la tête sous le sceptre paisible d'Haroun-al-Raschid.

Mais ce feu sacré qui anime les nations, est-ce toi qui peux l'allumer, homme imperceptible?... Quoi ! tu peux donner une âme commune à plusieurs millions d'hommes? ... Quoi ! tu peux ne faire qu'une volonté de toutes ces volontés? les réunir sous tes lois? les serrer autour d'un centre unique? donner ta pensée aux hommes qui n'existent pas encore? te faire obéir par les générations futures et créer ces coutumes vénérables, ces *préjugés* conservateurs, pères des lois et plus forts que les lois? — Tais-toi.

CHAPITRE XI

APPLICATION DES PRINCIPES PRÉCÉDENTS
A UN OBJET PARTICULIER.

On a traité dernièrement, dans la Convention nationale, la grande question de l'éducation publique. Le rapporteur, prenant la parole au nom du Comité de l'instruction publique, disait aux prétendus législateurs, dans la séance du 24 octobre 1794 :

« Turgot formait souvent le vœu de posséder pendant un an un pouvoir absolu pour réaliser sans obstacles et sans lenteur tout ce qu'il avait conçu en faveur de la raison, de la liberté et de l'humanité.

« Il ne vous manque rien de ce qu'avait Turgot, et tout ce qui lui manquait vous l'avez. La résolution que vous allez prendre va être une époque dans l'histoire du monde (1). »

On a déjà dit beaucoup de mal de Turgot en croyant en dire du bien. Ce vœu de posséder la puissance absolue *pendant une année* pour opérer *sans obstacles et*

----

(1) Lakanal, au nom du Comité d'instruction publique. *(Monit.,* 1794, n° 37, p. 165.)

sans lenteur les prodiges qu'il imaginait, ce vœu, dis-je, pouvait sans doute partir d'un cœur excellent ; mais sans doute aussi il annonçait une tête radicalement gâtée par la philosophie. S'il avait possédé la puissance qu'il désirait, il n'aurait bâti que des châteaux de cartes, et son extravagant ouvrage n'aurait pas duré plus que lui.

Mais laissons Turgot et ne pensons qu'à la Convention nationale. La voilà revêtue de la toute-puissance : il s'agit d'établir un système d'éducation nationale ; la place y est nette devant les législateurs : rien ne les gêne ; voyons comment ils s'y prendront. C'est dommage que les Jacobins aient été détruits : la Convention nationale s'est privée, par cette fausse démarche, de puissants coopérateurs, car ils s'occupaient aussi, *dans leur sagesse*, de l'éducation nationale, et Dieu sait quelles merveilles ils auraient opérées ! Un orateur de la société lui disait le 24 octobre 1794 : « En dirigeant tous les membres de la société vers le désir de se rendre heureux l'un par l'autre, nous parviendrons à former UN PEUPLE DE DIEUX (1). »

Il faut l'avouer, nous avons passé bien près du bonheur : car Rousseau ayant débité que la République telle qu'il la concevait n'était faite que pour *un peuple de dieux* (2), et ce gouvernement étant cepen-

---

(1) Boissel aux Jacobins. (Séance du 24 octobre 1794. *Monit.*, n° 39, p. 171.)

(2) *Contrat social*, l. III, ch. v.

dant le seul légitime, puisque la monarchie légitime est elle-même une République (1), il s'ensuit malheureusement que les Jacobins n'étant plus là pour former un *peuple de dieux*, il faut renoncer à voir un gouvernement légitime.

Au reste, quand la Convention nationale ne formerait que des *anges*, ce serait beaucoup, et je crois qu'on aurait tort de demander davantage : il faut seulement voir comment elle s'y prendra.

On pourra remarquer d'abord que ce travail important n'a pas commencé sous d'heureux auspices. Les deux rapporteurs avaient à peine commencé l'exposition de leur projet, que des pères de familles s'écrient dans les tribunes : « Avant de nous apprendre comment nos enfants seront élevés, il faut savoir comment nous leur donnerons du pain (2). »

Mais sans doute il serait dur d'asseoir un jugement sur une exclamation qui peut n'être qu'un trait de mauvaise humeur passagère. Examinons donc les plans de la Convention nationale.

Ces plans sont tout simples. « Vous aurez des maîtres autant qu'il en faudra : ils apprendront à vos enfants ce que vous voudrez, et vous leur donnerez tant par an. » Voilà tout le secret ; mais il faut entrer dans les détails pour se former une idée de l'entreprise en grand.

---

(1) *Contrat social*, l. II, ch. VI, note.
(2) *Monit.*, 1794, n° 46, p. 200.

On a remarqué qu'une population de 1,000 personnes donne 100 enfants, 50 de chaque sexe. 24 millions d'hommes exigent donc 24.000 instituteurs et autant d'institutrices. On donnera aux premiers 1.200 francs de pension, et 1.000 seulement aux secondes (1).

Ces instituteurs des deux sexes doivent être logés ; mais la chose est aisée, on leur donnera les ci-devant presbytères devenus inutiles depuis que les représentants *augustes* de la *première nation de l'univers* ont déclaré solennellement que la *nation* française ne paye aucun culte (2).

A la vérité, une foule de ces presbytères sont détruits ou vendus ou employés à d'autres usages ; mais dans ces sortes de cas, on achètera d'autres maisons, et il est juste que la nation entière supporte ces dépenses, comme celles des réparations (3).

Autant qu'il sera possible, on logera les instituteurs et les institutrices dans le même corps de logis ; lorsque la distribution des presbytères s'y opposera absolument, il faudra bien avoir deux maisons (4).

---

(1) Séance du 27 octobre et du 15 novembre 1794. *(Monit.,* n° 40, p. 178 ; n° 57, p. 246.)

(2) « Déjà vos lois ont affranchi la nation des frais énormes du culte. » (Cambon, au nom du Comité des finances. Séance du novembre 1794. *Monit.,* n° 46, p. 201.) — « Le gouvernement *ne peut* adopter, encore moins *salarier* aucun culte. » (Grégoire. Séance du 21 décembre 1794. *Monit.,* n° 93, p. 388.)

(3) Voyez les séances citées dans la note première de cette page.

(4) *Ibid.*

Mais toutes ces dépenses ne concernent que les écoles primaires ; il est visible qu'il en faut d'autres où l'on enseigne des connaissances moins élémentaires : et en effet dans la séance même où l'on a examiné le plan de ces premières écoles, on a insisté fortement sur l'organisation très pressante des écoles de canton (1).

Ce n'est pas tout : les sciences proprement dites exigent sans doute un enseignement particulier. C'est ici le chef-d'œuvre des législateurs. On choisira, dans la capitale, des savants de premier ordre. Ceux-ci feront des élèves qui se rendront dans les départements pour y réfléchir le feu sacré dont le foyer est à Paris.

L'organe du Comité d'instruction publique ne cache point que cette dépense sera « la plus forte de la République en temps de paix (2) ». Il serait fort à désirer que l'on eût bien voulu entrer dans les détails nécessaires.

Tâchons d'y suppléer : un aperçu grossier suffit à l'objet de cet ouvrage.

Pour 24.000 instituteurs dans les écoles primaires, à 1.200 fr. par tête, ci .... 28.800.000 fr.

Pour 24.000 institutrices, à 1.000 fr. ci .... 24.000.000 fr.

Pour 24.000 maisons d'institution, il faudrait d'abord calculer par appro-

---

(1) *Monit.*, n° 58, p. 250.

(2) Séance du 24 octobre 1794. (*Monit.*, n° 40, p. 178.)

ximation le nombre des reconstructions complètes nécessitées de temps
à autre, par caducité ou cause violente ; mais ne soyons pas trop minu-
tieux, et évaluons seulement les réparations annuelles de chaque maison à
100 fr., en confondant dans cette
somme le prix des reconstructions
pour 24.000 maisons, ci ....   2.400.000   »

Pour les écoles de canton, réunis-
sons dix municipalités par canton ;
c'est, je crois, tout ce qu'on peut allouer. Or, la France possédant 42.000
municipalités (1), nous aurons 4.200
instituteurs ; et l'importance de leurs
fonctions exigeant un salaire supé-
rieur, accordons-leur 1.800 fr. ci.....   7.500.000 fr.

Et comme il faut bien aussi des
institutrices de canton pour les personnes du sexe auxquelles leurs pa-

----

(1) On pourrait faire une supposition plus forte, puisque le
Comité des finances accorde 50.000 paroisses à la France. (Cambon,
au nom de ce comité. Séance du 2 novembre. *Monit.*, n° 45,
p. 195)

Le Comité des O ze, qui vient de proposer à la Convention
nationale une qu. rième Constitution parfaite, accorde 44.000
municipalités *(Journal de Paris* du 24 juin 1795) ; mais nous
pouvons nous passer de l'exactitude.

rents pourront et voudront donner une éducation plus recherchée, accordons à ces institutrices 1,500 fr. ci...   6.300.000 »

Pour les réparations de 4.200 maisons que je suppose un peu plus décorées, sur le pied de 200 fr. annuels, y compris de même les reconstructions, ci. ....   840.000 »

Quant aux écoles normales, plaçons-en seulement une dans chaque chef-lieu de département : on ne peut faire une supposition moindre, à moins de vouloir concentrer tout l'enseignement dans la capitale,ce qui rendrait l'institution à peu près inutile. Elaguons encore toutes les conquêtes de la France pour calculer au plus bas. Nous n'avons pas de bases certaines pour le nombre des professeurs; mais enfin, ou les écoles normales ne seront rien, ou elles auront au moins un professeur de mathématique, un de chimie, un d'anatomie et un de médecine. Je pourrais ajouter le droit français, les langues savantes, la médecine vétérinaire, etc. ; mais je me borne à ce qui est strictement nécessaire.

Six professeurs d'écoles normales multipliés par 83, nombre supposé des départements, donnent 498 ; et ne pouvant allouer moins de mille écus d'appointement à des savants distingués tels que nous les supposons, ci .... 1.494.000 fr.

Pour les réparations de 80 maisons d'écoles normales, qui seront nécessairement des édifices distingués, allouons 400 fr. par an et pour chacune de ces maisons, y compris les reconstructions, ci .... 332.000 fr.

Total ! ! ! ...... 71.666.000 fr.

Tel est le premier aperçu des dépenses proposées au gouvernement. Ajoutons quelques observations :

1º Une foule de presbytères ont été vendus ou employés à des usages indispensables du nouveau régime, ou détruits par les fureurs d'un peuple aveugle et frénétique ; il faudra suppléer à ce *déficit*, et ce sera une dépense énorme.

2º On connaît la mesquinerie des presbytères : une foule de ces maisons ne seront pas susceptibles de renfermer deux écoles ; il faudra donc trouver un second édifice.

3º Les plus belles de ces maisons étant cependant assez médiocres, l'instituteur et l'institutrice, ainsi que les jeunes gens de l'un et de l'autre sexe, seront à peu près pêle-mêle ; et cette première éducation pouvant s'étendre jusqu'à 15 ou 16 ans et plus loin même, si l'on tardait d'organiser les écoles de canton, les écoles primaires seraient bientôt des *maisons publiques* dans tous les sens du terme.

4° Le Comité d'instruction publique a considéré la population de la France en masse et sans aucune distinction : l'équité exige cependant qu'on distingue la population des villes de celle des campagnes. Paris, par exemple, aura 600 professeurs et autant d'institutrices d'écoles primaires. Si la somme de 1.200 fr. et de 1.000 fr. suffit au village, il est clair qu'elle ne suffira pas à Paris, ni même dans une ville du second ou du troisième ordre ; nouvelle augmentation de dépense très considérable.

5° Lorsque les gouvernements organisent des machines aussi compliquées que celles dont il s'agit, l'œil le plus perçant ne peut se faire une idée des dépenses qu'elles nécessiteront : on ne voit que les principales, mais bientôt les *molti pochi* du proverbe italien se présentent de toute part, et l'on est tout surpris de voir la dépense doublée. Cela est vrai surtout dans un moment où « *tous les fonctionnaires publics à la fois d mandent une augmentation d'honoraires* (1). »

6° Mais cette dépense effrayante qui surpasse les revenus de cinq ou six têtes couronnées, procurera-t-elle au moins aux Français une éducation nationale ? Nullement : car, malgré les réclamations de quelques

____

(1) Cambon, au nom du Comité des finances. (Séance du 19 octobre 1794. *Monit.*, n° 32, p. 142.)

Jacobins qu'il n'y avait pas moyen d'écouter, les parents sont demeurés libres d'élever leurs enfants chez eux ou ailleurs comme ils le jugeront convenable. Bientôt, dans le dictionnaire de la plus vaniteuse nation de l'univers, les écoles primaires, méprisées comme la boue, seront flétries de quelques épithète qui en chassera tout ce qui s'appellera toujours *bonne compagnie*, en dépit de la *liberté* et de l'*égalité ;* la décence même et les mœurs s'uniront à la vanité pour avilir dans l'opinion l'*éducation nationale*, et toute cette grande institution ne sera qu'un grand ridicule.

A ce tableau qui n'a rien de chargé, rien de chimérique, et où l'on a fait les suppositions les plus favorables au *grand œuvre* philosophique, j'en oppose un autre dont le rapprochement me paraît piquant.

Tout l'univers a entendu parler des Jésuites, et une grande partie de la génération actuelle les a vus ; ils subsisteraient encore si quelques gouvernements ne s'étaient pas laissés influencer par les ennemis de cet Ordre, ce qui fut certes une très grande faute ; mais il n. faut pas être étonné que des vieillards radotent, la veille de leur mort.

Ignace de Loyola, simple gentilhomme espagnol, militaire sans fortune et sans connaissances, poussé par un mouvement intérieur de religion, résolut, dans le XVIᵉ siècle, d'établir un Ordre entièrement dévoué à l'éducation de la jeunesse et à l'extirpation des hérésies qui déchiraient l'Eglise à cette époque. Il le voulut avec cette volonté créatrice pour qui rien n'est impossible ; il trouva de suite dix hommes qui le voulurent comme lui, et ces dix hommes ont fait ce que nous avons vu.

A ne considérer l'Institut de cet Ordre que comme un ouvrage politique, c'est, à mon avis, une des plus belles conceptions dont l'esprit humain puisse s'honorer. Nul fondateur n'atteignit mieux son but, nul ne parvint plus parfaitement a l'anéantissement des volontés particulières pour établir la volonté générale et cette raison commune qui est le principe générateur et conservateur de toute institution quelconque, grande ou petite : car *l'esprit de corps* n'est que *l'esprit public* diminué, comme le patriotisme n'est que *l'esprit de corps* agrandi.

Si l'on veut se former une idée de la force intérieure, de l'activité et de l'influence de cet Ordre, il suffit de réfléchir à la haine implacable et réellement furieuse dont l'honorèrent constamment le philosophisme et son fils aîné le presbytérianisme : car ces deux ennemis de l'Europe étaient précisément ceux des Jésuites, qui les ont combattus jusqu'à la fin avec une vigueur et une persévérance sans égales.

Depuis Bellarmin, qu'un robuste protestant du siècle dernier appelait agréablement « la coqueluche délicieuse de l'effroyable bête romaine (1) », jusqu'au P. Berthier, le grand flagellateur des encyclopédistes, le combat entre les Jésuites et les novateurs

---

(1) *Immanis illæ belluæ romanæ delicium bellissimum.* (Voir Joh. SAUBERTI, *Theol. Doct.*, *de sacrificiis veterum libri.* Lugd. Bat., 1699, cap. ii, p. 20.)

de toute espèce ne s'est pas ralenti un instant ; on ne trouvera pas d'institution qui ait mieux rempli son objet.

On peut en croire Rabaud de Saint-Etienne (1), fanatique Constituant, *philosophe* dans toute la force du terme, prédicant chargé de l'argent de la secte pour soulever le peuple de Paris. Dans l'histoire de la Révolution française, qu'il a esquissée, il parle des Jésuites comme d'une puissance, et fait sentir que la Révolution est due en grande partie à l'abolition de cet Ordre. « Les ennemis les plus violents », dit-il, « et les plus habiles de la liberté d'écrire, les Jésuites, avaient disparu ; et personne, depuis, n'osa déployer le même despotisme et la même persévérance. »

« Quand une fois les esprits des Français furent tournés vers les lectures instructives, ils portèrent leur attention sur les mystères du gouvernement (2). »

Et les ennemis de la superstition ont parlé, sur ce point, comme ceux du despotisme.

« Voilà cependant », s'écriait Frédéric II, « un

---

(1) C'est ce Rabaud que M. Burke avait condamné au bain froid pour avoir dit, dans un discours à l'Assemblée nationale, qu'il fallait tout détruire en France, même les noms. Mais le Comité de Robespierre, qui a trouvé ce jugement trop doux, l'a réformé comme on sait.

(2) *Précis de l'histoire de la Révolution française*, t. I, p. 17, in-12, 1792.

nouvel avantage que nous venons de remporter en
Espagne. Les Jésuites sont chassés de ce royaume...
A quoi ne doit pas s'attendre le siècle qui suivra le
nôtre? La cognée est à la racine de l'arbre... L'édifice
(de la superstition), sapé par les fondements, va
s'écrouler (1). »

Les Jésuites étaient donc, au jugement de Frédéric II
la racine de cet *arbre* et les *fondements* de cet *édifice*.
Quel bonheur pour eux !

Un docteur protestant qui a publié, depuis peu, en
Allemagne, une *Histoire générale de l'Eglise chrétienne*,
n'a point cru exagérer en affirmant que, « sans les
Jésuites, la Révolution religieuse du xvie siècle aurait
étendu son action bien plus loin, et aurait fini par ne
trouver plus aucune barrière » ; que « si cet Ordre, au
contraire, avait existé plus tôt, il n'y aurait point eu
de réforme, et que peut-être on eût vu s'établir une
insurmontable monarchie universelle, inconnue à
l'histoire » (2).

---

(1) Le roi de Prusse à Voltaire. *(Œuvres* de ce dernier, édit. de
Kell, in-12, t. LXXXVI, p. 248.) Les jugements du roi de Prusse
sur les philosophes sont la chose du monde la plus curieuse.
Lorsqu'il se livre à sa haine pour le christianisme, qui était chez
lui une véritable maladie, une rage, alors il parle de ces messieurs
comme de ses collègues : il fait cause commune avec eux, et il
dit : NOUS. Mais lorsque l'accès est passé et qu'il ne s'agit plus de
théologie, il en parle et il leur parle avec le dernier mépris : car
personne ne les connaissait mieux que lui. Cette observation est
justifiée par toutes les pages de sa correspondance.

(2) Voir *Algemeine Geschichte des christlichen Kirche,* von

Passons, en souriant, sur *l'insurmontable monarchie universelle.* Ce qui paraît au moins infiniment probable, c'est que si les Jésuites avaient subsisté de nos jours, ils auraient, eux seuls, empêché cette Révolution que l'Europe armée n'a pu étouffer.

Ce fut un ex-Jésuite qui prophétisa, en 1787, de la manière la plus extraordinaire, sur la Révolution française ; qui nomma à Louis XVI tous ses ennemis, qui lui développa leurs trames avec une précision effrayante, et finit par ces paroles mémorables : « *Sire ! votre trône est posé sur un volcan* (1) ».

Le sort à jamais lamentable de ce malheureux prince n'a que trop justifié la prédiction. Louis XVI

D. Heinr. Phil. Cour. HENKE, profes. der theol. zu Helmstadt. Braunsweig, 1794, t. II, dritter theil, p. 69.

M. le professeur, en affirmant dans la même phrase : 1° que la Réforme aurait étendu son action bien plus loin : « wurde die kirche reform ihre wirkungen wiel welter ausgebreit ; 2° et qu'elle aurait fini par ne trouver plus aucune barrière : « und zulest gar keinem widerstand mehr gefunden haben, » entend sans doute qu'elle aurait renversé plus de dogmes et qu'elle aurait persuadé plus de monde : autrement, il y aurait une tautologie palpable. Dans cette supposition on ne saurait trop regretter que les Jésuites aient empêché une plus grande *épuration* du christianisme.

(1) Voir le *Mémoire à lire dans le Conseil du roi sur le projet de donner un état civil aux protestants,* in-8°, 1787 (dernières pages). L'ouvrage est de l'ex-Jésuite Ponneau.

a été détrôné par le philosophisme et par le presbytérianisme alliés pour la destruction de la France.

Remarquons encore que l'esprit de cette institution
était si fort, si énergique, si *vivant*, qu'il a survécu à
la mort de l'Ordre. Semblables à ces animaux vivaces
dont les membres, divisés par le couteau du physio-
logiste, semblent se partager la vie qu'ils possédaient
en commun, et présentent encore à l'œil étonné les
phénomènes de la nature vivante, les Jésuites, membres épars d'un corps désorganisé, ont reproduit, sous
nos yeux, tous les caractères de l'association : même
fermeté dans leurs systèmes, même attachement aux
dogmes nationaux, même antipathie pour les novateurs. La persécution affreuse essuyée par le clergé
français dans ces derniers temps n'a pu faire plier
aucun de ces hommes affaiblis par l'âge et le besoin.
Egalement fidèles à l'Eglise et à ce gouvernement
inhumain qui, en leur prenant des millions, leur avait
refusé la subsistance, ni la terreur ni la séduction n'ont
eu la force de créer parmi eux un seul apostat, et les
restes languissants de cet Ordre merveilleux ont pu
fournir encore 21 victimes au massacre du mois de
septembre 1792 (1) !

----

(1) Voir l'*Histoire du clergé pendant la Révolution française*,
par M. l'abbé BARRUEL, aumônier de Mᵐᵉ la princesse de Conti,
2ᵉ édit. Anvers, 1794, p. 369.

Comparez cette conduite des Jésuites avec celle de ces malheureux Jansénistes, convulsionnaires dans le siècle dernier, et
sans-culottes dans la nôtre, prédicateurs de la morale sévère, dont

S'il s'agissait de juger les Jésuites, je m'en tiendrais volontiers au jugement de ce même Frédéric écrivant sous la dictée du bon sens, dans un de ces moments où l'humeur et les préjugés n'influaient point sur ses jugements :

« Souvenez-vous, je vous prie », écrivait-il à Voltaire, « du P. Tournemine, votre nourrice : vous avez sucé chez lui le doux lait des Muses ; et réconciliez-vous avec un Ordre qui a porté et qui, le siècle passé, a fourni à la France des hommes du plus grand mérite (1). »

C'est la même raison qui a écrit ce passage. Je pourrais ajouter à ce témoignage celui d'un autre guerrier qu'on ne s'attendait guère d'entendre citer sur ce sujet.

« Les Jésuites », dit-il, « avaient le grand talent d'élever l'âme de leurs disciples par l'amour-propre, et de leur inspirer le courage, le désintéressement, et le sacrifice de soi-même (2). »

---

les complaisantes mains se sont étendues au premier signe pour prêter serment au schisme et à la révolte. Ils ont bien prouvé leur filiation !...

(1) Lettre du 18 octobre 1777, dans le volume cité plus haut, p. 391.

(2) *Vie du général Dumouriez*, 1795, t. I, p. 2. Le général nous dit *(ibid.)* qu'il se serait fait Jésuite, si le *meilleur des pères* ne lui eût fait lire l'*Analyse* de Bayle et d'autres bons ouvrages ; mais c'est une grande question de savoir si ce père, comme tant d'autres, ne se trompa point. Si son fils avait seulement passé six mois au

C'est quelque chose, comme on voit ; mais il s'agit moins ici d'examiner le mérite des Jésuites, que la force de leur institution que j'oppose à ce que la philosophie, aidée de toute la puissance humaine, a voulu tenter à peu près dans le même genre.

Saint Ignace, pour s'emparer de l'enseignement universel, ne pria point les souverains, d'un *air incivil*, de lui céder la puissance absolue *pendant une année :* il établit un Ordre d'hommes qui mit tous les souverains dans son parti ; il ne demanda point des millions, mais on s'empressa de les offrir à ses enfants ; sa banque fut la persuasion universelle, et sa société fut riche parce qu'elle réussit partout ; mais ces richesses même, dont on parlait comme de celles de Tamerlan, étaient encore un édifice magique qui tenait à l'esprit de l'Ordre et qui a disparu avec lui. Honteusement évaporées dans les coffres du fisc, ces richesses, si puissantes

---

noviciat des Jésuites, jamais il n'eût confié un certain secret à un envoyé de la Convention nationale. Mais s'il avait fait ses vœux dans l'Ordre, oh ! je ne doute pas qu'avec ses talents, son activité et son ambition, il ne se fût acquis une réputation grande et immaculée, peut-être dans les sciences, peut-être dans l'apostolat, qui sait? Il était homme à convertir les Tartares Kalmouks ou les Zélandais ou les Patagons ; enfin, d'une manière ou d'une autre, il eût fait écrire sa vie : ce qui vaut bien mieux sans doute que de l'écrire soi-même.

dans les mains de leurs possesseurs, n'ont pas enfanté en Europe un seul établissement utile.

C'était une chose curieuse d'entendre ces *philosophes*, véritables prodiges d'orgueil et d'impuissance, déclamer amèrement contre l'orgueil de ces Jésuites qu'un même siècle a vus maîtres de l'enseignement dans toute l'Europe catholique, directeurs de tous les souverains dans cette partie du monde, prédicateurs éloquents devant les rois, hommes de bonne compagnie chez les grands, humbles missionnaires dans les ateliers du peuple, enfants éclairés avec l'enfance, mandarins et astronomes à la Chine, martyrs au Japon et législateurs au Paraguay.

Certes, il n'en aurait pas fallu tout à fait autant pour enivrer d'orgueil ces pygmées qui faisaient annoncer par toutes les trompettes de la renommée qu'ils avaient doté une *rosière*, fondé un *prix d'encouragement*, ou récompensé quelque verbiage académique par une aumône de vingt-cinq louis.

Où sont maintenant les *horlogers de Ferney* que Voltaire appelait ridiculement sa *colonie* et dont il nous a entretenus jusqu'à la satiété? S'il avait pu rassembler sur les bords de l'Orénoque ou du Mississipi deux ou trois cents sauvages, les dégoûter de la chair humaine au nom de la philosophie, et leur apprendre à compter jusqu'à vingt, je n'exagère point, il serait mort, étouffé par l'orgueil, en demandant l'apothéose.

* D'Alembert (et Voltaire) ont été auprès de Frédéric, et Diderot a été auprès de Catherine ; et la Russie est demeurée peuplée de barbares, et la Prusse est demeurée peuplée d'esclaves. »

De quelle bouche est donc parti cet anathème? De celle d'un membre de la Convention nationale parlant à cette assemblée sur l'éducation nationale au nom du Comité d'instruction publique (1).

On croit entendre un criminel que l'ancien régime tient à la torture pour lui faire dire le secret de la *bande*.

La Bruyère, apostrophant le pouvoir humain dans le siècle dernier, lui disait : « *Je ne te demande pas de me faire une jolie femme ; fais-moi un crapaud* (2). »

Un *crapaud !* C'est trop : il est aussi difficile à faire qu'une jolie femme, et il ne faut pas être si exigeant. Je dirai seulement : « Puissance humaine, orgueilleuse philosophie, fais ce que tu voudras, mais fais quelque chose : choisis, dans la vaste sphère des possibles, ce qui te paraîtra le plus aisé ; choisis parmi tes adeptes, le plus habile, le plus actif, le plus zélé pour ta gloire ; qu'il nous montre ton pouvoir par quelque institution utile, nous ne demandons pas qu'il travaille pour les siècles : nous serons contents, pourvu que *son ouvrage dure un peu plus que lui.* »

Mais non : jamais elle ne s'honorera par un établissement utile, et, puisqu'il s'agit d'éducation, on peut hardiment défier les législateurs tout-puissants de la

---

(1) Lakanal, au nom du Comité d'instruction publique. (Séance du 24 octobre 1794. *Monit.*, n° 37, p. 164.)

(2) *Caractères*, t. II, ch. des Esprits forts.

France, je ne dis pas de fonder un gouvernement durable, mais seulement une école primaire qui ait l'assentiment de la raison universelle, c'est-à-dire le principe de la durée (1).

---

(1) Le génie révolutionnaire vient d'enfanter un ouvrage curieux pour favoriser les vues de ces législateurs : c'est une *Instruction à l'usage de la jeunesse, tirée de l'exemple des animaux.* *(Monit.*, 15 novembre 1794, n° 57, p. 246.)

O qui que tu sois, illustre auteur ! digne organe de la *raison* humaine, reçois mes hommages : personne n'était plus digne que toi de servir les vues des adorateurs de la *déesse Raison* et de ceux qui ont dit : « La nation ne salarie aucun culte. » La génération qu'ils ont infectée n'appartient plus à la nature humaine.

CHAPITRE XII

CONTINUATION DU MÊME SUJET

« Quand je songe », disait le roi de Prusse, que je cite toujours avec plaisir, « qu'un *fou*, un *imbécile* comme saint Ignace a trouvé une douzaine de prosélytes qui l'ont suivi, et que je n'ai pu trouver trois philosophes, j'ai été tenté de croire que la raison n'est bonne à rien (1). »

Quoique ce passage soit écrit dans le *paroxysme*, cependant il est précieux : le grand homme était sur la voie. Sans doute, dans un certain sens, la raison n'est bonne à rien : nous avons les connaissances physiques qui sont nécessaires au maintien de la société ; nous avons fait des conquêtes dans la science des nombres et dans ce qu'on appelle la science naturelle ; mais pour peu que nous sortions du cercle de nos besoins, nos connaissances deviennent inutiles ou douteuses. L'esprit humain, toujours en travail, *pousse* des systèmes qui se succèdent sans interruption : on les voit naître, briller, se flétrir et tomber comme les feuilles des

______

(1) *Œuvres de Voltaire*, t. LXXXVI, 3e de la correspondance. Lettre 162.

arbres ; l'année est plus longue, c'est toute la différence.

Et dans toute l'étendue du monde moral et politique,
que savons-nous, et que pouvons-nous? Nous *savons*
la morale que nous avons reçue de nos pères, comme
un ensemble de dogmes ou de préjugés utiles adoptés
par la raison nationale. Mais sur ce point nous ne
devons rien à la raison individuelle d'aucun homme.
Au contraire, toutes les fois que cette raison s'en est
mêlée, elle a perverti la morale (1).

En politique nous *savons* qu'il faut respecter les
pouvoirs établis on ne sait comment ni par qui. Lorsque le temps amène des abus capables d'altérer les
principes des gouvernements, nous *savons* qu'il faut
retrancher ces abus, mais sans toucher aux principes,
ce qui exige une grande dextérité, et nous *pouvons*
opérer ces réformes salutaires jusqu'au moment où, le
principe de vie étant totalement vicié, la mort du
corps politique est inévitable (2).

---

(1) Plusieurs écrivains se sont amusés à recueillir les maximes
affreuses disséminées dans les ouvrages des seuls philosophes français ; mais personne, je crois, ne l'a fait d'une manière plus piquante
qu'un anonyme dans l'ancien *Journal de France*, 1791 ou 1792.
(Cette feuille m'a échappé.)

(2) Rousseau, en abusant d'une comparaison vulgaire, avance,
à propos des maladies politiques, une erreur incroyable qu'il est
bon de relever en passant, pour faire toujours mieux connaître
sa manière de raisonner, et éclaircir encore mieux cette théorie.
« Il ne tient pas des hommes, dit-il, de prolonger leur vie : il

Ce serait un ouvrage bien intéressant que celui où l'on examinerait les forces de notre raison et où l'on nous dirait exactement ce que nous *savons* et ce que nous *pouvons*. Bornons-nous à répéter que la raison individuelle (1) ne produit rien et ne conserve rien

---

« dépend d'eux de prolonger celle de l'État. » *(Contrat social, l. III, ch. 11.)*

Quoi ! il n'y a point de médecine, point d'hygiène, point de chirurgie ! Le régime et le tempérament sont des abus, il ne faut pas saigner dans la pleurésie ! Le mercure est inutile aux *philosophes*, et dans l'anévrisme il ne faut pas lier l'artère ! Voilà, par exemple, une découverte nouvelle. Rousseau cependant n'aurait pas été embarrassé : comme il était le premier homme du monde pour défendre une erreur par une autre, il aurait soutenu le fatalisme plutôt que de reculer.

(1) Aux yeux de ceux qui savent quelle estime J. de Maistre professait pour les vrais philosophes, même païens, il est évident que, dans ces sorties contre la raison individuelle, l'auteur ne se rencontre aucunement avec Lamennais. Il ne s'agit pas ici des motifs de certitude, mais uniquement de l'impuissance de la raison individuelle à procurer le *bonheur général*, quand elle s'isole et se sépare de la raison nationale et de la religion, quand elle se renferme en elle-même sans tenir aucun compte des vérités reconnues par l'ensemble des hommes, et des enseignements religieux. Entre le traditionalisme de Lamennais qui refuse *toute* puissance, toute certitude à la raison individuelle, et le rationalisme superbe de ces hommes qui, dédaignant le reste du genre humain, se flattent de découvrir par leur *seule* raison *tout* ce qu'il importe de savoir pour assurer le bonheur du monde, il y a un juste milieu, et c'est dans ce milieu que se tient J. de Maistre. *(Note de l'éditeur.)*

pour le bonheur général : semblable à cet insecte impur qui souille nos appartements, toujours solitaire, toujours cantonnée, elle ne produit que de pénibles inutilités ; gonflée d'orgueil, elle n'est que venin, elle ne travaille que pour détruire, elle se refuse à toute association de travaux ; et si le hasard amène *sur sa toile* un être de sa nature, elle se précipite sur lui et le dévore.

Mais la raison nationale ressemble à cet autre insecte dont l'Asie a fait présent à l'Europe ; innocent et paisible, il n'est à l'aise qu'avec ses semblables et ne vit que pour être utile ; le carnage lui est étranger ; toute sa substance est un trésor, et le tissu précieux qu'il nous laisse en mourant forme le ceste de la beauté et le manteau des rois.

Il était surpris et indigné, ce fameux Frédéric, de n'avoir pu trouver *trois philosophes* pour le suivre. O grand prince, que vous connaissez peu le véritable principe de toutes les associations et de toutes les institutions humaines ! Eh ! de quel droit votre raison pouvait-elle subjuguer celle d'un autre et la forcer de marcher sur la même ligne ? Vous n'avez jamais su vous élever au-dessus de l'idée de la force ; et quand vous aviez rassemblé quelques matériaux que vous teniez unis dans vos bras de fer, vous pensiez qu'ils pouvaient se passer de ciment. Non, ce n'est point ainsi que l'on crée. Vous avez disparu de ce théâtre que vous avez illustré et ensanglanté ; mais vos contemporains y sont encore...

Qu'on ne s'y trompe point : les succès de la philosophie pourraient éblouir des yeux inattentifs, il est important de les apprécier. Si l'on demande à ces hommes ce qu'ils ont fait, ils vous parleront de leur influence sur l'opinion : ils vous diront qu'ils ont détruit les *préjugés* et surtout le *fanatisme*, car c'est le grand mot ; ils célébreront en termes magnifiques l'espèce de magistrature que Voltaire a exercée sur son siècle pendant sa longue carrière ; mais ces mots de *préjugés* et de *fanatisme* signifient, en dernière analyse, la croyance de plusieurs nations. Voltaire a chassé cette croyance d'une foule de têtes, c'est-à-dire qu'il a détruit, et c'est précisément ce que je dis. La philosophie n'agit qu'en moins, en sorte qu'un homme livré à sa raison individuelle est dangereux dans l'ordre moral et politique précisément en proportion de ses talents : plus il a de génie, d'activité, de persévérance, et plus son existence est funeste. Il ne fait que multiplier une puissance négative et s'enfoncer dans le néant.

Une plume amie de la religion, lorsqu'elle adresse des reproches à la philosophie, est suspecte au grand nombre de lecteurs qui s'obstinent à voir le fanatisme partout où ils ne voient pas l'incrédulité ou l'*indifférentisme*.

Il ne sera donc pas inutile d'emprunter les paroles d'un écrivain qui s'écrie en propres termes : « O Providence, SI TU EXISTES, réponds ! Qui pourra t'absoudre (1)?... » Cet homme n'est sûrement pas fanatique. Voici dans quels termes il apostrophe les philosophes :

« Et vous, philosophes insensés, qui, dans votre présomptueux savoir, prétendiez diriger l'univers ; apôtres de la *tolérance* et de l'humanité ; *vous qui préparâtes notre* GLORIEUSE *Révolution,* qui vantiez les progrès de la lumière et de la raison :

« Sortez de vos tombeaux ; venez au milieu de ces cadavres, et expliquez-nous comment, dans ce siècle si vanté, trente tyrans qui commandèrent le meurtre purent trouver trois cent mille bourreaux pour l'exécuter? Vos écrits sont dans leurs poches (des tyrans) ; vos maximes sont sur leurs lèvres ; vos pages brillent dans leurs *rapports* à la tribune ; et c'est au nom de la vertu que se commirent les plus affreux brigandages ; c'est au nom de l'humanité que deux millions d'hommes périrent ; c'est au nom de la liberté que cent mille bastilles s'élevèrent : il n'est pas un de vos écrits qui ne soit sur le bureau de nos quarante mille Comités révolutionnaires. On te quittait un instant, Diderot, pour signer des noyades !..... Le seul fruit de vos veilles fut d'apprendre au crime à se couvrir d'un langage poli pour porter des coups plus dangereux. L'injustice et la violence s'appelèrent *formes acerbes ;* le sang répandu à flots, *transpiration du corps politique.....* Avez-vous cru, prétendus sages, que le grain de la philosophie pouvait

---

(1) *Accusateur public,* n° 2, p. 22, lignes 19 et 20.

germer sur un terrain ingrat, aride et sans culture? Et dans vos paradoxes effrénés et vos abstractions métaphysiques, comptiez-vous pour rien les passions des hommes? » etc. (1).

Rousseau a fait le portrait des philosophes sans se douter qu'il faisait le sien : il serait inutile de citer ici ce morceau frappant que tout le monde connait (2) ; mais il y a un mot qui mérite particulièrement d'être remarqué : « *Si je comptais les voix, dit-il, chacun n'avait que la sienne.* » Voilà tout à la fois la condamnation de la philosophie et le brevet de philosophe infligé à Rousseau par Rousseau lui-même. Qu'est-ce que la philosophie *dans le sens moderne? C'est la substitution de la raison individuelle aux dogmes nationaux :* et c'est à quoi Rousseau a travaillé toute sa vie, son indomptable orgueil l'ayant brouillé constamment avec tout sorte d'autorité. Rousseau est donc un *philosophe*, puisqu'il *n'a que sa voix* qui n'a pas le moindre droit sur celle des autres.

Il existe un livre intitulé : *De Jean-Jacques Rousseau considéré comme auteur de la Révolution*, 2 vol. in-8 (3). Ce livre et la statue de bronze que la Convention nationale à décernée à Rousseau sont peut-être les plus grand opprobre qui ait jamais flétri la mémoire d'aucun écrivain.

---

(1) *Accusateur public*, n° 2, p. 22, lignes 19 et 20.

(2) *Émile*, chant 11e.

(3) Ce livre est une preuve tout à la fois risible et déplorable de l'impétuosité française et de la précipitation de jugement qui est

Voltaire dispute cependant à Rousseau l'effroyable honneur d'avoir fait la Révolution française, et il a de grandes autorités en sa faveur.

C'est à lui que Frédéric II écrivait : « L'édifice de la superstition, sapé par les fondements, va s'écrouler, et les nations transcriront dans les annales que Voltaire fut le promoteur de cette Révolution qui se fit au XVIII⁰ siècle dans l'esprit public (1). »

C'est lui qui écrivait à Frédéric : « Nous perdons le goût, mais nous acquérons la pensée ; il y a surtout un M. Turgot qui serait digne de parler à Votre Majesté. Les prêtres sont au désespoir : voilà le commencement d'une grande révolution ; cependant on n'ose pas encore se déclarer ouvertement ; on mine

---

le caractère particlier de cette nation. La Révolution n'est pas terminée, rien n'en fait présager la fin. Elle a déjà produit les plus grands malheurs, elle en annonce de plus grands encore ; et tandis que tous ceux qui ont pu contribuer de quelque manière à ce renversement terrible devraient se cacher sous terre, voilà qu'un enthousiaste de Rousseau le présente comme l'auteur de cette Révolution, pour le recommander à l'admiration et à la reconnaissance des hommes ; et, pendant que l'auteur écrit son livre, la Révolution enfante tous les crimes, tous les malheurs imaginables et couvre une nation infortunée d'un opprobre peut-être ineffaçable.

(1) Le roi de Prusse à Voltaire. *(Œuvres* de ce dernier, t. LXXXVI, p. 248.)

en secret le palais de l'imposture fondé depuis 1775 années (1). »

C'est de lui que Rabaud de Saint-Etienne a dit : « Tous les principes de la liberté, toutes les semences de la Révolution sont renfermées dans ses écrits ; il l'avait prédite, et il la faisait (2). »

Au fond, la gloire d'avoir fait la Révolution n'appartient exclusivement ni à Voltaire ni à Rousseau. Toute la secte philosophique en revendique sa part ; mais il est juste de les considérer comme les coryphées : l'un a sapé la politique en corrompant la morale, et l'autre a sapé la morale en corrompant la politique. Les écrits corrosifs de Voltaire ont rongé pendant soixante ans le ciment très chrétien de ce superbe édifice dont la chute a fait tressaillir l'Europe. C'est Rousseau dont l'éloquence entraînante a séduit la foule sur laquelle l'imagination a plus de prise que la raison. Il a soufflé de toute part le mépris de l'autorité et l'esprit d'insurrection. C'est lui qui a tracé le code de l'anarchie, et qui, au milieu de quelques vérités isolées et stériles que tout le monde savait avant lui, a posé les principes désastreux dont les horreurs que nous avons vues ne sont que les conséquences immédiates. Tous les deux ont été portés solennellement au Panthéon

----

(1) Voltaire au roi de Prusse, 3 août 1775. *(Œuvres* de ce dernier, t. LXXXVII, p. 185.)

(2) *Précis de l'Histoire de la Révolution*, t. I, p. 15.

en vertu d'un décret de la Convention nationale qui a condamné ainsi leur mémoire au dernier supplice.

Qu'on s'extasie maintenant sur l'influence de Voltaire et de ses semblables : qu'on nous parle de la *puissance* qu'ils ont exercée sur leur siècle. Oui, ils ont été puissants comme les poisons et les incendies.

Partout où la raison individuelle domine, il ne peut exister rien de grand : car tout ce qu'il y a de grand repose sur une croyance, et le choc des opinions particulières livrées à elles-mêmes ne produit que le scepticisme qui détruit tout. Morale universelle et particulière, religion, lois, coutumes vénérées, préjugés utiles, rien ne subsiste, tout se fond devant lui : c'est le dissolvant universel.

Revenons toujours aux idées simples. Une *institution* quelconque n'est qu'un édifice politique. Au physique et au moral, les lois sont les mêmes ; vous ne pouvez asseoir un grand édifice sur des fondements étroits, ni un édifice durable sur une base mouvante ou passagère. Si l'on veut donc, dans l'ordre politique, bâtir en grand et bâtir pour les siècles, il faut s'appuyer sur une opinion, sur une croyance *large* et profonde : car si l'opinion ne domine pas la majorité des esprits et si elle n'est pas profondément enracinée, elle ne fournira qu'une base *étroite* et passagère.

Or, si l'on recherche quelles sont les grandes et solides bases de toutes les institutions possibles du premier ou du second ordre, on trouve toujours la religion et le patriotisme.

Et si l'on y réfléchit encore plus attentivement, on trouvera que ces deux choses se confondent ; car il n'y a pas de véritable patriotisme sans religion : on ne le voit briller que dans les siècles de croyance, et toujours il décline et meurt avec elle. Dès que l'homme se sépare de la divinité, il se gangrène et gangrène tout ce qu'il touche. Son action est fausse, et il ne s'agite que pour détruire. A mesure que ce lien puissant s'affaiblit dans un Etat, toutes les vertus conservatrices s'affaiblissent dans la même proportion ; tous les caractères se dégradent, et les bonnes actions même sont mesquines. L'homicide égoïsme pousse sans relâche l'esprit public et le fait reculer devant lui, comme ces glaces énormes des hautes Alpes, qu'on voit avec effroi s'avancer insensiblement sur le domaine de la vie et courber devant elles les végétaux utiles.

Mais dès que l'idée de la divinité est le principe de l'action humaine, cette action est féconde, créatrice, invincible. Une force inconnue se fait sentir de toute part, anime, échauffe, vivifie tout. De quelques erreurs, de quelques crimes que l'ignorance et la corruption humaines souillent cette auguste idée, elle n'en conserve pas moins son inconcevable influence. Au milieu des massacres, les hommes se multiplient, et les nations déploient une vigueur étourdissante. « Autrefois, » dit Rousseau, « la Grèce florissait au sein des plus cruelles guerres : le sang y coulait à flots, et tout le pays était couvert d'hommes (1). » Sans doute ; mais c'est que

---

(1) *Contrat social*, l. III, ch. x. Note.

c'était alors le siècle des prodiges et des oracles, le siècle de la *foi* à la manière des hommes de ce temps,
c'est-à-dire le siècle du patriotisme exalté. Quand
on a dit du grand Etre qu'il existe, on n'a rien dit
encore : il faut dire qu'il est l'*Existence*. « C'est un
réellement étant qui par *un seul maintenant* emplit *le
toujours* (1) » Une goutte de cet Océan incommensu-
rable d'existence semble se détacher et tomber sur
l'homme qui parle et agit au nom de la divinité : son
action étonne et donne une idée de la création. Les
siècles s'écoulent, et son ouvrage reste. Tout ce qu'il y
a parmi les hommes de grand, de bon, d'aimable, de
vrai, de durable, tient à l'*Existence source de toutes les
existences ; hors d'elle* il n'y a qu'erreur, putréfaction
et néant.

------

(1) PLUTARQUE. *Œuvres morales*, dissertation sur le mot EI.

CHAPITRE XIII

ÉCLAIRCISSEMENT NÉCESSAIRE

Je dois prévenir une objection. En reprochant à
la philosophie humaine les maux qu'elle nous a faits,
ne risque-t-on point d'aller trop loin et d'être injuste
à son égard, en se jetant dans un excès contraire?

Sans doute, il faut se garder de l'enthousiasme ;
mais il semble qu'à cet égard il y a une règle certaine
pour juger la philosophie. Elle est utile lorsqu'elle ne
sort point de sa sphère, c'est-à-dire du cercle des
sciences naturelles : dans ce genre tous ses essais sont
utiles, tous ses efforts méritent notre reconnaissance.
Mais dès qu'elle met le pied dans le monde moral, elle
doit se souvenir qu'elle n'est plus chez elle. C'est la
raison générale qui tient le sceptre dans ce cercle ;
et la philosophie, c'est-à-dire la raison individuelle,
devient nuisible et par conséquent coupable si elle
ose contredire ou mettre en question les lois sacrées de
cette souveraine, c'est-à-dire les dogmes nationaux :
son devoir est donc, lorsqu'elle se transporte dans
l'empire de cette souveraine, d'agir dans le même sens
qu'elle. Au moyen de cette distinction dont je ne crois
pas qu'il soit possible de contester l'exactitude, on sait
à quoi s'en tenir sur la philosophie : elle est bonne
lorsqu'elle se tient dans ses domaines ou qu'elle n'entre
dans l'étendue d'un empire supérieur au sien qu'ei

qualité d'alliée et même de sujette ; elle est détestable lorsqu'elle y entre comme rivale ou ennemie.

Cette distinction sert à juger les siècles où nous vivons et celui qui l'a précédé : tous les grands hommes du xviiᵉ siècle sont surtout remarquables par un caractère général de respect et de soumission pour toutes les lois civiles et religieuses de leurs pays. Vous ne trouverez dans leurs écrits rien de téméraire, rien de paradoxal, rien de contraire aux dogmes nationaux qui sont pour eux des données, des maximes, des axiomes sacrés qu'ils ne mettent jamais en question.

Ce qui les distingue, c'est un bon sens exquis dont le mérite prodigieux n'est bien senti que par les hommes qui ont échappé à l'influence du faux goût moderne. Comme ils s'adressent toujours à la conscience des lecteurs et que la conscience est infaillible, il semble qu'on a toujours pensé ce qu'ils ont pensé, et les esprits sophistiques se plaignent qu'on ne trouve *rien de nouveau* dans leurs ouvrages, tandis que leur mérite est précisément de revêtir de couleurs brillantes ces vérités générales qui sont de tous les pays et de tous les lieux, et sur lesquelles repose le bonheur des empires, des familles et des individus.

Ce qu'on appelle aujourd'hui *idée neuve, pensée hardie, grande pensée*, s'appellerait presque toujours, dans le dictionnaire des écrivains du siècle dernier, *audace criminelle, délire* ou *attentat :* les faits montrent de quel côté se trouve la raison (1).

____

(1) Une chose bien digne de remarque, c'est que, dans nos temps modernes, la philosophie est devenue impuissante à mesure qu'elle

Je sais que la philosophie, honteuse de ses effroyables succès, a pris le parti de désavouer hautement les excès dont nous sommes les témoins ; mais ce n'est point ainsi qu'on échappe à l'animadversion des sages. Pour le bonheur de l'humanité, les théories funestes se trouvent rarement réunies chez les mêmes hommes

---

est devenue audacieuse : c'est ce que l'imagination mathématique du célèbre Boscowich exprime ainsi :

« In philosophicis et potissimum physico-mathematicis disciplinis... si superius XVII^m sæculum et primos hujusce XVIIIⁱ annos consideremus, quam multis, quam præclaris inventis fœcundum exstitit id omne tempus? Quod quidem si cum hoc præsenti tempore comparetur, patebit sane eo nos jam devenisse ut fere permanens quidam habeatur status, nisi etiam regressus jam cœperit. Qui enim progressus in iis quæ Cartesius in algebræ potissimum applicatione ad geometriam, Galileus ac Hugenius in primis in optica, astronomia, mechanica invenerunt? Quid ea quæ Newtonus protulit pertinentia ad analysim, ad geometriam, ad mechanicam potissimum, quæ ipse, quæ Leibnitzius, quæ universa Bernouillorum familia in calculo infinitesmali vel inveniendo vel promovendo prodiderunt?... At ea omnia centum annorum circiter intervallo prodiderunt ; initio quidem plura confertim, tum sensim pauciora. Ab annis jam triginta » (il écrivait en 1755), « vix quidquam adjectum est et si quid est ejusmodi, sane cum prioribus illis tantis harum disciplinarum incrementis comparari nullo modo potest. An non igitur eo jam devenimus, ut incrementis decrescentibus, brevi debeant decrementa succedere, ut curva illa linea quæ exprimit hujus litteraturæ statum ac vices, iterum ad axem deflexa delabatur et præceps ruat?» (Rog. Jos. Boscowich. S. J. Vaticinium quoddam geometricum, inter supplem. ad Ben. Stay. philos. recent. versibus traditam, Lib. II, t. I, p. 408.)

avec la force d'en tirer les conséquences pratiques.
Mais que m'importe à moi que Spinosa ait vécu tranquille dans un village de Hollande? Que m'importe que
Rousseau, faible, timide et cacochyme, n'ait jamais
eu la volonté ou le pouvoir d'exciter des séditions?
Que m'importe que Voltaire ait défendu Calas pour
se faire mettre dans les gazettes? Que m'importe que,
durant l'épouvantable tyrannie qui a pesé sur la
France, les philosophes, tremblant pour leurs têtes, se
soient renfermés dans une solitude prudente? Dès qu'ils
ont posé des maximes capables d'enfanter tous les
crimes, ces crimes sont leur ouvrage, puisque les criminels sont leurs disciples. Le plus coupable de tous
peut-être n'a pas craint de se vanter publiquement
qu'*après avoir obtenu de grands succès de raison, il
s'était réfugié dans le silence, lorsqu'il n'avait plus été
possible d'écouter la raison* (1) ; mais les succès de *la
raison* n'étaient que l'état intermédiaire par lequel il
fallait passer pour arriver à toutes les horreurs que
nous avons vues. Philosophes ! jamais vous ne vous
disculperez, en vous apitoyant sur l'effet, d'avoir produit la cause. *Vous détestez les crimes*, dites-vous. *Vous
n'avez point égorgé.* Eh bien ! *vous n'avez point égorgé :*
c'est tout l'éloge qu'on peut faire de vous. Mais vous
avez fait égorger. C'est vous qui avez dit au peuple :
« *Le peuple, seul auteur du gouvernement politique, et
distributeur du pouvoir confié en masse ou en différentes*

---

(1) Notice sur la vie de Sieyès par lui-même.

parties à ses magistrats, est éternellement en droit d'inter-
préter son contrat, ou plutôt ses dons, d'en modifier les
clauses, de les annuler et d'établir un nouvel ordre de
choses (1). » C'est vous qui lui avez dit : « *Les lois sont*
toujours utiles à ceux qui possèdent et nuisibles à ceux
qui n'ont rien : d'où il suit que l'état social n'est avanta-
geux aux hommes qu'autant qu'ils ont tous quelque chose
et qu'aucun d'eux n'a rien de trop (2). » C'est vous qui
lui avez dit : « *Tu es souverain : tu peux changer à ton*
gré tes lois, même les meilleures lois fondamentales, même
le pacte social ; et, s'il te plaît de te faire mal à toi- même,
qui est-ce qui a le droit de t'en empêcher(3)? » Tout le
reste n'est qu'une conséquence. L'exécrable Lebon, le
bourreau d'Arras, le monstre *qui arrêtait le fer de la*
guillotine prêt à tomber sur la tête de ses victimes pour
lire des nouvelles aux malheureux étendus sur l'échafaud
et les faisait égorger ensuite (4), qu'a-t-il répondu lorsqu'il a été interrogé à la barre de la Convention nationale par les seuls hommes de l'univers qui n'aient pas
droit de le trouver coupable : « *J'ai fait exécuter, dit-il*
des lois terribles, des lois qui vous ont fait pâlir. J'ai
tort... On peut me traiter comme j'ai traité les autres.
Quand j'ai rencontré des hommes à principes, je me suis
laissé conduire par eux. CE SONT SURTOUT LES

---

(1) Mably, cité par le trad. de Needham, t. I, p. 21.

(2) *Contrat social*, liv. II, ch. ix.

(3) *Contrat social*, liv. II, ch. xii ; liv. III, ch. viii.

(4) *Nouvelles politiques nationales et étrangères*, 1795, n° 272,
p. 1088.

PRINCIPES DE J.-J. ROUSSEAU QUI M'ONT TUÉ (1). »

Il avait raison. Le tigre qui déchire fait son métier : le vrai coupable est celui qui le démuselle et le lance sur la société. Ne croyez pas vous absoudre par vos *thrénodies* affectées sur Marat et Robespierre. Écoutez une vérité : partout où vous serez et où l'on aura le malheur de vous croire, il y aura de pareils monstres, car toute société renferme des scélérats qui n'attendent, pour la déchirer, que d'être débarrassés du frein des lois ; mais, sans vous, Marat et Robespierre n'auraient point fait de mal, parce qu'ils auraient été contenus par ce frein que vous avez brisé.

---

(1) Séance du 6 juillet 1795. *Quotidienne* ou *Tableau de Paris*, n° 139, p. 4.

LIVRE SECOND

DE LA NATURE

DE LA SOUVERAINETÉ

CHAPITRE PREMIER

DE LA NATURE DE LA SOUVERAINETÉ EN GÉNÉRAL

Toute espèce de souveraineté est absolue de sa nature ; qu'on la place sur une ou plusieurs têtes, qu'on divise, qu'on organise les pouvoirs comme on voudra : il y aura toujours, en dernière analyse, un pouvoir absolu qui pourra faire le mal impunément, qui sera donc *despotique* sous ce point de vue, dans toute la force du terme, et contre lequel il n'y aura d'autre rempart que celui de l'insurrection.

Partout où les pouvoirs sont divisés, les combats de ces différents pouvoirs peuvent être considérés comme

les délibérations d'un souverain unique, dont la raison
balance le *pour* et le *contre*. Mais dès que le parti est
pris, l'effet est le même de part et d'autre et la volonté
du souverain quelconque est toujours invincible.

De quelque manière qu'on définisse et qu'on place
la souveraineté, toujours elle est une, inviolable et
absolue. Prenons, par exemple, le gouvernement
anglais : l'espèce de trinité politique qui le constitue
n'empêche point que la souveraineté ne soit une, là
comme ailleurs ; les pouvoirs se balancent ; mais dès
qu'ils sont d'accord il n'y a plus qu'une volonté qui
ne peut être contrariée par aucune autre volonté
légale, et Blackstone a eu raison de dire que le roi et
le Parlement d'Angleterre réunis peuvent tout.

Le souverain ne peut donc être jugé : s'il pouvait
l'être, la puissance qui aurait ce droit serait souveraine, et il y aurait deux souverains, ce qui implique
contradiction. L'autorité souveraine ne peut pas plus se
modifier que s'aliéner : *la limiter*, c'est la *détruire*. *Il est
absurde et contradictoire que le souverain reconnaisse un
supérieur* (1) ; le principe est si incontestable que là
même où la souveraineté est divisée comme en Angleterre, l'action d'un pouvoir sur l'autre se borne à la
résistance. La Chambre des Communes peut refuser
un impôt aux instances du ministère ; la Chambre des
Pairs peut refuser son assentiment à un bill proposé
par l'autre, et le roi à son tour peut refuser le sien au
bill proposé par les deux chambres. Mais si vous donnez

---

(1) *Contrat social*, liv. III, ch. XVI.

au roi le pouvoir de juger et de punir la Chambre
basse, pour avoir refusé un impôt par caprice ou par
méchanceté, si vous lui attribuez le droit de forcer le
consentement des Pairs, lorsqu'il lui paraîtra qu'ils
ont repoussé sans raison un bill agréé par les Communes ; si vous investissez l'une des Chambres, ou
toutes les deux, du droit de juger et de punir le roi
pour avoir abusé du pouvoir exécutif, il n'y a plus de
gouvernement : le pouvoir qui juge est tout, celui qui
est jugé n'est rien, et la Constitution est dissoute.

L'Assemblée *constituante* des Français ne se montra
jamais plus étrangère à tous les principes politiques,
que lorsqu'elle osa décréter les cas où le roi serait censé
avoir abdiqué la royauté (1). Ces lois détrônaient le roi
formellement ; elles décrétaient tout à la fois qu'il y
aurait un roi et qu'il n'y en aurait point, ou, en d'autres
termes, que la souveraineté ne serait pas souveraine.

On n'excuserait point cette impéritie en observant
que, dans le système de l'Assemblée, le roi n'était
point souverain. Cette objection en serait une, si
l'Assemblée des représentants était elle-même souveraine ; mais, dans le système de cette Constitution,
l'Assemblée nationale n'est pas plus souveraine que le
roi : c'est la nation seule qui possède la souveraineté,
mais cette souveraineté n'est que métaphysique. La
souveraineté *palpable* est tout entière entre les mains
des représentants et du roi, c'est-à-dire des représentants électifs et du représentant héréditaire. Donc,

____

(1) *Constitut. française de* 1791, ch. II, sect. 1.

jusqu'au moment où le peuple jugera à propos de se remettre, par l'insurrection, en possession de la souveraineté, elle est tout entière entre les mains de ceux qui l'exercent : en sorte que tous les pouvoirs, les uns à l'égard des autres, sont indépendants ou ne sont rien.

Plus on examinera cette question, et plus on se convaincra que la souveraineté, même partielle, ne peut être jugée, déplacée ni punie, en vertu d'une loi : car nul pouvoir ne pouvant posséder une force coercitive sur lui-même, toute puissance *amenable* devant un autre pouvoir est nécessairement sujette de ce pouvoir, puisqu'il fait des lois qui la dominent. Et s'il a pu faire ces lois, qui l'empêchera d'en faire d'autres, de multiplier les cas de félonie et d'abdication présumée, de créer les délits dont il aura besoin, et enfin de juger sans lois? Cette fameuse *division des pouvoirs*, qui a si fort agité les têtes françaises, n'existe réellement pas dans la Constitution française de 1791.

Pour qu'il y eût eu réellement division de pouvoirs, il aurait fallu que le roi eût été investi d'une puissance capable de balancer celle de l'Assemblée et de juger même les représentants dans certains cas, comme il pouvait en être jugé dans d'autres ; mais le roi n'avait point cette puissance : en sorte que tous les travaux des législateurs n'aboutissent réellement qu'à créer un pouvoir unique et sans contrepoids, c'est-à-dire une *tyrannie*, si l'on fait consister la liberté dans la division des pouvoirs.

C'était bien la peine de *tourmenter* l'Europe, de lui enlever peut-être quatre millions d'hommes, d'écraser une nation sous le poids de tous les malheurs possibles, et de la souiller de crimes *inconnus aux enfers!!!*

Mais revenons à l'unité souveraine : si l'on réfléchit attentivement sur ce sujet, on trouvera peut-être que la *division des pouvoirs,* dont on a tant parlé, ne tombe jamais sur la souveraineté proprement dite qui appartient toujours à *un* corps. En Angleterre, le véritable souverain est le roi. Un Anglais n'est pas sujet du Parlement ; et quelque puissant, quelque respectable que soit ce corps illustre, personne ne s'avise de l'appeler *souverain.* Qu'on examine tous les gouvernements possibles qui ont le droit ou la prétention de s'appeler *libres :* on verra que les *pouvoirs* qui semblent posséder une portion de la souveraineté ne sont réellement que des contrepoids ou des modérateurs qui règlent et ralentissent la marche du véritable souverain. Peut-être qu'on ne définirait pas mal le Parlement d'Angleterre : « le *Conseil nécessaire du roi* » ; peut-être est-il quelque chose de plus ; peut-être suffit-il qu'on le croie. Ce qui est, est bon ; ce qu'on croit, est bon ; tout est bon, excepté les prétendues créations de l'homme.

Dans certains gouvernements aristocratiques, ou mêlés d'aristocratie et de démocratie, la nature de ces gouvernements est telle que la souveraineté de droit doit appartenir à un certain corps, et la souveraineté de fait à un autre : et l'équilibre consiste dans la crainte ou l'inquiétude habituelle que le premier inspire au second. Les temps anciens et les temps modernes fournissent des exemples de ces sortes de gouvernements.

De plus longs détails sur cet objet particulier

seraient déplacés ici ; il nous suffit de savoir que toute souveraineté est nécessairement *une* et nécessairement *absolue*. Le grand problème ne serait donc point d'empêcher le souverain *de vouloir invinciblement*, ce qui implique contradiction ; mais de l'empêcher *de vouloir injustement*.

On a beaucoup critiqué les jurisconsultes romains pour avoir dit que le prince est *au-dessus des lois (princeps solutus est legibus)*. On aurait été plus indulgent à leur égard si l'on avait observé qu'ils n'entendaient parler que des lois civiles, ou, pour mieux dire, des formations qu'elles établissent pour les différents actes civils.

Mais quand ils auraient entendu que le prince peut violer impunément les lois morales, c'est-à-dire sans pouvoir être jugé, ils n'auraient avancé qu'une vérité, triste sans doute, mais incontestable.

Quand je serais forcé de convenir qu'on a *droit* de massacrer Néron, jamais je ne conviendrai qu'on ait celui de le juger : car la loi en vertu de laquelle on le jugerait serait faite par lui ou par un autre, ce qui supposerait ou une loi faite par un souverain contre lui-même, ou un souverain au-dessus du souverain : deux suppositions également inadmissibles.

En considérant les gouvernements où les pouvoirs sont divisés, il est plus aisé de croire que le souverain peut être jugé, à cause de l'action de chacun de ces pouvoirs qui agit sur l'autre et qui, forçant son action dans certaines occasions extraordinaires, opère des insurrections du second genre qui ont beaucoup moins d'inconvénients que les insurrections proprement dites, ou populaires. Mais il faut se garder d'un paralogisme où l'on tombe aisément, si l'on ne considère que l'un des pouvoirs. Il faut les envisager dans leur réunion et se demander si la volonté souveraine qui résulte de leurs volontés réunies peut être arrêtée, contrariée ou punie?

On trouvera d'abord que tout souverain est despotique, et qu'il n'y a que deux partis à prendre à son égard : l'obéissance ou l'insurrection.

On peut soutenir, à la vérité, que, quoique toutes les volontés souveraines soient également absolues, il ne s'ensuit pas qu'elles soient également aveugles ou vicieuses, et que les gouvernements républicains ou mixtes sont supérieurs à la monarchie, précisément en ce que les déterminations souveraines y sont, en général, plus sages et plus éclairées.

C'est en effet une des considérations principales qui doit servir d'élément à l'examen important de la supériorité de tel ou tel gouvernement sur l'autre.

On trouvera en second lieu qu'il est parfaitement égal d'être *sujet* d'un souverain ou d'un autre.

CHAPITRE II

DE LA MONARCHIE

On peut dire en général que tous les hommes naissent pour la monarchie. Ce gouvernement est le plus ancien et le plus universel (1). Avant l'époque de Thésée, il n'est pas question de république dans le monde ; la démocratie surtout est si rare et si passagère, qu'il est permis de n'en pas tenir compte. Le gouvernement monarchique est si naturel, que les hommes l'identifient sans s'en apercevoir avec la souveraineté ; ils semblent convenir tacitement qu'il n'y a pas de véritable *souverain* partout où il n'y a pas de roi. J'en ai donné quelques exemples qu'il serait aisé de multiplier.

---

(1) *In terris nomen imperii* [*Regium*] *id primum fuit.* (SALL., *Cat.*, 2.) — *Omnes antiquæ gentes regibus quondam paruerunt.* (CICER., *de Leg.* III, 2.) — *Natura commenta est regem.* (SENEC., *De Clem.*, 1.) — Dans le nouveau monde, qui est aussi un monde nouveau, les deux peuples qui avaient fait d'assez grands pas vers la civilisation, les Mexicains et les Péruviens, étaient gouvernés par des rois ; et, chez les sauvages même, on trouva les rudiments de la monarchie.

Cette observation est surtout frappante dans tout ce qu'on a dit pour ou contre la question qui fait l'objet du premier livre de cet ouvrage. Les adversaires de l'origine divine en veulent toujours aux *rois* et ne parlent que de *rois*. Ils ne veulent pas croire que l'autorité des rois vienne de Dieu ; mais il ne s'agit point de *royauté* en particulier : il s'agit de *souveraineté* en général. Oui, toute souveraineté vient de Dieu ; sous quelque forme qu'elle existe, elle n'est point l'ouvrage de l'homme. Elle est une, absolue, et inviolable de sa nature. Pourquoi donc s'en prend-on à la royauté, comme si les inconvénients dont on s'appuie pour combattre ce système n'étaient pas les mêmes dans toute espèce de gouvernement? C'est que, encore une fois, la royauté est le *gouvernement naturel*, et qu'on la confond avec la souveraineté dans le discours ordinaire, en faisant abstraction des autres gouvernements comme on néglige l'exception en énonçant une règle générale.

J'observerai à ce sujet, que la division vulgaire des gouvernements en trois espèces, le monarchique, l'aristocratique et le démocratique, repose absolument sur un préjugé grec qui s'est emparé des écoles, à la renaissance des lettres, et dont nous n'avons pas su nous défaire. Les Grecs voyaient toujours l'univers dans la Grèce ; et comme les trois espèces de gouvernements se balançaient assez dans ce pays, les politiques de cette nation imaginèrent la division générale dont je vous parle. Mais si l'on veut être exact, la logique rigoureuse ne permet point d'établir un genre sur une exception, et, pour s'exprimer exactement, il faudrait dire : « les hommes en général sont gouvernés par des rois. On voit cependant des nations où la souveraineté appartient à plusieurs, et ces gouvernements peuvent s'appeler aristocratie ou démocratie, suivant LE NOMBRE des personnes qui forment LE SOUVERAIN ».

Il faut toujours rappeler les hommes à l'histoire qui est le premier maître en politique, ou pour mieux dire le seul. Quand on dit que l'homme est né pour la liberté, on dit une phrase qui n'a point de sens.

Si un être d'un ordre supérieur entreprenait l'*histoire naturelle* de l'homme, certainement c'est dans l'histoire des faits qu'il chercherait ses instructions. Quand il saurait ce que l'homme est, et ce qu'il a toujours été, ce qu'il fait et ce qu'il a toujours fait, il écrirait ; et sans doute, il repousserait comme une folie, l'idée que l'homme n'est pas ce qu'il doit être et que son état est contraire aux lois de la création. L'énoncé seul de cette proposition la réfute suffisamment.

L'histoire est la politique expérimentale, c'est-à-dire la seule bonne ; et comme, dans la physique, cent volumes de théories spéculatives disparaissent devant une seule expérience, de même, dans la science politique, nul système ne peut être admis s'il n'est pas le corollaire plus ou moins probable de faits bien attestés.

Si l'on demande quel est le gouvernement le plus naturel à l'homme, l'histoire est là qui répond : *C'est la monarchie.*

Ce gouvernement a ses inconvénients sans doute, comme tous les autres ; mais toutes les déclamations

qui remplissent les livres du jour sur ces sortes d'abus
font pitié. C'est l'orgueil qui les enfante et non la
raison. Dès qu'il est rigoureusement démontré que les
peuples ne sont pas faits pour le même gouvernement,
que chaque nation a le sien qui est le meilleur pour elle ;
dès que « la liberté, » surtout, « n'est pas à la portée de
tous les peuples, et que plus on médite ce principe
établi par Montesquieu, plus on en sent la vérité (1), »
on ne conçoit plus ce que signifient les dissertations sur les vices du gouvernement monarchique.
Si elles ont pour but de faire sentir plus vivement
ces abus aux malheureux destinés à les supporter, c'est un passetemps bien barbare ; si c'est
pour les engager à se révolter contre un gouvernement fait pour eux, c'est un crime qui n'a point de
nom.

Mais les sujets des monarchies n'en sont point
réduits à se sauver du désespoir par des méditations
philosophiques ; ils ont quelque chose de mieux à faire,
c'est de se pénétrer de l'excellence de ce gouvernement,
et d'apprendre à ne rien envier aux autres.

Rousseau, qui n'a pu de sa vie pardonner à Dieu de
ne l'avoir pas fait naître duc et pair, a montré beaucoup de colère contre un gouvernement qui ne vit que
de distinctions. Il se plaint surtout de la succession
héréditaire qui expose les peuples « à se donner pour
chefs des enfants, des monstres, des imbéciles, pour

---

(1) *Contrat social*, liv. III, ch. viii.

éviter l'inconvénient d'avoir à disputer sur le choix des bons rois (1). »

On ne répond plus à cette objection de femme de chambre ; mais il est utile d'observer à quel point cet homme était infatué de ses fausses idées sur l'action humaine. « Un roi mort, » dit-il, « il en faut un autre ; les élections laissent des intervalles dangereux ; elles sont orageuses... La brigue et la corruption s'en mêlent. Il est difficile que celui à qui l'état s'est vendu ne le vende pas à son tour, etc... Qu'a-t-on fait pour prévenir ces maux? On a rendu les couronnes héréditaires dans certaines familles, etc. »

Ne dirait-on pas que toutes les monarchies furent d'abord électives, et que les peuples, *considérant* les inconvénients infinis de ce gouvernement, s'étaient déterminés ensuite *dans leur sagesse* pour la monarchie héréditaire?

On sait comme cette supposition s'accorde avec l'histoire ; mais ce n'est pas de quoi il s'agit. Ce qu'il importe de répéter, c'est que jamais un peuple ne s'est donné un gouvernement ; que toute idée de convention et de délibération est chimérique, et que toute souveraineté est une création.

Certaines nations sont destinées, peut-être *condamnées* à la monarchie élective : la Pologne, par exemple, était soumise à ce mode de souveraineté. Elle a fait un effort en 1791 pour changer sa constitution

---

(1) *Contrat social,* liv. III, ch. vi.

en mieux. Voyez ce qu'il a produit : on pouvait en prédire l'issue à coup sûr. La nation était trop d'accord ; il y avait trop de raisonnement, de prudence, trop de philosophie dans cette grande entreprise ; la noblesse, par un généreux dévouement, renonçait au droit qu'elle avait à la couronne. Le tiers-état entrait dans l'administration ; le peuple était soulagé, il acquérait des droits sans insurrection ; l'immense majorité de la nation et même de la noblesse donnait les mains au nouveau projet : un roi humain et philosophe l'appuyait de toute son influence ; la couronne était fixée dans une maison illustre déjà *parente* de la Pologne et que les qualités personnelles de son chef recommandaient à la vénération de l'Europe. Y pense-t-on? Rien n'était plus *raisonnable :* c'était l'impossibilité même. Plus une nation sera d'accord sur une nouvelle constitution, plus il y aura de volontés réunies pour sanctionner le changement, plus il y aura d'ouvriers unis de sentiments pour élever le nouvel édifice, plus surtout il y aura de lois écrites calculées *à priori*, et plus il sera prouvé que ce que la multitude veut n'arrivera pas. Ce sont les armes de la Russie, dira-t-on, qui ont renversé la nouvelle constitution polonaise. Eh ! sans doute, il faut bien toujours qu'il y ait une cause, celle-là ou une autre, qu'importe ?

Si un palefrenier polonais ou une servante de cabaret se disant envoyés du ciel avaient entrepris ce même ouvrage, il eût pu sans doute ne pas réussir ; mais enfin il eût été au rang des choses possibles, car dans ce cas il n'y aurait eu aucune proportion entre la cause et

l'effet, condition invariable dans les créations politiques, afin que l'homme sente qu'il ne peut y concourir que comme instrument, et que la masse des
hommes née pour obéir ne stipule jamais les conditions
de son obéissance.

Si quelque philosophe s'attriste sur cette dure condition de la nature humaine, le père de la poésie italienne
pourra le consoler (1).

Passons à l'examen des caractères principaux du
gouvernement monarchique.

Mirabeau a dit quelque part, dans son livre sur la
monarchie prussienne : « Un roi est une idole qu'on
met là, etc. » Mettant à part *la forme répréhensible de
cette pensée*, il est certain qu'il a raison. Oui, sans
doute, le roi est là, au milieu de tous les pouvoirs,
comme le soleil est là au milieu des planètes : il régit et
il anime.

La monarchie est une aristocratie *centralisée*. Dans
tous les temps et dans tous les lieux l'aristocratie commande. Quelque forme qu'on donne aux gouvernements, toujours la naissance et les richesses se
placent au premier rang, et nulle part elles ne règnent
plus durement que là où leur empire n'est pas fondé

---

(1)   *Vuolsi cosi cola dove si puote
               Cio che si vuole e piu non dimandare.*

                              (DANTE. *Enfer*, ch. III.)

Homme, veux-tu dormir tranquille? Pose ta folle tête sur cet
oreiller.

sur la loi. Mais, dans la monarchie, le roi est le centre
de cette aristocratie : c'est bien elle qui commande
comme partout ; mais elle commande au nom du roi,
ou, si l'on veut, c'est le roi éclairé par les lumières de
l'aristocratie.

« C'est un sophisme très familier aux politiques
royaux, » dit encore Rousseau, « de donner libéra-
lement à ce magistrat (le roi) toutes les vertus dont il
aurait besoin, et de supposer toujours que le prince est
ce qu'il devrait être (1). »

Je ne sais quel politique royal a fait cette supposition
étrange : Rousseau aurait bien dû le citer. Comme il
lisait fort peu, il est probable qu'il a supposé cette
assertion, ou qu'il l'a prise dans quelque épître dédi-
catoire.

Mais, en évitant toujours les exagérations, on peut
assurer que le gouvernement d'un seul est celui où les
vices du souverain influent le moins sur les peuples
gouvernés.

On a dit dernièrement, à l'ouverture du Lycée
républicain de Paris, une vérité bien remarquable :

« Dans les gouvernements absolus (2), les fautes du
maître ne peuvent être tout perdre à la fois, parce
que sa volonté seule ne peut pas tout faire ; mais un
gouvernement républicain est obligé d'être essentiel-

---

(1) *Contrat social*, liv. ch. vi.

(2) Il fallait dire *arbitraires :* car tout gouvernement est
absolu.

lement raisonnable et juste, parce que la volonté générale, une foi égarée, entraîne tout (1). »

Cette observation est de la plus grande justesse : il s'en faut infiniment que la volonté du roi fasse tout dans la monarchie. Elle est censée tout faire, et c'est le grand avantage de ce gouvernement ; mais, dans le fait, elle ne sert guère qu'à centraliser les conseils et les lumières. La religion, les lois, les coutumes, l'opinion, les privilèges des ordres et des corps contiennent le souverain et l'empêchent d'abuser de sa puissance ; il est même bien remarquable que les rois sont accusés bien plus souvent de manquer de volonté que d'en abuser. C'est toujours le conseil du prince qui régit.

Mais l'aristocratie *pyramidale* qui administre l'État dans les monarchies a des caractères particuliers qui méritent toute notre attention.

Dans tous les pays et dans tous les gouvernements possibles, les grands emplois appartiendront toujours (sauf exception) à l'aristocratie, c'est-à-dire à la noblesse et à la richesse le plus souvent réunies. Aristote, en disant que la chose *doit être ainsi*, énonce un axiome politique dont le simple bon sens et l'expérience

---

(1) Discours prononcé à l'ouverture du Lycée républicain, le 31 décembre 1794, par M. de la Harpe. *(Journal de Paris,* 1795, n° 114, p. 461.)

Dans le morceau qu'on vient de lire, le professeur du Lycée dit une terrible vérité à la République, et il ressemble fort à un homme d'esprit converti.

de tous les âges ne permettent pas de douter. Ce privilège de l'aristocratie est réellement une loi naturelle (1).

Or c'est un des grands avantages du gouvernement monarchique que l'aristocratie y perd, autant que la nature des choses le permet, tout ce qu'elle peut avoir d'offensant pour les classes inférieures. Il est important d'en pénétrer les raisons.

1° Cette espèce d'aristocratie est légale ; c'est une pièce intégrante du gouvernement, tout le monde le sait, et elle n'éveille dans l'esprit de personne l'idée de l'usurpation et de l'injustice. Dans les républiques au contraire, la distinction des personnes existe comme dans les monarchies ; mais elle est plus dure et plus insultante, parce qu'elle n'est point l'ouvrage de la loi, et que l'opinion du peuple la regarde comme une insurrection habituelle contre le principe de l'égalité admis par la Constitution.

Il y avait peut-être autant de distinction de personnes, de morgue, d'*aristocratie* proprement dite à Genève qu'à Vienne. Mais quelle différence dans la cause et dans l'effet !

2° Dès que l'influence de l'aristocratie héréditaire

---

(1) Ἀριστίνδην κὰι πλουτίνδην δει αἱρεῖσθαι τους ἄρχοντας. « Les grandes magistratures appartiennent à la noblesse et à la richesse.» (ARIST., *Polit.*, 2.) — *Optimam rempublicam esse duco,... quæ sit in potestatem optimorum.* (CICER., *De Leg.*, 3, 17.) — « Les principaux du peuple, ceux qu'on appelle aux assemblées ET QUI ONT UN NOM. » *(Nombres, XVI, 2.)*

est inévitable (l'expérience de tous les siècles ne laisse aucun doute sur ce point), ce qu'on peut imaginer de mieux, pour ôter à cette influence ce qu'elle peut avoir de trop fatigant pour l'orgueil des classes inférieures, c'est qu'elle n'établisse point une barrière insurmontable entre les familles de l'État, et qu'aucune d'elles ne soit humiliée par une distinction dont elle ne peut jamais jouir.

Or c'est précisément le cas d'une monarchie assise sur de bonnes lois. Il n'y a point de famille que le mérite de son chef ne puisse faire passer du second ordre dans le premier, indépendamment même de cette agrégation flatteuse, où avant qu'elle n'ait acquis par le temps l'influence qui en fait le prix, tous les emplois de l'État, ou du moins une foule d'emplois, sont placés sur la route du mérite, pour lui tenir lieu des distinctions héréditaires et pour l'en rapprocher (1).

Ce mouvement d'ascension général qui pousse toutes les familles vers le souverain et qui remplit constamment tous les vides que laissent celles qui s'éteignent ; ce mouvement, dis-je, entretient une émulation salutaire, anime la flamme de l'honneur, et tourne toutes les ambitions particulières vers le bien de l'État.

3° Et cet ordre de choses paraîtra encore plus parfait, si l'on songe que l'aristocratie de la naissance et

---

(1) *Lettres d'un royaliste savoisien*, lettre 4, p. 193.

des emplois, déjà rendue très douce par le droit qui appartient à toute famille et à tout individu de jouir à son tour des mêmes distinctions, perd encore tout ce qu'elle pourrait avoir de trop offensant pour les conditions inférieures, par la suprématie universelle du monarque devant laquelle nul citoyen n'est plus puissant que l'autre ; l'homme du peuple, qui se trouve trop petit lorsqu'il se compare à un grand seigneur, se compare lui-même au souverain, et ce titre de *sujet* qui les soumet l'un et l'autre à la même puissance et à la même justice est une espèce d'égalité qui endort les souffrances inévitables de l'amour-propre.

Sous ces deux derniers rapports, le gouvernement aristocratique le cède au monarchique. Dans celui-ci une famille unique est séparée de toutes les autres par l'opinion, et considérée, ou peut s'en faut, comme appartenant à une autre nature. La grandeur de cette famille n'humilie personne, parce que personne ne se compare à elle. Dans le premier cas, au contraire, la souveraineté résidant sur la tête de plusieurs hommes ne fait plus la même impression sur les esprits, et l'individu que le hasard a fait membre du souverain est assez grand pour exciter l'envie, mais pas assez pour l'étouffer.

Dans le gouvernement de plusieurs la souveraineté n'est point une unité ; et quoique les fractions qui la composent représentent théoriquement l'unité, il s'en faut de beaucoup qu'elles fassent la même impression sur l'esprit. L'imagination humaine ne saisit point cet ensemble qui n'est qu'un être métaphysique ; elle se plaît au contraire à détailler chaque unité de la fraction générale, et le sujet respecte moins la souveraineté dont les éléments pris à part ne sont pas assez au-dessus de lui.

De là vient que la souveraineté, dans ces sortes de gouvernements, n'a point la même *intensité*, ni par conséquent la même force morale.

De là vient encore que les emplois, c'est-à-dire le pouvoir délégué par le souverain, obtiennent dans le gouvernement d'un seul une considération extraodinaire et tout à fait particulière à la monarchie.

Dans le gouvernement de plusieurs, les emplois occupés par les *membres du souverain* jouissent de la considération attachée à cette qualité. C'est l'homme qui honore l'emploi : mais, parmi les sujets de ces gouvernements, les emplois élèvent très peu celui qui en est revêtu au-dessus de ses semblables, et ne le rapprochent point des membres du gouvernement.

Dans la monarchie, les emplois, réfléchissant sur le peuple une lumière plus vive, l'éblouissent davantage : ils fournissent une carrière immense à tous les genres de talents et comblent le vide qui se trouverait sans eux entre la noblesse et le peuple. En général, l'exercice du pouvoir délégué fait toujours sortir le fonctionnaire de la classe où l'avait fixé la naissance ; mais l'exercice des grands emplois en particulier rapproche l'homme nouveau du premier ordre et le prépare à la noblesse.

Si l'individu placé par le caprice de la naissance dans le second ordre ne veut pas se contenter de la possibilité de passer dans le premier, et du moyen que lui fournissent les emplois de suppléer, autant que le permet la nature des choses, à cette considération qui ne dépend que du temps, il est clair que cet homme est malade, et, par conséquent, on n'a rien à lui dire.

A tout prendre, on peut avancer sans exagération que la monarchie comporte *autant* et peut-être même *plus* de *liberté* et d'*égalité* que tout autre gouvernement : ce qui ne signifie point que la *polycratie* ne renferme pas un grand nombre d'hommes plus libres qu'on ne l'est, en général, dans les monarchies ; mais que la monarchie donne ou peut donner plus de liberté et d'égalité à un plus grand nombre d'hommes, ce qu'il faut bien remarquer.

Quant à la vigueur de ce gouvernement, personne ne l'a mieux reconnue que Rousseau. « Tout y répond, » dit-il, « au même mobile : tous les ressorts de la machine sont dans la même main ; tout marche au même but ; il n'y a point de mouvements opposés qui s'entredétruisent, et l'on ne peut imaginer aucune sorte de constitution dans laquelle un moindre effort produise une action plus considérable. Archimède, assis tranquillement sur le rivage et tirant sans peine à flot un grand vaisseau, me représente un monarque habile gouvernant de son cabinet ses vastes États, et faisant tout mouvoir en paraissant immobile. »

Le mot *habile* est de trop dans ce morceau. Le gouvernement monarchique est précisément celui qui se passe le mieux de l'habileté du souverain, et c'est peut-être même là le premier de ses avantages. On pourrait tirer plus de parti de la comparaison employée par Rousseau, en la rendant plus exacte. La gloire d'Archimède ne fut pas de tirer à lui la galère d'Hiéron, mais d'avoir imaginé la machine capable d'exécuter ce mouvement : or la monarchie est précisément cette machine. Les hommes ne l'ont point faite, car ils ne créent rien ; elle est l'ouvrage de l'*éternel Géomètre* qui n'a pas besoin de notre consentement pour arranger ses plans ; et le plus grand mérite de l'engin est qu'un homme médiocre peut le mettre en jeu.

Ce mot de ROI est un talisman, une puissance magique qui donne à toutes les forces et à tous les talents une direction centrale. Si le souverain a de grands talents, et si son action individuelle peut concourir immédiatement au mouvement général, c'est un bien sans doute ; mais, à la place de *sa personne*, son *nom* suffit.

Tant que l'aristocratie est saine, que le nom de roi est sacré pour elle, et qu'elle aime la royauté avec passion, l'État est inébranlable, quelles que soient les qualités du roi. Mais dès qu'elle perd sa grandeur, sa fierté, son énergie, sa foi, l'esprit s'est retiré, la monarchie est morte, et son cadavre est aux *vers*.

Tacite a dit en parlant des gouvernements républicains : *Quelques nations ennuyées des rois leur préférèrent des lois* (1). » Il opposait ainsi le règne des lois à celui d'un homme, et comme si l'un excluait l'autre. Ce passage pourrait fournir une dissertation intéressante sur les différences de la monarchie ancienne et moderne. Tacite, sans doute, irrité en secret contre le gouver-

---

(1) *Quidam... postquam regum pertæsum, leges maluerunt...* (TACITE, *Annales*, III, 26.)

nement d'un seul, a pu exagérer ; mais il est vrai aussi
que toutes les monarchies qui se sont formées en
Europe après la chute de l'Empire romain ont un
caractère particulier qui les distingue des monarchies
étrangères à l'Europe ; l'Asie surtout, éternellement la
même, n'a jamais connu que le gouvernement d'un
seul, modifié d'une manière bonne pour elle, mais qui
ne nous convient point. La monarchie grecque même
n'est point la nôtre, et le gouvernement des empereurs
romains n'étant point une monarchie proprement dite,
mais plutôt un despotisme militaire et électif, la plupart des réflexions faites sur ces so tes de gouvernements ne tombent point sur la monarchie européenne.

Peut-être serait-il possible d'exprimer par des raisons métaphysiques pourquoi les monarchies anciennes
étaient autrement constituées que les nôtres ; mais ce
serait tomber dans le défaut trop commun de parler
de tout, à propos de tout. La différence dont je parle
est un fait qu'il suffit de rappeler.

Sans insister sur les nuances, j'indiquerai seulement
un trait caractéristique : c'est que l'antiquité ne dispu-
tait point aux rois le droit de condamner à mort ;
toutes les pages de l'histoire présentent des jugements
de cette nature que les historiens rapportent, sans
aucun signe de désapprobation. C'est encore de même
en Asie où personne ne dispute ce droit aux souverains.

Parmi nous, les idées sont différentes. Qu'un roi, de
son autorité privée, fasse mourir un homme : la sagesse
européenne ne conseillera point le talion ni la rébellion,
mais tout le monde dire : « *C'est un crime.* » A cet

égard il n'y a pas deux manières de penser, et l'opinion est si forte qu'elle nous garde suffisamment.

En général, en convenant même que tous les pouvoirs résident éminemment sur la tête de ses rois, l'Européen ne croit point qu'ils aient droit d'exercer personnellement aucune branche du pouvoir judiciaire : et, en effet, ils ne s'en mêlent point. Les abus à cet égard, ne prouvent rien : la conscience universelle a toujours protesté. C'est là le grand caractère, la physionomie de nos gouvernements. Chaque monarchie d'Europe a sans doute ses traits particuliers, et, par exemple, il ne serait point étonnant de trouver un peu d'*arabisme* en Espagne et en Portugal ; mais toutes ces monarchies ont cependant un air de famille qui les rapproche, et l'on peut dire d'elles avec la plus grande vérité :

> ....Facies non omnibus una ;
> Nec diversa tamen, qualem decet esse sororum.

Je me garderai bien de nier que le christianisme n'ait modifié en bien tous les gouvernements, et que le droit public de l'Europe n'ait été infiniment perfectionné par cette loi salutaire ; mais il faut aussi avoir égard à notre origine commune et au caractère général des peuples septentrionaux qui ont pris la place de l'empire romain en Europe.

« Le gouvernement des Germains, » dit fort bien Hume « et celui de toutes les nations du Nord qui s'établirent sur les ruines de l'empire romain, fut toujours extrêmement libre... Le despotisme de la domination romaine, lequel, avant l'irruption de ces conquérants, avait flétri les âmes et détruit tout principe généreux de science et de vertu, n'était pas capable de résister aux efforts vigoureux d'un peuple libre. Une nouvelle ère commença pour l'Europe : elle se débarrassa des liens de la servitude, et secoua le joug du pouvoir arbitraire sous lequel elle avait gémi si long-temps. Les constitutions libres qui s'établirent alors, quoique altérées, depuis peu, par les usurpations successives d'une longue suite de princes, conservent toujours un certain air de liberté et les traces d'une administration légale qui distinguent les nations d'Europe ; et si cette portion du globe se distingue des autres par des sentiments de liberté, d'honneur, de justice et de valeur, elle doit uniquement ces avantages aux germes plantés par ces généreux barbares (1). »

Ces réflexions sont d'une vérité frappante. C'est au milieu des forêts et des glaces du Nord que nos gouvernements ont pris naissance. C'est là qu'est né le caractère européen ; et, quelques modifications qu'il ait reçues depuis, sous les différents parallèles de l'Europe, nous sommes encore tous frères, *durum genus*. La fièvre qui travaille dans ce moment toutes les nations de cette partie du globe est une grande leçon pour les hommes d'État : *et documenta damus quâ simus origine nati*.

C'est en Asie qu'on a dit : *Il vaut mieux mourir que vivre; il vaut mieux dormir que veiller; il vaut mieux être assis que marcher, etc.*

---

(1) Hume's *History of England*, t. I, appendix I : *The anglo-saxons governement and manners.*

Renversez ces maximes : vous aurez le caractère
européen. Le besoin d'agir et l'inquiétude éternelle sont
nos deux traits caractéristiques. La fureur des entreprises, des découvertes et des voyages n'existe qu'en
Europe (1). Je ne sais quelle force indéfinissable nous
agite sans relâche. Le mouvement est la vie morale
autant que la vie physique de l'Européen ; pour nous,
le plus grand des maux n'est point la pauvreté, ni
l'asservissement, ni la maladie, ni la mort même ; c'est
le repos.

Un des plus grands résultats de ce caractère, c'est
que l'Européen ne supporte qu'avec peine d'être absolument étranger au gouvernement. L'habitant de
l'Asie ne cherche point à pénétrer ce nuage sombre qui
enveloppe ou qui forme la majesté du monarque. Pour
lui son maître est un dieu, et il n'a avec cet être supérieur d'autre rapport que celui de la prière. Les lois du
monarque sont des oracles. Ses grâces sont des dons
célestes, et sa colère est une calamité de l'invincible
nature. Le sujet qui s'honore de s'appeler esclave
reçoit de lui un bienfait comme une rosée, et le cordon
comme un coup de tonnerre.

Voyez cependant comment la suprême sagesse a
balancé ces terribles éléments du pouvoir oriental. Ce
monarque absolu peut être déposé ; on ne lui dispute

----

(1) Un théosophe moderne a remarqué, dans un ouvrage que
tout le monde peut lire avec plaisir comme chef-d'œuvre d'élé-
gance, que tous les grands *navigateurs ont été chrétiens (Homme
de désir*, 1709, p.70, § 40) ; il aurait pu dire de même :*Européens.*

point le droit de demander la tête qui lui déplaît ; mais souvent on lui demande la sienne. Tantôt les lois le privent du sceptre et de la vie ; tantôt la sédition va le saisir sur ce trône élevé et le renverse dans la poudre. Comment donc se trouvent, dans les mêmes âmes, la faiblesse qui se prosterne et l'énergie qui étrangle? Point d'autre réponse que celle de Dante.

Ainsi le veut Celui qui peut tout ce qu'il veut.

Mais il a voulu nous faire autrement. Les séditions sont pour nous des événements rares ; et la plus sage des nations d'Europe, en faisant une loi fondamentale de l'inviolabilité de ses souverains, n'a fait que sanctionner l'opinion universelle de cette partie du monde. Nous ne voulons point qu'on juge les souverains, nous ne voulons point les juger. Les exceptions à cette règle sont rares ; elles n'ont lieu que dans des accès de fièvre, et dès que nous sommes guéris, nous les applons *crimes.* La Providence a dit à tous les souverains de l'Europe : « *Vous ne serez point jugés* » ; mais tout de suite elle ajoute : « *Vous ne jugerez point* » : c'est le prix de ce privilège inestimable.

Tacite, en décrivant, avec son pinceau vigoureux, l'abattement des Romains sous le sceptre des empereurs, appuye sur cette insouciance universelle qui est le premier fruit de la servitude *et qui change la chose publique en chose étrangère* (1).

C'est précisément cette insouciance qui n'est point dans le caractère des Européens modernes. Toujours

---

(1) *Incuria reipublicæ velut alienæ.* (TACITE.)

inquiets, toujours alarmés, le voile qui leur cache les ressorts du gouvernement les dépite ; sujets soumis, esclaves rebelles, ils veulent anoblir l'obéissance et, pour prix de leur soumission, ils demandent le droit de se plaindre et d'éclairer la puissance.

Sous le nom de *Champs de Mars* ou de *Mai*, de *Parlements*, d'*États*, de *Cortès*, d'*Établissements*, de *Diètes*, de *Sénats*, de *Conseils*, etc., tous les peuples de l'Europe moderne se sont mêlés plus ou moins de l'administration sous l'empire de leurs rois.

Les Français, qui exagèrent tout, ont tiré de cette vérité de fait plusieurs conclusions théoriques également funestes, dont la première est « que le Conseil national des rois avait été jadis et devait être encore co-législateur (1) ».

Je ne veut point examiner ici si le Parlement de Charlemagne était réellement législateur ; de grands publicistes ont rendu la question très problématique ; mais supposons l'affirmative prouvée : parce que les assemblées du temps de Charlemagne auraient été *co-législatrices*, faudrait-il en conclure qu'elles dussent l'être aujourd'hui? Non sans doute, et la conclusion contraire serait bien plus sensée. En politique il faut constamment avoir égard à ce que les jurisconsultes appellent le dernier état, et quoiqu'il ne faille point prendre ce mot dans une acception trop restreinte, il ne faut pas non plus lui donner trop d'extension.

---

(1) Je ne parle, comme on le voit assez, que des systèmes monar-hiques qui s'écartaient plus ou moins de ce qu'on appelait l'*ancien régime*.

Lorsque les Francs conquirent les Gaules, ils for-
mèrent par leur mélange avec les Gaulois un peuple
hybride ; mais l'on conçoit assez que ce peuple fut
d'abord plus Franc que Gaulois, et que l'action com-
binée du temps et du climat a dû le rendre chaque jour
plus Gaulois que Franc, en sorte qu'il faut être tout
à la fois très imprudent et très peu instruit pour chercher (du moins mot à mot) le droit public de la France
moderne dans les capitulaires des Carlovingiens.

Qu'on se dépouille de tout préjugé et de tout esprit
de parti ; qu'on renonce aux idées exagérées et à tous
les rêves théoriques enfantés par la fièvre française, le
bon sens européen conviendra des propositions suivantes :

1º Le roi est souverain, personne ne partage la
souveraineté avec lui, et tous les pouvoirs émanent
de lui.

2º Sa personne est inviolable ; nul n'a le droit de le
déposer ni de le juger.

3º Il n'a pas le droit de condamner à mort, ni même
à aucune peine corporelle. Le pouvoir qui punit vient
de lui, et c'est assez.

4º S'il inflige l'exil ou la prison dans des cas dont la
raison d'état peut interdire l'examen aux tribunaux, il
ne saurait être trop réservé, ni trop agir de l'avis d'un
conseil éclairé.

5º Le roi ne peut juger au civil ; les magistrats seuls,
au nom du souverain, peuvent prononcer sur la propriété et sur les conventions.

6º Les sujets ont le droit, par le moyen de certains
corps, conseils ou assemblées différemment composées,

d'instruire le roi de leurs besoins, de lui dénoncer les abus, de lui faire passer légalement leurs *doléances* et leurs *très humbles* remontrances.

C'est dans ces lois sacrées, d'autant plus véritablement constitutionnelles qu'elles ne sont écrites que dans les cœurs, c'est particulièrement dans la communication paternelle du prince et des sujets qu'on trouve le véritable caractère de la monarchie européenne.

Quoi qu'en dise l'orgueil exalté et aveugle du dix-huitième siècle, c'est tout ce qu'il nous faut. Ces éléments, combinés de différentes manières, produisent une infinité de nuances dans les gouvernements monarchiques : on conçoit, par exemple, que les hommes chargés de porter au pied du trône les représentations et les doléances des sujets peuvent former des *corps* ou des *assemblées;* que les membres qui composent ces assemblées ou ces corps peuvent différer par le nombre, par la qualité, par le genre et l'étendue de leurs pouvoirs ; que le mode des élections, l'intervalle et la durée des sessions, etc., varient encore le nombre des combinaisons : *facies non omnibus una;* mais toujours vous trouvez le caractère général, c'est-à-dire, toujours des hommes choisis, portant légalement au père les plaintes et les vœux de la famille : *nec diversa tamen.*

Récusons absolument le jugement des hommes passionnés ou trop systématiques, et ne nous adressons qu'à ce bon sens précieux qui fait et conserve tout ce qu'il y a de bon dans l'univers. Interrogez l'Européen le plus instruit, le plus sage, le plus religieux

même, et le plus ami de la royauté, demandez-lui :
« Est-il juste, est-il expédient que le roi gouverne
uniquement par ses ministres? que ses sujets n'aient
aucun moyen légal de communiquer en corps avec lui
et que les abus durent jusqu'à ce qu'un individu soit
assez éclairé et assez puissant pour y mettre ordre, ou
qu'une insurrection en fasse justice? » Il vous répondra
sans balancer : « Non ». Or, ce qui est vraiment constitutionnel dans tout gouvernement, ce n'est point ce
qui est écrit sur le papier ; c'est ce qui l'est dans la
conscience universelle. Ce qui nous déplait générale-
ment, ce qui ne s'accorde nullement avec notre
caractère et nos usages anciens, incontestables, uni-
versels, c'est le gouvernement ministériel ou le Visirat.
L'immobilité orientale s'accommode fort bien de ce
gouvernement et se refuse même à tout autre ; mais
la *race audacieuse de Japet* n'en veut point, parce qu'en
effet cette forme ne lui convient point. De tout côté on
crie au despotisme, mais souvent l'opinion publique
se fourvoie, et prend une chose pour l'autre. On se
plaint de l'excès du pouvoir ; il me semble que c'est
plutôt de son déplacement et de son affaiblissement
qu'on est blessé. Dès que la nation est condamnée au
silence et que l'individu seul peut parler, il est clair que
chaque individu pris à part est moins fort que les gens
en place ; et, comme la première ambition de l'homme
est d'obtenir la puissance, et que son grand défaut
est d'en abuser, il s'ensuit que tous les dépositaires
du pouvoir délégué n'étant comprimés par rien, et ne
relevant point assez directement de l'opinion, s'em-
parant du sceptre et se le divisent en petits fragments

proportionnels à l'importance de leurs places, de manière que tout le monde est roi, excepté le roi. Ces réflexions expliquent comment, dans la plupart des monarchies, on peut se plaindre tout à la fois et du despotisme et de la faiblesse du gouvernement. Ces deux plaintes ne se contredisent qu'en apparence. Le peuple se plaint du despotisme, parce qu'il n'est pas assez fort contre l'action désordonnée du pouvoir délégué ; et il se plaint de la faiblesse du gouvernement, parce qu'il ne voit plus de centre ; parce que le roi n'est pas assez roi ; parce que la monarchie s'est changée en une aristocratie fatigante ; parce que tout sujet qui ne participe pas, ou qui participe peu à cette aristocratie, voit toujours un roi à côté de lui, et se dépite de sa nullité, en sorte que le gouvernement est tout à la fois haï comme despotisme et méprisé comme faible.

Le remède à de si grands maux n'est pas difficile à trouver : il ne s'agit que de renforcer l'autorité du roi et de lui rendre sa qualité de père en rétablissant la correspondance antique et légitime entre lui et la grande famille. Dès que la nation possèdera un moyen quelconque de faire entendre sa voix légalement, il devient impossible au vice et à l'incapacité de s'emparer des places, ou de les retenir longtemps, et la correspondance directe avec le roi rend au gouvernement monarchique ce caractère paternel nécessaire à la monarchie en Europe.

Combien le pouvoir a commis de fautes ! et combien il ignore les moyens de se conserver ! L'homme est insatiable de pouvoir ; il est infini dans ses désirs, et, toujours mécontent de ce qu'il a, il n'aime que ce qu'il n'a pas. On se plaint du despotisme des princes ; il faut se plaindre de celui de l'*homme*. Nous naissons tous despotes, depuis le monarque le plus absolu de l'Asie, jusqu'à l'enfant qui étouffe un oiseau dans sa main pour le plaisir de voir qu'il existe dans l'univers un être plus faible que lui. Il n'est point d'homme qui n'abuse du pouvoir, et l'expérience prouve que les plus abominables despotes, s'ils venaient à s'emparer du sceptre, seraient précisément ceux qui rugissent contre le despotisme Mais l'auteur de la nature a mis des bornes à l'abus de la puissance : il a voulu qu'elle se détruise elle-même dès qu'elle passe ces limites naturelles. De tout côté il a gravé cette loi ; et, dans le monde physique comme dans le monde moral, elle nous environne et nous parle à chaque instant. Voyez cette arme à feu : jusqu'à un certain point, plus vous l'allongerez, et plus vous en augmenterez l'effet : mais si vous passez cette limite d'une ligne, vous le verrez diminuer. Voyez ce télescope : jusqu'à un certain point, plus vous en augmenterez les dimensions, et plus il produira d'effet ; mais au delà, l'invincible nature tourne contre vous les efforts que vous faites pour perfectionner l'instrument. C'est l'image naïve de la puissance. Pour se conserver elle doit se restreindre, et toujours elle doit se tenir éloignée de ce point où son dernier effort amène son dernier moment.

Assurément je n'aime pas plus qu'un autre les assemblées *populaires;* mais les folies françaises ne doivent pas nous dégoûter de la vérité et de la sagesse qui se trouvent dans les sages milieux. S'il y a une

maxime incontestable, c'est que, dans toutes les séditions, dans toutes les insurrections, dans toutes les
révolutions, *le peuple commence toujours par avoir
raison, et finit toujours par avoir tort.* Il est faux que
tout peuple doive avoir son *assemblée nationale* dans le
sens français ; il est faux que tout individu soit éligible
au conseil national ; il est faux même qu'il puisse être
électeur sans distinction de rang ni de fortune ; il est
faux que ce conseil doive être co-législateur ; il est faux
enfin qu'il doive être composé de la même manière
dans les différents pays. Mais parce que ces proportions
exagérées sont fausses, s'ensuit-il que personne n'ait
le droit de parler pour le bien commun au nom de la
communauté, et qu'il nous soit défendu d'avoir de la
raison parce que les Français ont fait un grand acte
de folie? Je ne comprends pas cette conséquence. Quel
observateur ne serait effrayé de l'état actuel des esprits
dans toute l'Europe? Quelle que soit la cause d'une
impulsion aussi générale, elle existe, elle menace toutes
les souverainetés.

Certainement c'est le devoir des hommes d'État de
chercher à conjurer l'orage ; et certainement aussi on
n'y parviendra pas par l'immobilité de la peur ou de
l'insouciance. C'est aux sages de toutes les nations à
réfléchir profondément sur les lois antiques des monarchies, sur les *bonnes coutumes* de chaque nation, et sur
le caractère général des peuples de l'Europe. C'est
dans ces sources sacrées qu'ils trouveront des remèdes
appropriés à nos maux, et des moyens sages de régénération infiniment éloignés des théories absurdes et
des idées exagérées qui nous ont fait tant de mal.

La première et peut-être l'unique source de tous les maux que nous éprouvons, c'est le mépris de l'antiquité, ou, ce qui revient au même, le mépris de l'expérience : tandis *qu'il n'y a rien de mieux que ce qui est éprouvé*, comme l'a très bien dit Bossuet. La paresse et l'ignorance orgueilleuse de ce siècle s'accommodent bien mieux des théories qui ne coûtent rien et qui flattent l'orgueil, que des leçons de modération et d'obéissance qu'il faut demander péniblement à l'histoire. Dans toutes les sciences, mais surtout dans la politique, dont les événements nombreux et changeants sont si difficiles à saisir dans leur ensemble, presque toujours la théorie est contredite par l'expérience. Puisse l'éternelle Sagesse faire descendre ses rayons sur les hommes destinés à régler le sort des autres ! Puissent aussi les peuples de l'Europe fermer l'oreille à la voix des sophistes, et, détournant les yeux de toutes les illusions théoriques, ne les fixer que sur ces lois vénérables qui sont rarement écrites, dont il n'est possible d'assigner ni les époques ni les auteurs, et que les peuples n'ont pas faites, mais qui ont fait les peuples.

Ces lois viennent de Dieu : le reste est des humains !

CHAPITRE III

DE L'ARISTOCRATIE

Le gouvernement aristocratique est une monarchie dont le trône est vacant. *La souveraineté y est en régence.*

Les régents qui administrent la souveraineté étant héréditaires, elle est parfaitement séparée du peuple, et en cela le gouvernement aristocratique se rapproche du monarchique. Il ne peut cependant en atteindre la vigueur ; mais du côté de la sagesse il n'a point d'égal.

L'antiquité ne nous a point laissé de modèle de ce gouvernement. A Rome, à Sparte, l'aristocratie jouait sans doute un très grand rôle comme dans tous les gouvernements, mais elle ne régnait point seule.

On peut dire en général que tous les gouvernements non monarchiques sont aristocratiques, car la démocratie n'est qu'une aristocratie élective.

« Les premières sociétés », dit Rousseau, « se gougouvernèrent aristocratiquement (1) ». Cela est faux, si, par ces mots de *premières* sociétés, Rousseau entend

---

(1) *Contrat social*, liv. III, ch. v.

les premiers peuples, les premières nations proprement dites, qui furent toutes gouvernées par des rois. Tous les observateurs ont remarqué que la monarchie était le plus ancien gouvernement connu.

Et s'il entend parler des premiers rassemblements qui précédèrent la formation des peuples en corps de nations, il parle de ce qu'il ne sait pas et de ce que personne ne peut savoir. D'ailleurs à cette époque il n'y avait point encore de gouvernement proprement dit : l'homme n'était point encore ce qu'il devait être ; ce point a été suffisamment discuté dans le premier livre.

« Les sauvages de l'Amérique septentrionale », dit-il encore, « se gouvernent encore ainsi de nos jours (aristocratiquement) et *sont très bien gouvernés* (1). »

Les sauvages de l'Amérique ne sont pas tout à fait *hommes*, précisément parce qu'il sont *sauvages ;* ce sont de plus des êtres visiblement dégradés au physique et au moral ; et, sur cet article au moins, je ne vois pas qu'on ait répondu à l'ingénieux auteur des *Recherches philosophiques sur les Américains.*

Il est encore faux que ces sauvages soient gouvernés aristocratiquement. Tacite a fait l'histoire de tous les peuples sauvages lorsqu'il a dit : « Chez eux le plus noble est roi, et le plus vaillant est général ; mais le roi ne jouit point d'un pouvoir illimité (2). » Le livre de

---

(1) *Contrat social,* liv. III, ch. v.

(2) *Reges ex nobilitate, duces ex virtute sumunt: nec regibus infinita aut libera potestas.* (TACITE, *De Mor. Germ.*, VII.)

Tacite sur les mœurs des Germains et le Journal historique d'un voyage en Amérique par le P. de Charlevoix présentent une foule d'analogies (1). On trouve chez ces peuples non le gouvernement aristocratique, mais les rudiments d'une monarchie modérée.

En faisant abstraction de l'aristocratie naturelle qui résulte de la force physique et des talents, et dont il est fort inutile de s'occuper, il n'y a que deux sortes d'aristocraties, l'élective et l'héréditaire, comme l'observe Rousseau ; mais les mêmes notions étroites, les mêmes préjugés enfantins qui l'ont égaré sur la monarchie, l'ont fait déraisonner de même sur le gouvernement aristocratique.

« L'aristocratie élective », dit-il, « est la meilleure : c'est l'aristocratie proprement dite (2). »

Ceci n'est point une erreur, une méprise, une distraction ; c'est un défaut absolu de raisonnement ; c'est une bévue honteuse.

La monarchie est la souveraineté dévolue à un seul homme ; et l'aristocratie est cette même souveraineté dévolue à quelques hommes (plus ou moins).

Mais puisque la monarchie élective est le plus faible, le moins tranquille des gouvernements, et que l'expérience a montré évidemment la supériorité de la monarchie héréditaire, il s'ensuit, par une analogie incon-

---

(1) *Si Germanorum Canadensiumque principum potestatem conferas, eamdem reperies.* (Voir le P. de Charlevoix, lettre 18ᵉ ; Brottier, ad *Tac. de Mor. Germ.* VII et *passim.*)

(2) *Contrat social,* liv. III, ch. v.

testable, que l'aristocratie héréditaire est préférable à l'élective. Répétons avec Tacite qu'*il vaut mieux recevoir un souverain que le chercher* (1).

« L'élection est le moyen par lequel la probité, les lumières, l'expérience, et toutes les autres raisons de préférence et d'estime publique, sont autant de nouveaux *garants* qu'on sera sagement gouverné (2). »

Cet argument tombe à plomb sur la monarchie héréditaire, et nous l'avons tous fait avant d'être parvenus à l'âge de raison.

« La puissance transmise avec les biens du père aux enfants, rend le gouvernement héréditaire, et l'on voit des sénateurs de vingt ans (3). »

Plus bas, il dira, en parlant de la monarchie héréditaire : *On risque d'avoir pour chefs des enfants* (4). » C'est toujours la même sagacité ; il faut cependant observer que l'argument est plus mauvais à l'égard de l'aristocratie héréditaire, attendu que l'inexpérience des *sénateurs de vingt ans* est compensée amplement par la sagesse des anciens.

Et puisque l'occasion s'en présente naturellement, j'observerai que le mélange des enfants et des hommes est précisément un des beaux côtés du gouvernement aristocratique ; tous les rôles sont distribués avec sagesse dans l'univers : celui de la jeunesse est de faire

---

(1) *Minore discrimine sumitur princeps quam quæritur.* (TACITE.)

(2) *Contrat social*, liv. III, ch. v.

(3) *Ibid.*

(4) *Ibid.*, ch. vi : *de la Monarchie.*

le bien, et celui de la vieillesse d'empêcher le mal ; l'impétuosité des jeunes gens, qui ne demande qu'action et création, est fort utile à l'État ; mais ils sont trop portés à innover, à démolir, et ils feraient beaucoup de mal sans la vieillesse qui est là pour les arrêter : celle-ci à son tour s'oppose aux réformes même utiles, elle est trop raide, elle ne sait pas s'accommoder aux circonstances, et quelquefois un *sénateur de vingt ans* peut être placé fort à propos à côté d'un autre de quatre-vingts.

A tout prendre, le gouvernement aristocratique héréditaire est peut-être le plus avantageux à ce qu'on appelle le *peuple;* la souveraineté est assez concentrée pour lui en imposer ; mais comme elle a moins de besoins et moins de splendeur, elle lui demande moins : si quelquefois elle est timide, c'est qu'elle n'est jamais imprudente ; entre le peuple et le souverain il peut se trouver des mécontents, mais leurs souffrances ne sont point l'ouvrage du gouvernement ; elles ne sont que dans l'opinion, et c'est un avantage inestimable pour la masse dont le bonheur est une caution.

L'ennemi mortel de l'expérience pense bien autrement ; suivant lui, l'aristocratie héréditaire *« est le pire de tous les gouvernements* (1). »

Le sentiment qui domine dans tous les ouvrages de Rousseau est une certaine colère plébéienne qui s'irrite contre toute espèce de supériorité. L'énergique soumission du sage plie noblement sous l'empire indispen-

---

(1) *Contrat social,* liv. III, ch. v.

sable des distinctions sociales, et jamais il ne paraît plus grand que lorsqu'il s'incline ; mais Rousseau n'avait point cette élévation : faible et hargneux, il a passé sa vie à dire des injures aux grands, comme il en aurait dit au peuple s'il était né grand seigneur.

Ce caractère explique ses hérésies politiques : ce n'est point la vérité qui l'inspire, c'est l'humeur ; partout où il voit la grandeur, et surtout la grandeur héréditaire, il écume et perd la faculté de raisonner : c'est ce qui lui arrive surtout en parlant du gouvernement aristocratique.

Dire que cette espèce de gouvernement est la pire de toutes, c'est ne rien dire : il faut le prouver. Venise et Berne se présentent d'abord à l'esprit, et l'on n'est pas peu surpris d'apprendre qu'il n'y a pas de pire gouvernement que celui de ces deux États.

Mais l'histoire et l'expérience n'embarrassent jamais Rousseau. Il commence à poser des maximes générales qu'il ne prouve point ; ensuite il dit : *J'ai prouvé.* Si l'expérience le contredit, il s'en inquiète peu, ou il s'en tire par une gambade. Berne par exemple, ne l'embarrasse point. Veut-on savoir pourquoi ? « C'est qu'elle ne se tient que par l'extrême sagesse de son sénat : c'est une exception bien honorable et bien flatteuse (1). »

Mais le sénat de Berne forme précisément l'essence du gouvernement de Berne. C'est la tête du corps politique ; c'est la pièce principale sans laquelle ce gou-

---

(1) *Contrat social*, liv. III, ch.v.

vernement ne serait pas ce qu'il est : c'est donc tout comme si Rousseau avait dit :

Le gouvernement aristocratique héréditaire est détestable ; l'estime de l'univers accordée depuis plusieurs siècles à celui de Berne ne contredit point ma théorie, car ce qui fait que ce gouvernement n'est pas mauvais, c'est qu'il est excellent. — O profondeur (1) !

Le jugement sur Venise n'est pas moins curieux : « Venise, » dit-il, « est tombée dans l'aristocratie héréditaire : aussi est-elle depuis longtemps un État dissous (2). »

Assurément l'Europe n'en savait rien ; mais ce que tout le monde sait, c'est que Venise avait subsisté mille ans, et que sa puissance faisait ombrage à tous ses voisins, lorsqu'elle fut ébranlée par la ligue de Cambrai et qu'elle eut l'art d'échapper à ce péril, au commencement du XVI⁰ siècle.

Le gouvernement vénitien a vieilli sans doute, comme tous les gouvernements d'Europe ; mais la jeunesse

---

(1) Montesquieu a rendu un hommage particulier au gouvernement de Berne. « Il y a à présent, » dit-il, « dans le monde une république que personne ne connaît, et qui dans le secret et le silence augmente ses forces chaque jour. Il est certain que si elle parvient jamais à l'état de grandeur où sa sagesse la destine, elle changera nécessairement ses lois, etc. » *(Grandeur et décadence des Romains*, ch. x.) Laissons là les prophéties ; je ne crois qu'à celles de la Bible. Mais il me semble qu'on doit un compliment eu gouvernement assez sage pour se faire louer tout à la fois par la sagesse et par la folie.

(2) *Contrat social*, liv. III, ch. v, note citée.

de Milon de Crotone rend sa vieillesse vénérable, et personne n'a droit de l'insulter.

Venise a brillé de tous les genres d'éclat : par les lois, par le commerce, par les armes, par les arts et par les lettres ; son système monétaire est l'exemple de l'Europe. Elle a joué dans le moyen âge un rôle éblouissant (1). Si Vasco de Gama a doublé le cap des Tempêtes ; si le commerce a pris une autre route, ce n'est pas la faute du sénat ; et si dans ce moment Venise est obligée de mettre la prudence à la place de la force, encore une fois, respectons sa vieillesse : après treize cents ans de vie et de santé, on peut être malade, on peut mourir même avec honneur (2).

Les déclamations sur l'inquisition d'État, que Rousseau appelle *un tribunal de sang* (3), sont des épouvantails de femmelettes. Ne dirait-on pas que les inquisiteurs d'État versent le sang humain pour s'amuser ? Cette magistrature imposante est nécessaire puisqu'elle existe, et il faut bien qu'elle ne soit pas si terrible puisqu'elle appartient à l'un des peuples les

---

(1) M. le comte Carli, l'un des ornements de l'Italie, a dit des choses curieuses sur l'ancienne splendeur de Venise : on peut consulter ses œuvres remplies d'une érudition ÉTOURDISSANTE, *sed Græcis incognitas qui sua tantum mirantur.*

(2) *Sola Veneta est (respublica) quæ ævum millenarium jactet : felix fati, sed et legum atque institutorum felix quibus velut vinculis firmata est adhuc contra lapsum. Maneat, floreat, favemus, et vovemus.* (J. LIPSII *Mon. et ex. polit.*, liv. II, ch. 1.)

(3) *Contrat social*, liv. IV, ch. v.

plus doux, les plus enjoués et les plus aimables de
l'Europe. Les malveillants et les étourdis ne peuvent
se plaindre que d'eux-mêmes, lorsqu'il leur mésarrive ;
mais c'est un fait constant, attesté par tous les voya-
geurs sensés, qu'il n'existe peut-être pas de pays où le
peuple soit plus heureux, plus tranquille, plus libre
qu'à Venise : l'étranger partage cette liberté, et dans ce
moment, c'est sous les lois de ce gouvernement paisible que les honorables victimes de la Révolution
française jouissent de l'hospitalité la plus douce et la
plus généreuse.

Si quelquefois les inquisiteurs d'État ont commandé
des exécutions sévères, la sévérité n'exclut point la
justice, et c'est souvent pour épargner le sang qu'on le
verse. Quant aux erreurs et aux injustices, il y en a
partout ; mais les inquisiteurs d'État n'envoyèrent
point la ciguë à Morosini, à son retour du Péloponèse.

Rousseau, en disant que Venise est *tombée* dans
l'aristocratie héréditaire, prouve qu'il connaissait bien
mal la végétation des empires. S'il l'avait connue, au
lieu de *tombée*, il aurait dit *parvenue*. Pendant que les
Vénitiens n'étaient que de malheureux réfugiés, habitant des cabanes sur ces îlots destinés à supporter un
jour tant de palais, il est bien visible que leur constitution n'était pas mûre ; à proprement parler même,
ils n'en avaient point, puisqu'ils ne jouissaient point
encore d'une indépendance absolue, qu'on leur a dis-
putée si longtemps. Mais en 697 ils eurent déjà un chef
assez puissant pour avoir donné lieu, depuis, de soutenir qu'il était souverain : or, partout où il y a un chef,
du moins un chef non despotique, il y a une aristocratie

héréditaire entre ce chef et le peuple ; cette aristocratie
se formait insensiblement comme la langue et mûris-
sait en silence. Enfin, au commencement du xiie siècle,
elle prit une forme légale, et le gouvernement fut ce
qu'il devait être. Sous cette forme de souveraineté,
Venise remplit l'univers de sa renommée. Dire que ce
gouvernement *dégénéra* (1) en achevant ainsi de
prendre ses dimensions naturelles, c'est dire que le
gouvernement de Rome *dégénéra* lorsque l'institution
des tribuns, comme je l'ai remarqué d'après Cicéron,
donna une forme légale au pouvoir constitutionnel
mais désordonné du peuple.

Au reste, si nous en croyons Rousseau, ce n'est point
Venise seulement qui est *tombée* dans l'aristocratie
héréditaire. Berne a éprouvé le même sort ; son gouvernement s'est *resserré* de même, et par conséquent
il a *dégénéré*, le jour que le peuple fit la folie d'aban-
donner *au prince* l'élection des magistrats. (2). Si l'on

----

(1) *Contrat social*, liv. III, ch. x, note 1re.

(2) *Contrat social*, liv. III, ch. v, note 2e. Quand Rousseau voit
la vérité il ne la voit jamais tout entière, et dans ce cas ses décisions sont plus dangereuses, pour les quatre cinquièmes des lecteurs, que des bévues parfaites : par exemple, lorsqu'il dit que le
gouvernement *qui se resserre, se corrompt*, il a tort et il a raison :
il a raison à l'égard du gouvernement démocratique qui s'écarte
de sa nature ; il a tort à l'égard du gouvernement aristocratique
qui s'en rapproche : dans ce dernier cas, c'est un mouvement
d'organisation ; dans le premier, c'est un mouvement de dissolution.

demande dans quelles annales se trouve ce fait important, et comment Berne est *tombée* de la démocratie
ou de l'aristocratie élective dans l'aristocratie héréditaire, personne ne peut répondre ; personne n'a
entendu parler de cette *chute* révélée à la fin des temps
dans le *Contrat social.* C'est un étrange homme que ce
Rousseau ! tantôt il contredit l'histoire et tantôt il
la fait.

En traitant des gouvernements aristocratiques héréditaires, on ne doit point passer Gênes sous silence. Il
se peut faire que, sous certains points de vue, elle ne
puisse soutenir le parallèle avec d'autres gouvernements de la même classe ; il peut se faire que le
peuple y soit moins heureux qu'à Venise ou à Berne ;
cependant Gênes a eu ses beaux moments et ses
grands hommes ; et pour le surplus, tout peuple a
toujours le gouvernement et le bonheur qu'il mérite.

Après avoir examiné l'action de l'aristocratie héréditaire sur des pays d'une certaine étendue, il est bon
de la voir agir sur un théâtre plus resserré et de l'étu-
dier dans les murs d'une ville. Lucques et Raguse se
présentent d'abord à l'observateur. On a dit que la
démocratie convenait surtout aux petits États ; on
s'exprimerait plus exactement si l'on disait que les
petits États seuls peuvent la supporter ; mais l'aristocratie héréditaire leur convient parfaitement : voilà
deux petits États, deux villes isolées au milieu d'un
territoire imperceptible, paisibles, heureuses et distin-
guées par une foule de talents. Genève, avec sa démocratie turbulente, présente un objet intéressant de
comparaison. Jetons *ces grains* politiques dans la

balance, et voyons sans préjugé de quel côté se trouve plus de sagesse et de stabilité.

Il est prouvé, par la théorie et encore plus par l'expérience, que le gouvernement aristocratique héréditaire est peut-être le plus favorable à la masse du peuple ; qu'il a beaucoup de consistance, de sagesse et de stabilité, et qu'il s'adapte à des pays d'une étendue très différente. Comme tous les gouvernements, il est bon partout où il est établi, et c'est un crime d'en dégoûter les sujets.

CHAPITRE IV

De la démocratie.

La démocratie pure n'existe pas plus que le despotisme absolu. « A prendre le terme dans la rigueur de l'acception », dit très bien Rousseau, « il n'a jamais existé de véritable démocratie, et il n'en existera jamais. Il est contre l'ordre naturel que le grand nombre gouverne et que le petit soit gouverné (1). »

L'idée d'un peuple entier souverain et législateur choque si fort le bon sens, que les politiques grecs, qui devaient s'entendre un peu en liberté, n'ont jamais parlé de la démocratie comme d'un gouvernement légitime, du moins lorsqu'ils veulent s'exprimer exactement. Aristote surtout définit la démocratie *l'excès de la république (politia)*, comme le despotisme est l'excès de la monarchie (2).

S'il n'y a pas de démocratie proprement dite, on en peut dire autant du despotisme parfait, qui est de

---

(1) *Contrat social*, liv. III, ch. iv.

(2) C'est la remarque d'un auteur anglais qui a recueilli de bons matériaux pour une histoire d'Athènes. (Voir Young's *History of Athens.*)

même un être de raison. « C'est une erreur de croire qu'il y ait dans le monde une autorité unique, à tous égards despotique ; il n'y en a jamais eu et il n'y en aura jamais : le pouvoir le plus immense est toujours borné par quelque coin (1). »

Mais rien n'empêche que, pour se former des idées nettes, on ne considère ces deux formes de gouvernement comme deux extrêmes théoriques dont tous les gouvernements possibles s'approchent plus ou moins.

Dans ce sens strict, je crois pouvoir définir la démocratie : *une association d'hommes sans souveraineté.*

« Quand tout le peuple », dit Rousseau, « statue sur tout le peuple, il ne considère que lui-même... Alors la matière sur laquelle on statue est générale comme la volonté qui statue : c'est cet acte que j'appelle une LOI (2). »

Ce que Rousseau appelle éminemment *loi,* est précisément ce qui cesse de pouvoir en porter le nom.

Il y a sur l'origine des gouvernements un passage de Tacite qui mérite attention. Après avoir fait, comme un autre, l'histoire du siècle d'or et répété que le vice, en s'introduisant dans le monde, nécessita l'établissement d'une force publique, il ajoute : « Alors les souverainetés naquirent, et, pour une foule de peuples,

---

(1) Montesquieu, *Grandeur et décadence des Romains,* ch. xxii.
(2) *Contrat social,* liv. II, ch. vi.

elles n'ont point ou de fin. D'autres nations préférèrent des lois, ou d'abord, ou après qu'elles se furent dégoûtées des rois (1). ◦

J'ai parlé ailleurs de l'opposition des rois et des lois : ce que j'observe ici, c'est qu'en opposant ainsi les souverainetés aux républiques, Tacite fait entendre qu'il n'y a pas de *souveraineté* dans les républiques. Son sujet ne le conduisait point à suivre cette idée, qui est très juste.

Nul peuple comme nul individu ne pouvant posséder une puissance coercitive sur lui-même, s'il existait une démocratie dans sa pureté théorique, il est clair qu'il n'y aurait point de souveraineté dans cet État : car il est impossible d'entendre par ce mot autre chose qu'un pouvoir réprimant qui agit sur le *sujet* et qui, lui, est placé hors de lui. De là vient que ce mot de *sujet*, qui est un terme relatif, est étranger aux républiques, parce qu'il n'y a point de souverain proprement dit dans une république, et qu'il ne peut y avoir de *sujet* sans *souverain*, comme il ne peut y avoir de *fils* sans *père*.

Dans les gouvernements aristocratiques même, où la souveraineté est bien plus palpable que dans les démocraties, on évite cependant le mot *sujet ;* et l'oreille trouve des mots plus légers qui ne renferment aucune exagération.

---

(1) *Postquam exui æqualitas, et, ,ro ,odestia ac pudore, ambitio et vis incedebat, provenere dominationes, multosque apud populos æternum mansere. Quidam statim, aut postquam regum pertæsum, leges maluere.* (TAC., *Ann.*, III, 26.)

On trouve dans tous les pays du monde des associations volontaires d'hommes qui se sont réunis pour quelques vues d'intérêt ou de bienfaisance. Ces hommes se sont soumis volontairement à certaines règles qu'ils observent tant qu'ils le trouvent bon : ils se sont même soumis à certaines peines qu'ils subissent lorsqu'ils ont contrevenu aux statuts de l'association : mais ces statuts n'ont d'autre sanction que la volonté même de ceux qui les ont formés ; et dès qu'il se trouve des dissidents, il n'y a point parmi eux de force coercitive pour les contraindre.

Il suffit de grossir l'idée de ces corporations pour se faire une idée juste de la véritable démocratie. Les ordonnances qui émaneraient d'un peuple constitué de cette manière seraient des règlements, et non des lois. La loi est si peu la volonté de tous, que *plus* elle est la volonté de *tous*, et *moins* elle est la *loi :* en sorte qu'elle cesserait d'être *loi*, si elle était, sans exception, l'ouvrage de *tous* ceux qui devraient lui obéir.

Mais comme la démocratie pure n'existe pas, l'état d'association purement volontaire n'existe pas non plus. On part seulement de ce pouvoir théorique pour s'entendre ; et c'est dans ce sens qu'on peut affirmer que la souveraineté naît au moment où le souverain commence à n'être pas *tout le peuple*, et qu'elle se renforce à mesure qu'elle est moins *tout le peuple*.

Cet esprit d'association volontaire est le principe constitutif des républiques ; il a nécessairement un germe primitif : il est *divin*, et personne ne peut le produire. Mêlé en plus ou en moins avec la souveraineté, base commune de tous les gouvernements, ce *plus* et ce *moins* forment les différentes *physionomies* des gouvernements non monarchiques.

L'observateur, et surtout l'observateur étranger qui vit dans les pays républicains, distingue fort bien l'action de ces deux principes. Tantôt il sent la souveraineté, et tantôt l'esprit de communauté qui lui sert de supplément ; la force publique agit moins et surtout se montre moins que dans les monarchies ; on dirait qu'elle se défie d'elle-même. Un certain esprit de famille, qu'il est plus aisé de sentir que d'exprimer, dispense la souveraineté d'agir dans une foule de circonstances où elle interviendrait ailleurs ; mille petites choses vont d'elles-mêmes, et, comme dit la phrase vulgaire, *sans savoir comment,* l'ordre et l'arrangement se montrent de toute part ; les propriétés communes sont respectées même par la pauvreté, et jusqu'à la propriété générale, tout donne à penser à l'observateur.

Un peuple républicain étant donc un peuple moins gouverné qu'un autre, on conçoit que l'action de la souveraineté doit être suppléée par l'esprit public, en sorte que, moins un peuple a de sagacité pour apercevoir ce qui est bon, et de vertu pour s'y porter de lui-même, moins il est fait pour lui république.

On voit d'un coup d'œil tous les avantages et les désavantages de ce gouvernement ; dans ses beaux jours, il éclipse tout, et les merveilles qu'il enfante séduisent jusqu'à l'observateur de sang-froid qui pèse tout. Mais, d'abord, il n'est fait que pour de très petits peuples, car la formation et la durée de l'esprit d'association sont difficiles, en raison directe du nombre des associés, ce qui n'a pas besoin de preuve.

En second lieu, la justice n'y a point cette marche calme et impassible que nous lui voyons communément dans la monarchie. La justice, dans les démocraties, est tantôt faible et tantôt passionnée ; on dit que, dans ces gouvernements, nulle tête ne peut braver le glaive de la loi. Cela signifie que la punition d'un coupable ou d'un accusé illustre étant une véritable jouissance pour la *plèbe*, qui se console ainsi de l'inévitable supériorité de l'aristocratie, l'opinion publique favorise puissamment ces sortes de jugements ; mais si le coupable est obscur, ou en général si le crime ne blesse ni l'orgueil ni l'intérêt immédiat de la majorité des individus du peuple, cette même opinion résiste à l'action de la justice et la paralyse.

Dans la monarchie, la noblesse n'étant qu'un prolongement de l'autorité royale, elle participe jusqu'à un certain point à l'inviolabilité du monarque, et cette immunité (toujours infiniment au-dessous de celle qui appartient au souverain) est graduée de manière qu'elle appartient à moins de personnes à mesure qu'elle est plus sensible (1).

---

(1) Ces nuances infinies, ces combinaisons admirables si fort au-dessus de tous les calculs humains, sont faites pour nous ramener constamment à la contemplation de cette force cachée qui a mis partout le *nombre*, le poids et la *mesure*. Dans le monde physique, nous sommes sans doute entourés de merveilles, mais les ressorts sont aveugles, et les lois raides. Dans le monde moral ou

Dans la monarchie, l'immunité, différemment graduée, est pour le petit nombre ; dans la démocratie,
elle est pour le grand.

Dans le premier cas, elle scandalise la plèbe ; dans
le second cas, elle la rend heureuse. Je la crois
bonne de part et d'autre : c'est-à-dire que je la crois
un élément nécessaire de chaque gouvernement, ce
qui revient au même, car ce qui constitue un gouvernement est toujours bon, du moins dans un sens
absolu.

Mais lorsqu'on compare gouvernement à gouvernement, c'est autre chose. Il s'agit alors de mettre
dans la balance les biens et les inconvénients qui
résultent pour l'espèce humaine des différentes formes
sociales.

C'est sous ce point de vue que je crois la monarchie supérieure à la démocratie dans l'administration
de la justice, et je ne parle point seulement de la
justice criminelle, mais de la justice civile. On
remarque dans celle-ci la même faiblesse que dans
l'autre.

Le magistrat n'est pas assez supérieur au citoyen ;

---

politique, l'admiration s'exalte jusqu'au ravissement, lorsqu'on
réfléchit que les lois de cet ordre, non moins sûres que les lois
physiques, ont en même temps une souplesse qui leur permet de se
combiner avec l'action des agents libres qui opèrent dans cet ordre
de choses. C'est une montre, dont toutes les pièces varient continuellement dans leurs forces et leurs dimensions, et qui marque
toujours l'heure exactement.

il a l'air d'un arbitre plutôt que d'un juge ; et, forcé de garder des ménagements même lorsqu'il fait parler des lois, on voit qu'il ne croit pas à sa propre puissance ; il n'est fort que de l'adhésion de ses égaux, parce qu'il n'y a point de souverain, ou que le souverain ne l'est pas assez.

De là vient en particulier que la monarchie est le seul gouvernement où l'étranger soit l'égal du citoyen devant les tribunaux. Dans les républiques, rien n'égale l'iniquité, ou, si l'on veut, l'impuissance des tribunaux, lorsqu'il s'agit de décider entre l'étranger et le citoyen ; plus la république est démocratique, plus cette impuissance est frappante. Quel homme voisin d'un de ces États n'a pas dit mille fois : *Il est impossible d'obtenir justice contre ces gens là !* C'est que moins la souveraineté est séparée du peuple, et moins elle existe, s'il est permis de s'exprimer ainsi ; c'est que les associés souffrent bien qu'on fasse justice entre eux, du moins autant que l'intérêt de chaque individu l'exige rigoureusement ; mais ils la refusent impunément à l'étranger, celui-ci ne pouvant la demander au souverain qui n'existe pas, ou qui n'existe pas tout entier.

Ce qui trompe un grand nombre d'observateurs superficiels, c'est qu'on prend souvent la *police* pour la *justice*. Il ne faut point être la dupe d'une certaine pédanterie réglementaire dont le peuple est fou, parce qu'elle lui sert à impatienter les riches. Dans une ville où on est mis à l'amende pour avoir mené un cheval au trot, on peut tuer un homme impunément, pourvu que l'assassin soit né dans une boutique.

« Cromwell », dit Rousseau, « eût été mis aux sonnettes par le peuple de Berne, et le duc de Beaufort à
la discipline par les Génevois (1). »

Rousseau se trompe de deux manières : s'il naissait
un Cromwell à Berne, il serait mis aux sonnettes,
non par le *peuple*, mais par *leurs Excellences les souverains seigneurs du Canton*, ce qui n'est pas tout à
fait synonyme.

Quant à Genève, une poignée d'hommes qui ne
sont pas des *ducs de Beaufort*, mais de vils scélérats, la
honte et le rebut de l'espèce humaine, viennent d'y
mettre *à la discipline*, au pied de la lettre, les honnêtes
gens qu'il n'ont pas égorgés ; et la preuve que les
brouillons et les *rois de la halle* n'ont jamais pu y
être réprimés aussi aisément que l'assure Rousseau,
c'est que lui, Rousseau, n'a jamais été mis *à la discipline*, et qu'il a pu toujours, sain et sauf, être, à Genève,
un détestable citoyen et perdre sa patrie impunément.

En général, la justice est toujours faible dans les
démocraties lorsqu'elle marche seule, et toujours
cruelle ou étourdie lorsqu'elle s'appuie sur le peuple.

Quelques politiques ont prétendu qu'un des beaux
côtés du gouvernement républicain était la sagacité
que possède le peuple pour ne confier l'exercice de
son autorité qu'à des hommes qui en sont dignes.
Personne, disent-ils, ne choisit mieux que le peuple :

---

(1) *Contrat social*, l. IV, ch. i.

lorsqu'il s'agit de ses intérêts, rien ne peut le séduire, le mérite seul le détermine.

Je ne sais s'il n'y a pas beaucoup d'illusion dans cette idée ; la démocratie ne pourrait subsister un instant si elle n'était tempérée par l'aristocratie, et surtout par l'aristocratie héréditaire, plus indispensable peut-être dans ce gouvernement que dans le monarchique. Le simple droit de voter dans une république ne donne ni lustre ni puissance. Lorsque Rousseau nous fait part, dans le préambule du *Contrat social*, que, en sa qualité de citoyen d'un État libre, il est *souverain* pour sa part, une contradiction subite dans les muscles ricaneurs se fait d'abord sentir au lecteur le plus bénévole ; on ne compte dans une république qu'à mesure que la naissance, les alliances et les grands talents vous donnent de l'influence ; celui qui n'est que simple citoyen n'est réellement rien. Les hommes de cette classe à Athènes étaient si nuls, qu'ils refusaient de se trouver au Conseil ; il fallut menacer d'une amende ceux qui s'en dispensaient ; il fallut enfin leur promettre un salaire, ou, pour mieux dire, une *aumône* de trois oboles, pour les engager à venir compléter sur la place le nombre de citoyens prescrit par la loi, ce qui devait amuser infiniment les *Pentacosiomédimnes* (1). On rencontre souvent, dans les comé-

---

(1) « Solon voulant que les offices et magistratures demeurassent entre les mains des riches citoyens... il fit une générale estimation des biens de chaque particulier ; et de ceux qui se

dies d'Aristophane, des plaisanteries sur ces souverains à tant par séance, et rien n'est plus connu dans l'histoire que le *Triobolon dicasticon.*

La masse du peuple influe donc très peu sur les élections, comme sur les autres affaires. C'est l'aristocratie qui choisit, et, comme on sait, elle choisit fort bien. Lorsque la foule se mêlait des affaires, c'était par une espèce d'insurrection, nécessaire quelquefois pour arrêter l'action trop rapide de l'aristocratie, mais toujours très dangereuse et produisant les effets les plus terribles. « Qu'on juge », dit Rousseau, « de l'embarras que causait quelquefois la foule, par ce qui arriva du temps des Gracques, où une partie des citoyens donnait son suffrage de dessus les toits (1). » Il aurait dû remarquer que, lorsqu'on opine sur les toits, on s'égorge dans les rues, et qu'à l'époque des Gracques la République romaine n'existait plus. Dans les temps calmes, le peuple se laisse mener par ses chefs : c'est alors qu'il est sage, parce qu'il agit peu ; c'est alors qu'il choisit fort bien, parce qu'on choisit pour lui. Lorsqu'il se contente de la puissance qu'il tient de la Constitution, et que, sans oser, pour ainsi dire, la mettre en usage, il s'en repose sur les lumières et la sagesse de l'aristocratie ; lorsque, d'un autre côté,

---

trouvèrent avoir de revenu annuel jusqu'à la quantité de 500 minots et au-dessus, tant en grains qu'en fruits liquides, il en fit le premier ordre et les appela les *Pentacosiomédimnes.* » (PLUTARQUE, *In Sol.)*

(1) *Contrat social,* liv. III, ch. xv.

les chefs, suffisamment contenus par la crainte de se
voir privés de l'exercice du pouvoir, en usent avec une
sagesse qui justifie la confiance, c'est alors que les
républiques brillent. Mais lorsqu'on perd ce respect
d'un côté, et cette crainte de l'autre, l'État marche à
grands pas vers sa ruine...

Rousseau, en balançant les avantages des gouvernements monarchique et républicain, n'a pas manqué
de saisir et d'exagérer à sa manière la supériorité de ce
dernier, quant aux choix des personnes qui occupent
les places.

« Un défaut essentiel et inévitable », disait-il, « qui
mettra toujours le gouvernement monarchique au-
dessous du républicain, est que dans celui-ci la voix
publique n'élève presque jamais aux premières
places que des hommes éclairés et capables, qui les
remplissent avec honneur ; au lieu que ceux qui
parviennent dans les monarchies ne sont le plus
souvent que de petits brouillons, de petits fripons, de
petits intrigants, à qui, les petits talents, qui font dans
les cours parvenir aux grandes places, ne servent qu'à
montrer au public leur ineptie, aussitôt qu'ils y sont
parvenus (1). »

Je ne doute pas que, dans une république, on ne fît
mettre au carcan un garçon horloger qui sortirait de
son *échoppe* pour traiter les premiers hommes de l'État,
de *petits brouillons*, de *petits intrigants*, de *petits fri-*

---

(1) *Contrat social*, liv. III, ch. VI.

pons, etc. Mais dans une monarchie on est moins susceptible : on s'amuse d'une espèce pareille comme d'un saltimbanque ou d'un singe ; on peut même lui permettre d'imprimer ses livres dans la capitale, mais c'est pousser l'indulgence trop loin (1).

Voyons cependant ce qu'il peut y avoir de vrai dans cette diatribe : car enfin si le fond était vrai, la forme serait moins répréhensible.

Le plus ancien des historiens profanes s'est montré plus loyal que Rousseau à l'égard d'une monarchie qu'il ne devait pas aimer.

« Les Perses », dit-il, « estiment beaucoup les belles actions ; et chez eux c'est le plus sûr moyen de parvenir aux plus grands honneurs (2). »

On voit qu'à la cour même du GRAND ROI, les petits fripons n'excluaient point les hommes de mérite ; mais, pour généraliser la thèse, je voudrais d'abord qu'on expliquât par quelle magie ces réunions prodigieuses de talents qui ont illustré différents siècles, ont toujours jeté leur éclat sous l'influence d'un seul homme.

---

(1) Le gouvernement français s'est donné de grands torts en fermant trop les yeux sur de pareils excès : il en a coûté le trône et la vie à l'infortuné Louis XVI. « Les livres ont tout fait, » dit Voltaire. Sans doute parce qu'on a laissé faire tous les livres.

(2) HÉRODOTE, liv. III, § 154, trad. de M. Larcher. Ailleurs encore il dit : « De tous les hommes que je connais, il n'y en a point qui soient plus dans l'usage d'honorer ceux qui se distinguent par leur valeur que les Perses. *(Ibid.,* liv. VII, § 238.)

Alexandre, Auguste, Léon X, les Médicis, François Ier, Louis XIV, la reine Anne, ont recherché, employé, récompensé plus de grands hommes dans tous les genres, que toutes les républiques de l'univers ensemble.

C'est toujours un homme qui a donné son nom à son siècle ; et ce n'est que par le choix des hommes qu'il a pu mériter cet honneur.

Quel spectacle est comparable à celui du siècle de Louis XIV? Souverain absolu et presque adoré, personne sans doute ne le gênait dans la distribution des grâces ; et quel homme choisit mieux les hommes?

Colbert régissait ses finances ; les talents terribles de Louvois présidaient à la guerre ; Turenne, Condé, Catinat, Luxembourg, Berwick, Créqui, Vendôme, Villars, conduisaient ses armées de terre ; Vauban ceignait la France ; Dugay-Trouin, Tourville, Jean Bart, Duquesne, Forbin d'Oppède, d'Estrées, Renaud commandaient ses flottes ; Talon, Lamoignon, d'Aguesseau étaient assis sur ses tribunaux ; Bourdaloue et Massillon prêchaient devant lui ; l'épiscopat reçut de sa main ce même Massillon, Fléchier, Bossuet, et ce grand Fénelon, l'honneur de la France, l'honneur de son siècle, l'honneur de l'humanité. Dans ses académies *royales*, les talents rassemblés sous sa protection brillaient d'un éclat unique ; c'est lui qui rendit la France la véritable patrie des talents dans tous les genres, l'arbitre de la renommée, la distributrice de la gloire.

On dira peut-être que le hasard ayant placé sous sa

main une foule de grands hommes, il n'eut pas même
le mérite du choix. Quoi donc? est-ce qu'on imagine
que son siècle manqua d'hommes médiocres, se croyant
propres à tout, et demandant tout? Cette espèce
pullule de toutes parts et à toutes les époques . . . .

. . . .

Rousseau vivait à Paris sous le règne déplorable de
Louis XV : il assistait, pour ainsi dire, à l'agonie
de la France. Sur quelques brevets distribués par
Mme de Pompadour, il se dépêcha d'écrire que, *dans les
monarchies*, on ne voyait arriver aux grandes places
que de *petits brouillons*, de *petits fripons*, de *petits
intrigants*. Il ne faut pas s'en étonner : cet homme ne
voyait jamais qu'un point.

Je ne veut point nier cependant que le gouvernement monarchique ne soit plus exposé qu'un autre
à se tromper sur le choix des personnes ; mais les
déclamations éternelles sur les erreurs de l'aveugle
protection sont bien moins fondées qu'on ne l'imagine
communément. D'abord, si vous écoutez l'orgueil, les
rois choisissent toujours mal, car il n'y a pas de mécon-
tant qui ne se préfère sans façon à l'heureux élu ;
d'ailleurs, on accuse trop souvent les princes lorsqu'il
ne faudrait accuser que les peuples. Dans des temps
de dégradation universelle, on se plaint que le mérite
ne parvient pas ; mais où est-il donc, ce mérite oublié?
On est tenu de le montrer avant d'accuser le gouvernement. Sous les deux derniers règnes français, on a
vu certainement des hommes fort médiocres revêtus
de charges importantes ; mais à quels hommes de

mérite étaient-ils donc préférés? Aujourd'hui qu'une révolution, la plus complète qui fut jamais, a brisé toutes les chaînes qui pouvaient tenir les talents captifs, où sont-ils ? Vous les trouverez peut-être, joints à la profonde immoralité ; mais les talents de cette espèce, c'est l'esprit même conservateur des empires qui les éloignait des grandes places. D'ailleurs, comme l'a fort bien dit un écrivain sacré, « *il y a une certaine habileté qui n'est que pour le mal* (1). » C'est ce talent qui brûle la France depuis cinq ans (2). Parmi les hommes même les plus marquants, qui ont paru sur ce théâtre baigné de sang et de pleurs, si l'on examine bien, on ne trouvera point ou l'on trouvera peu de véritables talents politiques. Ils ont très bien fait le mal, c'est tout l'éloge qu'on peut faire d'eux ! Heureusement les plus fameux ont écrit, et lorsque toutes les passions se seront endormies dans la tombe, la postérité lira, dans ces pages indiscrètement tracées, que les erreurs les plus monstrueuses dominèrent ces hommes orgueilleux, et que le gouvernement antérieur, qui les repoussait, qui les enchaînait, qui les punissait, combattait sans le savoir pour sa conservation.

C'est donc parce que la France dégénérait, c'est parce que les talents y manquaient, que les rois sem-

---

(1) *Eccli.*, xxi, 15.

(2) Cette date fixe celle de cet ouvrage. *(Note de l'édit.)*

blaient trop accueillir la médiocrité présentée par l'intrigue. Il y a une erreur bien grossière, dans laquelle
néanmoins nous tombons journellement sans nous en
apercevoir. Quoique nous reconnaissions la main
cachée qui conduit tout, telle est cependant l'illusion
qui résulte de l'action des causes secondes, que nous
raisonnons assez communément comme si elle n'existait pas. Lorsque nous contemplons les jeux de l'intrigue autour des trônes, les mots de *hasard*, de
bonheur, de *malheur*, de *chance*, etc., se présentent
assez naturellement, et nous les prononçons un peu
vite sans nous apercevoir qu'ils n'ont point de sens.

L'homme est libre sans doute ; l'homme peut se
tromper, mais pas assez pour déranger les plans
généraux. Nous sommes tous attachés au trône de
l'Eternel par une chaîne souple qui accorde l'*automatie*
des agents libres avec la suprématie divine. Un tel
roi peut, sans contredit, éloigner à une telle époque un
véritable talent d'une place faite pour lui, et cette
faculté malheureuse peut s'étendre plus ou moins ;
mais, en général, il y a une force secrète qui porte
chaque *individu* a sa place : autrement l'État ne pourrait subsister. Nous reconnaissons dans la plante une
puissance inconnue, une force plastique, essentiellement *une*, qui produit et qui conserve, qui marche
invariablement à son but, qui s'approprie ce qui lui
sert, qui rejette ce qui lui nuit, qui porte jusque dans
la dernière fibrille de la dernière feuille le suc dont elle
a besoin, et combat de toutes ses forces les maladies
du corps végétal. Cette force est plus visible encore et
plus admirable dans le régime animal ! Aveugles que

nous sommes ! comment pouvons-nous croire que le corps politique n'a pas aussi sa loi, son âme, sa force plastique, et que tout flotte au gré des écarts de l'ignorance humaine ? Si le mécanisme moral des empires se manifestait à nos yeux, nous serions détrompés d'une foule d'erreurs : nous verrions, par exemple, que tel homme qui nous paraît fait pour telle place est une *maladie* que la force vitale repousse à la surface, tandis que nous déplorons le *malheur* qui l'empêche de s'insinuer dans les sources de la vie. Ces mots de *talent* et de *génie* nous trompent tous les jours ; souvent ces qualités ne sont pas où nous croyons les voir, et souvent aussi elles appartiennent à des hommes dangereux.

Quant à ces rares époques où les empires doivent périr, elles sortent visiblement du cercle ordinaire des événements. Alors toutes les règles ordinaires étant suspendues, les fautes du gouvernement qui va se dissoudre ne prouvent rien contre ce genre de gouvernement. Ce sont simplement des symptômes de mort, et rien de plus : tout doit périr pour faire place à de nouvelles créations :

> Et rien, afin que tout dure,
> Ne dure éternellement.
>
> (MALHERBE.)

Il faut se soumettre ; mais dans le cours ordinaire des choses, j'invite les sujets des monarchies à mettre la main sur la conscience, et à se demander s'ils connaissent beaucoup de véritables talents, et de talents purs, méconnus ou repoussés par le souverain. S'ils veulent écouter la réponse de leur conscience, ils apprendront à se contenter des biens qu'ils possèdent, au lieu d'envier les perfections imaginaires des autres gouvernements.

Ne dirait-on pas, à entendre parler les fauteurs de la démocratie, que le peuple délibère comme un sénat de sages, tandis que les meurtres juridiques, les entreprises hasardées, les choix extravagants, et surtout les guerres folles et désastreuses sont éminemment l'apanage de cette espèce de gouvernement.

Mais qui jamais a dit plus de mal de la démocratie que Rousseau, qui décide nettement qu'elle n'est faite que pour un peuple de dieux (1)?

Reste à savoir comment un gouvernement qui n'est fait que pour *des dieux*, est cependant proposé à *des hommes* comme seul gouvernement légitime : car si ce n'est pas le sens du contrat social, le contrat social n'a point de sens (2).

---

(1) *Contrat social*, liv. III, ch. IV.

(2) Qu'on ne dise point que Rousseau reconnaît expressément d'autres gouvernements pour légitimes : il ne faut point être la dupe des mots ; lui-même a pris la peine de nous tracer sa profession de foi. « Tout gouvernement légitime, » dit-il, « est républicain. » (Liv. II, ch. VI.) Et, pour éviter toute équivoque, voici la note : « Je n'entends pas seulement par ce mot de *gouvernement* une aristocratie ou une démocratie, mais en général tout gouvernement guidé par la volonté générale qui est la loi. Pour être légitime, il ne faut pas que le gouvernement se confonde avec le sou-

Mais ce n'est pas tout. « Que de choses, dit-il, « difficiles à réunir ne suppose pas ce gouvernement ! Premièrement, un Etat très petit, où le peuple soit facile à rassembler, et où chaque citoyen puisse aisément connaître tous les autres ; secondement une grande simplicité de mœurs qui prévienne la multitude d'affaires et de discussions épineuses ; ensuite beaucoup d'égalité dans les rangs et dans les fortunes, sans quoi l'égalité ne saurait subsister longtemps dans les droits et l'autorité ; enfin, peu ou point de luxe (1). »

Je ne considère dans ce moment que la première de ces conditions : si la démocratie ne convient qu'à de très petits Etats, comment cette forme de gouvernement peut-elle être proposée comme l'unique forme de gouvernement légitime, et, s'il est permis de s'exprimer ainsi, comme une *formule* qui doit résoudre toutes les questions politiques ?

Rousseau n'est point embarrassé de cette difficulté. « Il ne faut point, » dit-il, « objecter l'abus des grands Etats à celui qui n'en veut que de petits, » c'est-à-dire :

« Moi Jean-Jacques Rousseau, je déclare solennellement, afin que personne ne puisse l'ignorer, que JE NE VEUX point de grand empire. S'il y a eu,

---

verain, mais qu'il en soit le ministre. Alors la monarchie elle-même est république. » *(Ibid.)* Ainsi partout où la loi n'est pas l'expression de la volonté de *tout le peuple*, le gouvernement n'est pas légitime... Il faut s'en souvenir.

(1) *Contrat social*, liv. II, ch. XIII.

dans l'univers, des Babyloniens, des Mèdes, des Perses, des Macédoniens, des Romains, des Tartares, etc., tous ces peuples furent des abus, qui n'eurent lieu que parce que je n'y étais pas. *Je ne veux point* de ces peuples *si difficiles à rassembler*. En vain l'unité de langue démontre l'unité naturelle de ces grandes familles ; en vain la disposition des côtes maritimes, des fleuves et des montagnes forme de vastes bassins visiblement destinés à contenir ces nations ; en vain l'expérience de tous les siècles achève de démontrer l'intention du Créateur. Je ne m'embarrasse ni de la métaphysique, ni de la géographie, ni de l'histoire. *Je ne veux point de grands Etats*. J'étends mon cordeau philosophique sur la surface du globe ; je la divise comme un échiquier, et, au milieu de chaque carreau 2.000 toises en tous sens, je bâtis une jolie ville de Genève que je remplis de *dieux* pour plus de sûreté. »

Ce ton est permis, sans doute, lorsqu'on s'élève contre des erreurs si fort au-dessus d'une réfutation sérieuse. Je ne sais pourquoi, au reste, Rousseau a bien voulu convenir que le gouvernement démocratique entraîne quelques petits abus ; il avait trouvé un moyen bien simple de la justifier : c'est de n'en juger que par ses perfections théoriques, et de regarder les maux qu'il produit comme de petites anomalies sans conséquences, qui ne méritent point de fixer l'œil de l'observateur.

« La volonté générale, » dit-il, « est toujours droite et tend toujours à l'utilité publique ; mais les délibérations du peuple n'ont pas toujours la même rectitude... Jamais on ne corrompt le peuple ; mais souvent on le trompe, et c'est alors seulement qu'il paraît vouloir ce qui est mal (1). »

Bois, Socrate, bois ! et console-toi avec ces distinctions : le bon peuple d'Athènes *paraît* seulement vouloir ce qui est mal.

Tel est l'esprit de parti : il ne veut pas voir, ou il ne veut voir qu'un côté. Ce ridicule se montre surtout d'une manière frappante dans les éloges outrés que Rousseau et ses disciples ont faits de la démocratie et surtout de la démocratie antique.

Je me rappelle avoir lu, dans un de ces panégyriques, que « la supériorité du gouvernement populaire sur celui d'un seul est décidée par la supériorité seule de l'intérêt qu'inspire l'histoire des républiques, comparée à celle des monarchies. »

C'est toujours la même illusion. La démocratie ne pouvant subsister qu'à force de vertus, d'énergie et d'esprit public, si une nation a reçu du Créateur l'aptitude à ce gouvernement, il est certain que, dans les temps de sa vigueur, elle doit, par la nature même des choses, enfanter un groupe éblouissant de grands hommes dont les hauts faits donnent à l'histoire un charme et un intérêt inexprimables.

Il y a d'ailleurs dans les gouvernements populaires plus d'action, plus de mouvement, et le mouvement est la vie de l'histoire.

Malheureusement le bonheur des peuples est dans

---

(1) *Contrat social*, liv. II, chap. III.

le repos, et presque toujours le plaisir du lecteur est fondé sur leurs souffrances.

Répétons-le, parce que rien n'est plus vrai : rien n'égale les beaux jours des républiques ; mais c'est un éclair. D'ailleurs, en admirant les beaux effets de ce gouvernement, il faut aussi tenir compte des crimes et des folies qu'il a enfantés, même dans ses temps heureux, car l'influence des sages ne suffit pas toujours, à beaucoup près, pour y comprimer l'action désordonnée du peuple.

Ne vaut-il pas mieux être Miltiade que le favori du plus grand monarque de l'univers ? Oui, sans doute, le jour de la bataille de Marathon. Mais, un an après, le jour où ce grand homme fut jeté en prison pour y finir ses jours, la question devint douteuse.

Aristide et Cimon furent bannis ; Thémistocle et Timothée moururent dans l'exil ; Socrate et Phocion burent la ciguë. Athènes n'épargna pas un de ses grands hommes.

Je ne veux point nier que les Athéniens n'aient été admirables à certains égards ; mais je crois aussi, avec un ancien, qu'on les a trop admirés (1). Quand je lis l'histoire de ce « peuple léger, soupçonneux, violent,

---

(1) *Atheniensium res gestæ sicut ego existimo satis amplæ magnificæque fuere ; verum aliquanto minores tamen quam fama feruntur.* (SALL., *Cat. VIII.*) Par exemple, en admirant les héros de Platée, des Thermopyles et de Salamine, il est permis de se rappeler l'exclamation de César sur le champ de bataille où il venait

haineux, jaloux du pouvoir (1) », et ne sachant presque jamais s'en servir, je penche beaucoup pour le sentiment de Voltaire qui appelait la démocratie athénienne : *le gouvernement de la canaille* (2).

Condorcet n'était pas moins ennemi de ce gouvernement et de tous ceux qui lui ressemblaient. Il s'est plaint du « pédant Mably qui allait toujours chercher ses exemples dans les anarchies despotiques de la Grèce (3). »

----

d'écraser en se jouant les hordes de l'Asie : « Heureux Pompée ! quels ennemis tu as eu à combattre ! »

(1) *Populus acer, suspicax, mobilis, adversarius, invidus potentiæ.* (CORN. NEP., *In Timoth.*, III.)

(2) « Quand je vous suppliais d'être le restaurateur des beaux-arts de la Grèce, ma prière n'allait pas jusqu'à vous conjurer de rétablir la démocratie athénienne : *je n'aime point le gouvernement de la canaill..* Vous auriez donné le gouvernement de la Grèce à M. de Lentulus, ou à quelque autre général qui aurait empêché les nouveaux Grecs de faire autant de sottises que leurs ancêtres. » (Voltaire au roi de Prusse, 28 octobre 1773. *Œuvres de Voltaire*, in-12, t. LXXXVI, p. 51.)

Pour le dire en passant, je ne sais pourquoi on s'est obstiné à faire de cet homme un des saints de la Révolution française, dont il n'aurait aimé que le côté irréligieux. Il l'a faite en grande partie, et cependant il l'aurait abhorrée. Jamais il n'existera d'hommes, je ne dis pas seulement plus orgueilleux, mais plus vaniteux et plus ennemi de toute espèce d'égalité.

(3) CONDORCET, *Vie de Voltaire*. Paris, in-16, 1791, p. 299. — Mably étant aussi un des oracles du jour, il est bon de le faire juger *par ses pairs*.

Et véritablement, s'est une grande erreur que de raisonner trop en politique par les exemples que nous a laissé l'antiquité. C'est en vain qu'on voudrait faire de nous des Athéniens, des Lacédémoniens ou des Romains. Peut-être faut-il dire : « *Nos sumus argillæ deterioris opus ;* » tout au moins s'ils n'étaient pas meilleurs, ils étaient différents. L'*homme est toujours le même*, dit-on souvent. C'est bientôt dit ; mais le politique réfléchi ne se décide pas par ces beaux axiomes dont on connaît le néant, lorsqu'on en vient à l'examen des cas particuliers. Mably dit quelque part : « *C'est Tite-Live qui m'a appris tout ce que je sais en politique.* » C'est assurément beaucoup d'honneur pour Tite-Live ; mais j'en suis fâché pour Mably.

CHAPITRE V

DE LA MEILLEURE ESPÈCE DE SOUVERAINETÉ

« Quand on demande absolument quel est le meilleur gouvernement, on fait une question insoluble comme indéterminée ; ou, si l'on veut, elle a autant de bonnes solutions qu'il y a de combinaisons possibles dans les positions absolues et relatives des peuples (1). »

Cette observation de Rousseau ne souffre pas de réplique, il a consacré la moitié de son livre à réfuter l'autre ; mais, en vérité, il s'est donné trop de peine, ce peu de lignes suffisaient.

Il a fort bien vu qu'il ne fallait jamais demander quel est le meilleur gouvernement en général, puisqu'il n'y en a pas qui convienne à tous les peuples. Chaque nation a le sien, comme elle a sa langue et son caractère, et ce gouvernement est le meilleur pour elle.

D'où il suit évidemment que toute la théorie du contrat social est un rêve de collège.

On ne l'aura jamais assez répété : « Il y a autant de

----

(1) *Contrat social*, liv. III, ch. IX.

bons gouvernements qu'il y a de combinaisons possibles dans les positions absolues et relatives des peuples. »

Comme aucune de ces combinaisons ne dépend des hommes, il s'ensuit que le consentement des peuples n'entre pour rien dans la formation des gouvernements.

« Mais si l'on demandait à quel signe on peut connaître qu'un peuple donné est bien ou mal gouverné, ce serait une autre chose, et la question de fait pourrait se résoudre (1). »

On ne saurait mieux dire : la question n'est jamais de savoir quel est le meilleur gouvernement, mais quel est le peuple le mieux gouverné suivant les principes de son gouvernement.

C'est précisément cette question, l'unique raisonnable, que Rousseau a traitée avec sa légèreté ordinaire.

« Quelle est, » dit-il, « la fin de l'association politique? — C'est la conservation et la prospérité de ses membres. »

Jusque-là, fort bien.

« Et quel est, » continue-t-il, « le signe le plus sûr qu'ils » — les membres du corps politique — « se conservent et prospèrent? C'est leur nombre et leur population. Le gouvernement sous lequel... les citoyens peuplent et multiplient davantage est infailliblement le meilleur ; celui sous lequel un peuple diminue et

---

(1) *Contrat social*, liv. III, ch. IX.

dépérit est le pire. Calculateurs, c'est maintenant votre affaire ; comptez, mesurez, comparez (1). »

Rien de si superficiel, rien de si louche, rien de plus mal raisonné que tout ce morceau.

Rousseau vient de dire qu'on ne peut demander : « Quel est le meilleur gouvernement » ; que cette question est *insoluble* comme *indéterminée*. Et maintenant, dans le même chapitre, le voilà qui nous dit que le *meilleur gouvernement* est celui qui *peuple* le plus, et que le *pire* est celui sous lequel un peuple *diminue* et *dépérit ;* il y a donc un *bon* et un *mauvais* gouvernement absolu. Qu'on accorde, si l'on peut, Rousseau avec lui-même.

Dira-t-on que, dans la seconde partie du chapitre, il ne compare point une nation à une autre nation, mais une nation à elle-même, en la considérant à différentes époques?

Dans cette supposition, Rousseau veut dire que lorsqu'un peuple se multiplie, c'est une marque qu'il est *bien* gouverné, et que si ce peuple *dépérit*, c'est une marque qu'il est *mal* gouverné : c'est à-dire que dans le premier cas on *suit*, et que dans le second on *viole* les principes du gouvernement, qui est le meilleur pour ce peuple donné. A la bonne heure ! Mais, dans ce cas, il faut avouer que l'énoncé d'une vérité aussi triviale est d'un ridicule rare ; et ce ridicule devient réellement ineffable lorsqu'on songe que

----

(1) *Contrat social,* liv. III, ch. ix.

cette belle découverte est précédée d'un reproche hautain adressé à tous les publicistes qui n'ont pas voulu convenir de cette règle infaillible pour juger les gouvernements (1).

En un mot, si Rousseau veut dire qu'il y a des gouvernements essentiellement *mauvais* qui tuent les hommes, et d'autres essentiellement *bons* qui les multiplient, il dit une absurdité, et il se contredit de plus, évidemment. S'il entend qu'un peuple donné est mal gouverné lorsqu'il dépérit ou qu'il languit au degré le plus bas de la population, et qu'il est bien gouverné, au contraire, lorsque sa population augmente ou se soutient au plus haut terme, il dit une niaiserie : on n'a qu'à choisir.

On peut conclure, au reste, de ce que Rousseau avance sur la population, qu'il était aussi profond en économie politique, qu'en métaphysique, en histoire et en morale.

La population n'est pas le thermomètre unique de la prospérité des états ; il faut qu'elle soit jointe au bien-être et à la richesse du peuple, il faut que la population soit *riche* et *disponible*. Un peuple dont la population serait portée au plus haut degré possible, et dont chaque individu ne possèderait par conséquent que le nécessaire rigoureux, serait un peuple faible et malheu-

---

(1) « Pour moi je m'étonne toujours qu'on méconnaisse un signe aussi simple, ou qu'on ait la mauvaise foi de n'en pas convenir... N'allez pas chercher ailleurs ce signe tant disputé. » *(Contrat social, liv. III, ch. IX.)*

reux ; la moindre secousse politique l'accablerait de
calamités. Une nation de quinze millions d'hommes peut
être non seulement plus heureuse, ce qui n'a pas besoin
de preuve, mais plus puissante qu'une autre nation de
vingt millions : c'est ce que les économistes ont parfaitement prouvé, et M. Young vient de le confirmer
par de nouvelles observations, dans un ouvrage également précieux par les vérités qu'il établit et par les
erreurs qu'il rétracte (1).

----

(1) *Voyage agronomique de France.*

CHAPITRE VI

Continuation du même sujet

Le meilleur gouvernement pour chaque nation est celui qui, dans l'espace de terrain occupé par cette nation, est capable de procurer la plus grande somme de bonheur et de force possible, au plus grand nombre d'hommes possible, pendant le plus long temps possible. J'ose croire qu'on ne peut se refuser à la justesse de cette définition ; et c'est en la suivant qu'il est possible de comparer les nations sous le rapport de leurs gouvernements. En effet, quoiqu'on ne puisse demander absolument : *Quel est le meilleur gouvernement*, rien n'empêche de demander *quel est le peuple relativement le plus nombreux, le plus fort, le plus heureux, depuis plus longtemps, par l'influence du gouvernement qui lui convient.*

Par quelle bizarrerie ne veut-on point employer, dans l'étude de la politique, la même manière de raisonner et les mêmes analogies générales qui nous conduisent dans l'étude des autres sciences?

Toutes les fois qu'il s'agit dans les recherches physiques, d'estimer une force variable, on la ramène à une quantité moyenne. Dans l'astronomie, en particulier, on parle toujours de *distance moyenne* et de *temps moyen.* Pour juger le mérite d'un gouvernement, il faut opérer de même.

Un gouvernement quelconque est une force variable, qui produit des effets variables comme elle, dans l'étendue de certaines limites ; pour juger, il ne faut point l'envisager dans un moment donné ; il faut l'embrasser dans sa période entière. Ainsi, pour juger sainement la monarchie française, il faut faire une somme de vertus et de vices de tous les rois de France, et diviser par 66 : le résultat est un *roi moyen ;* et il en faut dire autant de toutes les autres monarchies.

La démocratie a un moment brillant, mais c'est un moment, et il faut le payer cher. Les beaux jours d'Athènes peùvent, j'en conviens, inspirer des désirs au sujet d'une monarchie, languissant à telle ou telle époque sous le sceptre d'un roi inepte ou méchant : on se tromperait néanmoins prodigieusement, si, en comparant moment à moment, on prétendait établir la supériorité de la démocratie sur la monarchie, parce que, dans ce jugement, on néglige entre autres, la considération de la durée, qui est un élément nécessaire de ces sortes d'estimations.

En général, tous les gouvernements démocratiques ne sont que des météores passagers, dont le brillant exclut la durée.

Les républiques aristocratiques ont plus de consistance parce qu'elles se rapprochent de la monarchie, et que la masse du peuple n'y joue aucun rôle. Sparte fut dans ce genre un phénomène admirable. Cependant, avec des institutions uniques, à la portée seulement d'un peuple extraordinaire, avec une certaine royauté, avec une aristocratie forte et imposante, avec un territoire très resserré, avec l'esclavage le plus dur, admis comme un élément du gouvernement, celui de Sparte ne dura que la moitié du temps, à peu près, qu'a duré le royaume de France jusqu'à nos jours.

Examinons encore, avant de quitter les anciens, le gouvernement le plus fameux de l'univers, celui de Rome.

Comptons, en nombres ronds, 700 ans de la fondation de Rome à la bataille d'Actium : les sept rois occupent d'abord 244 ans de cette période ; restent 456 ans pour la république. Mais sa vieillesse fut affreuse : quel homme aurait le front d'appeler libre le gouvernement qui vit les Gracques, les triumvirs et les proscriptions? Ferguson, dans son Histoire romaine, observe, avec raison, que le siècle des Gracques produisit seul plus d'horreurs que l'histoire d'aucune autre nation de l'univers n'en présente dans un pareil espace de temps. — (Il n'avait pas vu la Révolution française !...)

La sédition des Gracques se place l'an 621 de la fondation de Rome ; restent donc 377 ans pour le gouvernement qui pourrait s'appeler *République* : c'est un instant, et néanmoins il s'en fallait de beaucoup que ce gouvernement fût une démocratie. Le premier mérite d'une constitution politique consiste dans l'étendue de sa durée possible : c'est donc mal raisonner que de la juger, par ses effets, à une époque déterminée. Qu'un mécanisme simple et même grossier produise quatre pouces d'eau pour l'irrigation d'une prairie ou pour

tout autre objet intéressant, que le mécanicien le plus
habile vienne proposer une autre machine qui fournira
le double, cet homme ne doit pas être écouté tout de
suite : car si la nouvelle machine est fragile, si l'en-
tretien en est dispendieux, si elle coûte dix fois plus et
qu'elle doive durer dix fois moins que l'autre, le père
de famille doit la rejeter.

Sur ce principe, qu'il n'est pas possible de
contester, si l'on demandait, par exemple, ce qu'il
faut penser de la constitution d'Angleterre qui est
cependant, à ce qu'il paraît, ce qu'on peut imaginer
de plus parfait, du moins pour un grand peuple,
le véritable politique ne saura que répondre. Cette
constitution, telle qu'elle existe depuis qu'elle a
reçu sa dernière forme, ne date que de l'année 1688 :
elle n'a donc en sa faveur qu'un siècle de durée,
c'est-à-dire un moment ; mais qui nous répond de
l'avenir ? Non seulement nous n'avons à cet égard
aucune certitude morale, mais il y a de fortes
raisons de craindre que ce bel ouvrage ne soit pas
durable. « Tout gouvernement, » dit Tacite, « est
démocratique ou monarchique : il serait plus aisé
d'admirer que de trouver une constitution formée de
ces trois pouvoirs mêlés et tempérés l'un par l'autre ;
ou, si jamais elle existe, ELLE NE SAURAIT
DURER (1). »

---

(1) *Cunctas nationes et urbes populus aut primores aut singuli
regunt: delecta ex his et consociata reipublicæ forma laudari*

Voilà la constitution anglaise condamnée d'avance en termes exprès, et par un excellent juge.

Si nous consultions même les Anglais éclairés, combien ne recevrions-nous pas de réponses alarmantes ! Un écrivain de cette nation profondément instruit dans les finances de son pays, et qui en a écrit l'histoire ; un écrivain nullement suspect, puisqu'il se montre partout attaché au gouvernement, et qu'il a écrit exprès pour tranquilliser les esprits et les raffermir contre le système d'une banqueroute inévitable ; cet homme, dis-je, décide néanmoins sans balancer qu' « il est impossible d'établir l'ordre, l'économie et la probité dans l'administration des finances, jusqu'à ce que le gouvernement d'Angleterre ait subi une révolution politique (1). »

Dernièrement encore, dans un procès fameux sous plus d'un rapport, on a entendu en Angleterre un des premiers magistrats de la couronne, le solliciteur général, dire à la face de la nation et de l'Europe qu' « il n'entendait point déguiser qu'il était des abus dans le gouvernement anglais ;

---

facilius quam evenire ; vel si evenit, haud diuturna esse potest. (TACITE, *Ann. IV*, 33.)

(1) *Frugality, integrity, and propriety are not therefore to be expected in the expenditure of public money, till a political revolution shall take place in the administration of this country. (The History of public revenue of the British Empire,* by sir John SINCLAIR, Bar., Part. III.)

même, comme il consentait à le supposer, des abus abominables ; et que si le moment était propice, il serait le premier à proposer les moyens d'y mettre ordre (1). »

Enfin, pour nous renfermer dans l'époque présente, le premier ministre de cette grande et illustre nation a-t-il pu s'empêcher de se plaindre, en plein Sénat, des membres de l'opposition qui fatiguaient l'administration, « dans ce moment d'irritation et d'inquiétude, au milieu des difficultés et des embarras inséparables d'une crise extraordinaire (2)? »

---

(1) *He would not disguise but that there were abuses in our government; nay, he would suppose, abominable abuses: and if season were proper, he would himself bring forward some such propositions tended to correct them* (Discours du solliciteur général dans le procès de Thomas Hardy et autres, accusés de haute trahison, 4 novembre 1794. *London-Chronicle*, n° 5973, page 447.)

On donnera la fc . ce qu'on voudra à l'expression hypothétique : *he would suppose;* au reste, pour le dire en passant, ce grand procès a fait craindre à des jurisconsultes désintéressés que l'Angleterre n'ait prouvé, dans cette occasion, qu'elle manquait de *lois* ou de *justice;* mais il vaut mieux suspendre son jugement et croire qu'on penserait autrement si l'on voyait les choses de près.

(2) *The difficulty and embarrassment of a particular crisis ... a moment of embarrassment, irritation and disquietude.* (Discours de M. Pitt en réponse à celui de M. Fox, dans la Chambre des Communes, séance du 24 mars 1795. *Morning-Chronicle*, n° 7939.)

La formation parfaite, le complément, la consolidation de la constitution anglaise telle qu'elle existe de nos jours, a coûté aux Anglais des torrents de sang : ils ne l'auront pas trop payée si elle doit durer ; mais si jamais *(et omen quidem dii prohibeant !)* si jamais cette belle constitution devait se dissoudre ; si cette dissolution n'était éloignée que d'un siècle ou deux, et si la destruction de cette superbe machine devait soumettre l'empire à tous les déchirements qui ont précédé l'expulsion des Stuarts, il serait prouvé que cette constitution si vantée, et si digne de l'être dans ses beaux jours, était cependant mauvaise, parce qu'elle n'était pas durable.

Heureusement, il est permis de supposer le contraire, parce que la liberté n'est point nouvelle chez les Anglais, comme je l'ai observé plus haut : en sorte que l'état où ils se trouvent aujourd'hui n'est point un état forcé, et encore parce que le balancement des trois pouvoirs semble promettre à ce gouvernement, du moins pour longtemps, la force de se remonter lui-même ; mais il s'en faut de beaucoup que nous ayons aucune certitude à cet égard. Le seul point incontestable, c'est que la constitution anglaise ne peut être jugée définitivement, parce qu'elle n'a point subi l'épreuve du temps, et si un Français, en convenant de la supériorité de cette constitution considérée d'une manière absolue, avançait néanmoins que le gouvernement de son pays était un meilleur gouvernement moyen que celui d'Angleterre, les juges légitimes de cette assertion ne sont pas nés.

La considération de la durée des gouvernements nous conduit naturellement à celle du plus grand bonheur des peuples : en effet, comme toutes les révolutions politiques entraînent nécessairement de grands maux, le plus grand intérêt des peuples est la stabilité des gouvernements. Mais il ne suffit pas d'examiner ces cas particuliers ; il faut encore mettre dans la balance les biens et les maux qui résultent, pour le plus grand nombre d'hommes, des différentes formes de souverainetés, pendant leur durée.

En raisonnant sur les diverses espèces de gouvernement, on n'appuie point assez sur la considération tirée du bonheur général, laquelle cependant devrait être notre unique règle. Il faudrait avoir le courage de nous avouer une vérité incontestable qui refroidirait un peu l'enthousiasme pour les constitutions libres : c'est que, dans toute république d'une certaine étendue, ce qu'on appelle *liberté* n'est que le sacrifice absolu d'un grand nombre d'hommes fait à l'indépendance et à l'orgueil du petit nombre. C'est ce qu'il est surtout important de ne jamais perdre de vue lorsqu'il s'agit de juger les républiques anciennes, dont un grand nombre d'écrivains, nommément Rousseau et Mably, se sont montrés infiniment trop engoués.

A proprement parler, tous les gouvernements sont des monarchies qui ne diffèrent qu'en ce que le monarque est à vie ou à temps, héréditaire ou éligible, individu ou corps ; ou, si l'on veut, car c'est la même idée en d'autres termes, tout gouvernement est aristocratique, composé de plus ou moins de têtes dominatrices, depuis la démocratie, où cette aristocratie est composée d'autant de têtes que le permet la nature des choses, jusqu'à la monarchie, où l'aristocratie, inévitable dans tout gouvernement, est dominée par une tête seule qui termine la pyramide, et forme sans contredit le gouvernement le plus naturel à l'homme.

Mais de tous les monarques, le plus dur, le plus despotique, le plus intolérable, c'est le monarque *peuple*. L'histoire dépose encore en faveur de cette grande vérité, que la liberté du petit nombre n'est fondée que sur l'esclavage de la multitude, et que les républiques n'ont jamais été que des souverains à plusieurs têtes. dont le despotisme, toujours plus dur et plus capricieux que celui des monarques, augmentait d'intensité à mesure que le nombre des sujets se multipliait.

Rome, surtout, pour régner sur ses vastes domaines, exerça ce despotisme dans toute sa plénitude, et nul pouvoir ne fut jamais plus absolu. Toute la puissance du gouvernement, concentrée au Capitole, ne présentait à l'univers tremblant qu'une seule tête, qu'une puissance unique devant laquelle tout devait fléchir. Tandis que, dans les temps modernes, aucune capitale d'un vaste Etat n'a pu lui donner son nom, Rome au contraire, *immensi caput orbis*, imprimait son nom sur tout ce qui dépendait d'elle, et ne permettait pas même au langage d'altérer l'idée exclusive de cette puissance : ainsi l'empire n'était pas *italien*, il était *romain*. L'armée était *romaine*. Il n'y avait dans les provinces aucun contrepoids, aucune force de résistance : Rome dirigeait tout, ébranlait tout, frappait partout. Le nom de Rome était Roi, et l'imagination prosternée des peuples ne voyait que cette ville étonnante.

Quanta nec est nec erit nec visa prioribus annis.

Mais qui pourrait s'empêcher de gémir sur le sort du genre humain, lorsqu'on songe que ce pouvoir énorme était le patrimoine d'une poignée d'hommes, et que Rome avec ses douze cent mille habitants (1) comptait à peine dans ses murs deux mille propriétaires (2)?

----

(1) On a dit des folies sur la population de Rome antique ; quelques exagérateurs l'ont portée à 4, à 8, et enfin à 14 millions. Brottier appelle justement ces calculs : *enormes et absurdas computationes (de urbis Romæ Pomœrio et magnitudine, incolarumque numero; Notæ et Emend. in Tac.,* tom. II, p. 375, edit. in-4°). Cet habile commentateur porte la population à 1.200.000 habitants. *(Ibid.)* Gibbon est arrivé au même résultat par une autre voie. *(History of the decline and fall,* etc., t. I.) M. Byres, par un calcul tiré de l'étendue du grand cirque, a prétendu que la population de la ville et des faubourgs ne pouvait être au-dessous de 3 millions. Moor prétend que si la muraille de Bélisaire a réellement servi de borne à l'ancienne ville, elle n'a pu contenir, dans aucun temps, plus de 5 à 600.000 âmes, à moins que les maîtres du monde n'aient été bien mal logés ; mais il avoue que si l'on fait entrer les faubourgs dans le calcul, le nombre des habitants peut être porté aussi haut qu'on le jugera à propos. Au milieu de ces incertitudes, j'ai pu m'en tenir au calcul modéré et fondé en raison de Brottier et de Gibbon.

(2) C'est ce que le tribun Philippe, haranguant le peuple,

C'est à ce petit nombre d'hommes que le monde
connu était sacrifié. Quelques lecteurs pourront peut-
être voir avec plaisir comment la liberté française vient
d'apprécier la liberté antique (1). C'est pour les satis-
faire que je citerai ce passage d'un rapport fait à la
Convention nationale au nom des trois Comités du
gouvernement :

« Dans les républiques anciennes », disait l'orateur,
« l'exercice des droits politiques des citoyens était
circonscrit dans un territoire très resserré, ou dans les
murs d'une seule ville. Hors de l'enceinte des gouvernements, on a vécu dans une sujétion insupportable ;
et, dans leur enceinte, l'esclavage le plus dur s'est établi à côté d'une liberté tumultueuse. La dignité de
quelques hommes s'est élevée sur la dégradation du
plus grand nombre. Dans ces contrées dont on nous a
tant vanté la liberté, parce qu'on a vu le peuple dans
un petit nombre d'habitants privilégiés, le nom de

---

l'an 649 de la Fond. de Rome, lui disait, pour l'échauffer et le
déterminer à la loi agraire : *Non esse in tanta civitate duo millia
hominum qui rem habeant;* et Cicéron, qui rapporte ce trait *(de
Offic.*, II, 21), en blâmant l'intention du tribun, ne conteste pas
la vérité du fait. On peut juger, pour le dire en passant, comment
la multitude était influencée et comment l'or des aristocrates se
moquait de la loi *Julia de Ambitu.*

(1) *Ut comparatione deterrima sibi gloriam quærcret.* (TACITE,
Ann., I, 10.) Mais son effronterie tourne contre elle-même, car
toute comparaison la diffame.

liberté n'a pu être prononcé sans exciter le frémissement d'une foule d'esclaves ; on n'a pu prononcer le
nom d'*égalité* sans entendre le bruit de leurs chaînes ;
et la *fraternité* n'a jamais été connue dans les pays où
quelques hommes libres ont tenu constamment sous
leur domination une foule d'hommes condamnés à la
servitude (1). ♦

On n'a pas toujours parlé aussi juste à la tribune de
la Convention nationale ; au lieu de nous extasier sur
la liberté romaine, il faudrait un peu plus réfléchir à ce
qu'elle coûtait au monde, il faudrait se rappeler à quel
point la hauteur et la morgue proconsulaire avilis-
saient les provinces. Un magistrat romain, au milieu
des sujets de la République, était réellement une
espèce de divinité, bonne ou malfaisante suivant les
jeux du hasard. Il est impossible de décrire tout ce
que les provinces avaient à souffrir de ces terribles
magistrats, lorsqu'il leur plaisait de faire le mal ; il
n'y avait pas moyen d'obtenir justice contre eux (2) ;
et lors même que leur conduite était irréprochable, ils
faisaient encore sentir leur supériorité de la manière
la plus dure. Étaient-ils dans l'exercice de leurs fonc-

---

(1) Séance du 12 janvier. *(Monit.*, n° 117, p. 482, 1795.)

(2) Verrès, simple préteur et portant un nom obscur, exerça
impunément tous les crimes en Sicile ; de retour à Rome, l'éloquence de Cicéron, tonnant cinq jours de suite contre lui au nom
d'une nation entière, obtint de le faire exiler. Si on appelle cela
de la justice, on n'est pas difficile.

tions, il ne leur était pas permis de parler une autre langue que celle de Rome : on devait la savoir sur l'Euphrate comme sur le Guadalquivir ; ils ne daignaient pas supposer qu'il en existât d'autres. Il n'y avait pas même d'exception pour l'orgueilleuse Grèce. Les compatriotes de Démosthène et de Sophocle venaient balbutier devant le tribunal d'un proconsul, et s'étonnaient de recevoir des ordres en latin au milieu du Prytanée. L'homme le plus distingué de sa patrie, fût-il même roi, s'il n'était citoyen romain, n'osait prétendre à l'honneur d'embrasser un gouverneur de province, et l'histoire nous montre un roi des Parthes, demandant pour son frère, roi d'Arménie, qui allait à Rome, le privilège d'embrasser ces superbes magistrats (1).

----

(1) Tacite, *Ann.*, *XV*, 31. — Sur cet endroit de Tacite, Brottier rapporte une anecdote intéressante.

« Sévère, qui parvint depuis à l'empire, se rend en Afrique dont il avait obtenu le gouvernement. Marchant un jour, précédé de ses licteurs, il rencontre un habitant de Leptine, son concitoyen, dont il avait été l'hôte pendant longtemps. Celui-ci, ignorant ou ne se rappelant pas la loi qui défendait à tout provincial et même à tout plébéien, d'embrasser un gouverneur de province, ne voit dans Sévère qu'un ancien ami et l'embrasse sans réflexion. Sévère lui fait donner sur-le-champ la bastonnade ; et, pendant l'opération, un crieur public adresse au patient ces paroles consolantes : « Souviens-toi, plébéien, de ne pas embrasser inconsidérément un envoyé du peuple romain : LEGATUM POP. ROM., HOMO

Le pinceau le plus vigoureux de l'antiquité nous
ayant transmis une peinture fidèle de la législation
romaine sous le régime républicain, on me saura gré de
la placer ici. C'est, dans le vrai, une histoire romaine,
faite par l'homme qui abrégeait tout parce qu'il
voyait tout.

« Tarquin, » dit-il, « ayant été proscrit, le peuple
opposa un grand nombre de lois aux entreprises fac-
tieuses des patriciens, pour défendre la liberté et raffermir la concorde. On créa des décemvirs (1), et les
Douze Tables se composèrent de tout ce que les pays
étrangers offrirent de meilleur. Alors la justice cessa
de produire : car les lois qui suivirent, quoique portées
quelquefois pour réprimer le crime, furent cependant,
en général, emportées par la violence au milieu de la
lutte des partis, tantôt pour servir de coupables
ambitions, tantôt pour bannir d'illustres citoyens, ou
pour d'autres vues aussi criminelles. De là naquirent
les Gracques et Saturnin, agitateurs du peuple, et ce
Drusus, non moins prodigue au nom du Sénat, qui fit

PLEBEIUS, TEMERE AMPLECTI NOLI ! Et, pour éviter de
pareils inconvénients, il est décidé que les gouverneurs de province ne sortiront plus à pied. » (Spart., *in Sever.*, II.) Cette
anecdote et celle du roi des Parthes sont de l'Empire, mais la
coutume est de la République et n'aurait même pu commencer
sous une monarchie.

(1) On peut être surpris que Tacite n'ait pas dit, en passant,
à quel prix les Romains achetèrent les lois des XII Tables.

briller l'espérance aux yeux de nos alliés, pour les
jouer ensuite par un *veto* perfide. Même pendant la
guerre sociale, et pendant la guerre civile qui suivit
l'autre de près, on ne sut point cesser de faire des lois
souvent contradictoires ; jusqu'à ce qu'enfin le dictateur Sylla, ayant aboli ou changé ce qui l'avait précédé,
établit lui-même un grand nombre de nouveautés et
produisit un repos dans la législature ; mais ce repos
fut court. Bientôt Lépidus parut avec ses lois turbu-
lentes ; les tribuns ressaisirent le pouvoir d'entraîner le
peuple où ils voulaient ; on en vint à faire des lois
criminelles non pour tous les cas, mais contre des
particuliers ; et l'excès des lois prouva l'excès de la
corruption.

« Alors Pompée, consul pour la troisième fois, fut
choisi pour rétablir les mœurs ; mais il n'employa que
des remèdes plus fatigants que les abus ; il viola ses
propres lois, et perdit enfin par les armes le pouvoir
qu'il défendait par les armes. Vingt ans d'une discorde
opiniâtre suivirent cette époque ; plus de mœurs,
plus de justice : les plus grands forfaits échappaient
aux lois, et souvent les vertus conduisaient à la
mort (1). »

Ce tableau n'est ni suspect, ni séduisant ; mais si les
abus décrits par ce grand maître étaient si affreux dans
les murs de Rome, quels maux devaient-ils produire
dans les provinces ! Il est aisé de s'en former une idée.

------

(1) Tacite, *Ann.*, III, 27, 28.

Aussi, lorsqu'après la bataille d'Actium, le gouvernement tomba enfin dans la main d'un seul, ce fut un beau jour pour l'empire romain ; et Tacite, quoique très amoureux de la République, comme on le voit par mille endroits de ses ouvrages, est forcé d'avouer que les provinces applaudirent à une révolution qui les soulageait infiniment. « Les divisions des hommes puissants, » dit-il, « et l'avarice des magistrats privaient le Sénat et le peuple romain de la confiance publique. Les peuples ne trouvaient qu'un secours impuissant dans les lois dont la violence, l'intrigue et surtout l'or se jouaient sans cesse : en sorte que le nouvel ordre de choses ne déplut point aux provinces (1). »

Le même historien a peint d'une manière frappante, et probablement sans y penser, les souffrances des nations étrangères sous l'empire du peuple romain. On sait que lorsque Auguste s'empara du timon des affaires, rien ne changea à l'extérieur, et que les noms surtout furent toujours les mêmes (2). Le titre de prince dont il

----

(1) *Neque provinciæ illum rerum statum abnuebant, suspecto Senatus Populique imperio ob certamina potentium, et avaritiam magistratuum : incalido legum auxilio, quæ vi, ambitu, postremo pecunia turbabantur.* (TACITE, *Ann.*, I, 2.)

(2) *Domi res tranquillæ : eadem magistratuum vocabula. (Ibid.,* I, 3.) Tout le monde ne se fait pas une idée bien nette de ce changement. L'abbé de la Bletterie l'a parfaitement bien peint dans sa dissertation intitulée : L'*Empereur au milieu du Sénat;* elle se trouve dans les Mémoires de l'Académie des inscriptions.

se contenta, loin de réveiller l'idée du roi, était, pour
les Romains, au-dessous de celui de dictateur (1) : en
sorte qu'Ovide, qui certainement n'avait pas envie de
choquer l'oreille d'Auguste, put dire sans scrupule en
terminant l'inimitable narration de la mort de Lucrèce
et de l'expulsion des Tarquins :

> Ils partent : le peuple eut des consuls et des lois,
> Et ce jour fut pour nous le dernier jour des rois (2).

Une suite régulière de cet ordre de choses fut que le
gouvernement des provinces ne passa point brusque-
ment et en entier entre les mains de l'empereur. Seulement Auguste, pendant son septième consulat, divisa
les provinces, par une espèce de transaction, entre le
peuple et lui. Les gouverneurs pour le peuple s'appelaient *proconsuls* et étaient nommés par le sort, suivant
les formes républicaines ; ceux de l'empereur se nom-
maient légats ou préteurs, et tenaient leurs charges de
son choix. Or, quoique le despote de Rome n'envoyât
dans les provinces, comme on l'imagine assez, que de
petits fripons et de *petits intrigants*, il y eut néanmoins
en très peu de temps une telle différence dans l'état des
provinces soumises aux deux régimes, et les sujets du

----

(1) *Non regno tamen, neque dictatura, sed Principis nomine
constitutam Rempublicam. (Ibid.,* I, 9.)

(2)   *Tarquinius cum prole jugit: capit annua consul
    Jura; dies regnis illa suprema fuit.*

(Ovid., Fast., II.)

peuple se trouvèrent si malheureux comparés aux sujets du *prince*, que lorsque, sous Tibère, l'Achaïe et la Macédoine demandèrent d'être soulagées des charges qui les accablaient, on n'imagina rien de mieux, pour adoucir leur sort, sans nuire au trésor public, que de les délivrer pour le moment du régime proconsulaire et de les donner à l'empereur (1).

Le grand malheur des Romains et de la plus grande partie du monde connu qui leur était soumis, fut qu'à l'accession d'Auguste la révolution ne s'opéra point d'une manière assez complète. Que de larmes et de crimes une monarchie héréditaire eût épargnés au monde ! Mais toutes les formes antiques furent conservées : on eut un sénat, des consuls, des tribuns, des comices et des gouverneurs de provinces *pour le peuple romain*. La prérogative des empereurs était plutôt une puissance de fait qu'une puissance de droit ; la famille Claudienne qui régnait sur l'opinion s'éteignit après avoir produit quelques monstres ; il n'y eut point de succession légale. Bientôt les légions révélèrent *le secret de l'empire*, et l'on fit des empereurs hors de Rome. De toutes ces circonstances réunies il résulta enfin un despotisme militaire et électif, c'est-à-dire la peste en permanence.

Mais le gouvernement des empereurs, comme tous les

____

(1) *Achiam ac Macedoniam, onera deprecantes, levari in præsens proconsulari imperio, tradique Cæsari placuit.* (TACITE, *Ann.*, I, 76.)

autres, ne se dégrada que par nuances. Souvent l'empire fut possédé par de grands hommes, ou par des hommes d'un grand mérite : je ne crois pas que le nom romain ait jamais été plus grand, et que le monde, en général, ait joui d'une plus grande somme de bonheur que sous le règne de Trajan et des Antonins.

Qu'on réunisse les règnes d'Auguste, de Vespasien, de Titus, de Nerva, des Antonins, de Trajan, des Sévères, etc. Durant cette période, 150 millions d'hommes, qui auraient gémi sous la verge des proconsuls républicains, jouissaient d'une existence heureuse ; et à Rome même, au lieu des jouissances tumultueuses de la liberté, on avait le repos. Je sais tout ce que les écrivains de ce siècle ont écrit à Paris, *avec approbation* et *privilège du roi,* pour établir comme quoi la liberté, avec ses poignards, ses guerres, ses divisions intestines, ses séditions et son ivresse sublime, était préférable au repos honteux de la servitude : j'admire beaucoup cette poésie, mais je soutiendrai toujours que Newton avait raison en prose lorsqu'il appelait le repos *rem prorsus substantialem.*

Eh ! pourquoi ne regarder qu'un point? Le genre humain est-il donc tout entier dans les capitales? On parle toujours du peuple, et on le compte pour rien : c'est dans les chaumières qu'il faudrait mettre aux voix la plupart des questions politiques ; mais en parlant toujours d'*humanité,* de *philanthropie,* de *bonheur général,* c'est toujours l'orgueil qui parle pour lui et qui ne regarde que lui. En feuilletant Tite-Live, dans sa demeure aérienne, le jeune écrivain fatigué de son obscurité s'investit par la pensée du rôle d'un citoyen romain ; il est le consul Popilius ; il tient la baguette fameuse et trace autour du monarque le cercle redoutable ; les nations tremblent ; les rois s'inclinent devant lui ; bientôt, son enthousiasme ne connaissant plus de bornes, son imagination débauchée par la vanité le conduit au Capitole sur le char des triomphateurs ; les rois enchaînés le suivent, les légions applaudissent, l'envie expire : il est dieu. Alors il s'écrie : « O divine liberté ; ô sainte égalité ! » Croit-on qu'il s'embarrasse du *peuple* et de tout ce que la grandeur *romaine* coûtait aux nations sujettes? Ces petites considérations ne l'arrêtent point, et l'œil stupidement fixé sur le Capitole, il ne sait pas voir ce que Verrès fait en Sicile.

Non seulement de bons empereurs valaient mieux que la République pour la masse des hommes, mais je suis persuadé que, sous les empereurs vicieux et même détestables, les sujets furent plus heureux que sous la République.

Le prince le plus vicieux n'est pas toujours le plus dangereux. Louis XV, avec sa bonté, leur fait bien plus de mal que Louis XI. En général, les sujets n'ont à redouter dans leurs souverains que les vices gangreneux produits par la faiblesse. Ceux qui tiennent à un caractère sombre et cruel déshonorent beaucoup plus le souverain, mais ne pèsent guère que sur les capitales, et même sur les premières classes des capitales.

L'historien Dion a fait sur l'exécrable Tibère une de ces phrases qu'on n'oublie jamais. « Il avait, » dit-il,

« un grand nombre de bonnes et de mauvaises qualités ;
et s'en servait alternativement comme s'il n'en eût
possédé que d'une espèce (1). »

Mais ce qu'il est important d'observer, c'est que le
peuple ne ressentit guère que les premières. Tibère
maintenait une économie sévère dans l'administration
des revenus publics ; il ne permettait point aux gouverneurs des provinces de fouler les sujets, et, comme tous
les tyrans de son espèce, il s'arrogeait le privilège exclu-
sif des crimes. Sous son règne, l'empire fut tranquille,
et les armes romaines ne furent humiliées nulle part.
Varus fut vengé. Tibère eut l'honneur de donner un roi
aux Parthes et aux Arméniens (2) ; celui des Thraces
fut conduit enchaîné à Rome (3) ; les Gaules furent
châtiées et rentrèrent dans le devoir (4). Le caractère
distinctif de son administration était l'éloignement
pour les nouveautés, et sa première maxime était de
laisser toutes les choses à leur place, de peur de les
gâter. Il avait en horreur tout ce qui pouvait troubler
le repos public (5). L'or ne pouvait rien sur lui (6), et

---

(1) *Liv.* LVIII. Voilà bien Tibère, et Tibère tout entier. Ce
trait est digne du plus grand maître : il appartient à Tacite qui
l'a laissé échapper par distraction.

(2) TACITE, *Ann.*, II, 56 ; VI, 32.

(3) *Ibid.*, II, 66.

(4) *Ibid.*, III, 40.

(5) *Nihil æque Tiberium anxium habebat, quam ne composita
turbarentur. (Ibid.,* II, 65.)

(6) *Satis firmus, ut sæpe memoravi, adversum pecuniam.* (TAC.,
Ann. V, 18.)

jamais il ne s'en procura par des crimes ; on le vit
répudier de riches héritages, pour les laisser à ceux que
la nature appelait à la succession (1), et jamais il ne
voulut accepter d'autres legs que ceux de l'amitié (2) :
il permit à des généraux d'armée d'appliquer à des
monuments publics les richesses qu'ils avaient enlevées
aux ennemis de l'Etat (3). Sans pitié pour cette pauvreté honteuse qui est fille d'une prodigalité immo-
rale, souvent il venait au secours de la vertu indigente (4) ; il repoussa durement les prières d'un noble
ruiné qui demandait de quoi soutenir un grand nom (5);
mais lorsqu'un tremblement de terre renversa dans une
nuit douze villes de l'Asie Mineure, Tibère n'oublia
rien pour consoler les malheureux habitants, et par
des dons magnifiques et par des exemptions d'im-
pôts (6). Un incendie affreux ayant consumé, à Rome,
tout le mont *Celius*, il ouvrit ses trésors et distribua
ses bienfaits avec tant d'impartialité, il eut si bien l'art
de découvrir l'infortune isolée et timide pour l'appeler

---

(1) *Ibid.*, II, 48.

(2) *Neque hæreditatem cujusquam adiit, nisi cum amicitia
meruisset; ignotos et aliis infensos eoque Principem nuncupantes,
procul arcebat. (Ibid.)*

(3) *Ibid.*, III, 72.

(4) *Ut honestam innocentium paupertatem levavit; ita prodigos
et ob flagitia egentes... movit senatu, aut sponte cedere passus est.
(Ibid.*, II, 48.)

(5) *Ibid.*, II, 38.

(6) *Ibid.*, II, 47.

au partage de ses dons, que les grands et le peuple lui accordèrent également leur admiration et leur reconnaissance (1).

Si les provinces portaient des demandes à Rome, il les portait lui-même au Sénat ; et, sans laisser échapper le pouvoir, il aimait à s'éclairer par la discussion (2). Chose singulière ! la bassesse toujours prosternée semblait irriter ce caractère atroce plus que la vertu austère et l'intrépide franchise. Tout le monde connaît son exclamation sortant du Sénat : *O hommes nés pour l'esclavage !* Le véritable mérite pouvait le désarmer.

Pison, revêtu des plus grandes charges, fut honnête homme impunément jusqu'à l'âge de 80 ans, et mourut dans son lit sans s'être dégradé une seule fois par une opinion servile (3). Térentius fut encore plus heureux : et non seulement sa noble et incroyable hardiesse ne lui coûta ni la vie, ni la liberté ; mais Tibère laissa le Sénat punir à son aise par l'exil et par la mort les vils accusateurs de ce brave chevalier romain (4).

Si l'histoire ancienne n'était pas, en grande partie, l'histoire de cinq ou six capitales, on raisonnerait mieux

-----

(1) *Actæque ei grates, apud senatum ab inlustribus, jamdque apud populum, quia sine ambitione, aut proximorum precibus, ignotos etiam, et ultro accitos, munificentia juverat.* (TACITE, *Ann.*, IV, 64.)

(2) *Postulata provinciarium ad disquisitionem patrum mittendo.* (*Ibid.*, III, 60.)

(3) TACITE, *Annal.*, VI, 10.

(4) TACITE, *Annal.*, VI, 8.

sur la véritable politique ; mais il est aisé d'imaginer que les peuples soumis à Tibère dans l'étendue de son empire se trouvaient très heureux ; que le laboureur, guidant tranquillement sa charrue, au sein de la paix la plus profonde, rappelait avec horreur à ses enfants les proconsuls et les triumvirs de la République, et s'inquiétait fort peu des têtes de sénateurs qui tombaient à Rome.

CHAPITRE VII

Résumé des jugements de Rousseau sur les différentes sortes de gouvernements. — Autres jugements de même nature. — Réflexions sur ce sujet.

Dans la monarchie héréditaire, tout marche au même but ; mais ce but n'est point celui de la félicité publique et la force même de l'administration tourne sans cesse (1) au préjudice de l'Etat. Les rois veulent être absolus... La puissance qui vient de l'amour des peuples... ne leur suffit point... Les meilleurs rois veulent être méchants s'il leur plaît... Leur intérêt personnel est premièrement que le peuple soit faible et misérable.. Ceux qui parviennent aux meilleures places dans les monarchies ne sont, le plus souvent, que de petits

---

(1) Voilà encore une de ces conceptions louches qui fourmillent dans les ouvrages philosophiques de Rousseau : veut-il dire que le principe d'un gouvernement est contraire à ce gouvernement? Cette proposition est digne d'un *bedlam*. Veut-il dire seulement que la monarchie, comme toutes les institutions humaines, porte en elle-même des principes de destruction? C'est une de ces vérités qu'on lit sur les écrans.

brouillons, de petits fripons, de petits intrigants, à qui
les petits talents qui font, dans les cours, parvenir aux
grandes places, ne servent qu'à montrer leur ineptie au
public. Lors même que le souverain a des talents, il
oublie les intérêts des peuples et ne les rend pas moins
malheureux par l'abus des talents qu'il a..., qu'un
chef borné par le défaut de ceux qu'il n'a pas.

« Dans la monarchie élective, celui à qui l'état s'est
vendu le vend à son tour. Il se dédommage sur les
faibles, de l'argent que les puissants lui ont extorqué...
La paix dont on jouit sous ces rois est pire que le
désordre des interrègnes. Dans la monarchie héréditaire
on a préféré une apparente tranquillité à une administration sage ; on risque d'avoir pour chef des enfants,
des monstres, des imbéciles, plutôt que d'avoir à disputer sur le choix des bons rois. On n'a pas considéré
qu'en s'exposant ainsi aux risques de l'alternative, on
met presque toutes les chances contre soi... Tout con-
court à priver de justice et de raison un homme élevé
pour commander aux autres. Le défaut de cohérence
produit l'inconstance du gouvernement royal... qui
flotte toujours de maxime en maxime et de projet en
projet... L'éducation royale corrompant nécessairement ceux qui la reçoivent... ce serait s'abuser que
de compter sur les bons rois. Pour voir ce qu'est ce
gouvernement en lui-même, il faut le considérer sous
des princes bornés ou méchants, car ils arriveront tels
au trône, ou le trône les rendra tels (1). »

---

(1) *Contrat social*, liv. III, ch. vi. N'oublions pas que l'homme

L'aristocratie héréditaire est vite jugée. « C'est le pire de tous les gouvernements (1). »

La démocratie « suppose trop de choses difficiles à réunir... Il n'y a pas de gouvernement si sujet aux guerres civiles et aux agitations intestines... parce qu'il n'y en a aucun qui tende si fortement et si continuellement à changer de forme ni qui demande plus de vigilance et de courage pour être maintenu dans la sienne... S'il y avait un peuple de dieux, il se gouvernerait démocratiquement. Un gouvernement si parfait (2) ne convient pas à des hommes. »

---

qui écrivait ces choses a presque toujours vécu par choix dans les états monarchiques, et qu'il a employé les instants qu'il a passés dans sa patrie à souffler l'incendie qui la brûle encore dans ce moment.

(1) *Ibid.*, ch. v. Je ne dis rien de l'aristocratie élective que Rousseau appelle courageusement l'*aristocratie proprement dite*. Il oublie d'exprimer ce qu'il entend par ce gouvernement, et j'avoue que si ce n'est pas la démocratie, je ne sais ce que c'est.

(2) Cette épithète *emphatisée* ne s'applique pas sans doute à la démocratie telle qu'on peut la voir ou l'avoir vue sur la terre, car Rousseau vient d'en dire tout le mal possible. S'applique-t-elle au moins à la démocratie théorique? Pas davantage, car dans la théorie tous les gouvernements sont parfaits, et il en coûte même beaucoup moins à l'imagination de créer un excellent roi qu'un excellent peuple. Que signifie donc : *un gouvernement si parfait?* Rien. A toutes les pages des écrits philosophiques de Rousseau on rencontre des expressions qui n'ont point de sens, ni pour lui ni pour nous ; souvent, il n'achève pas de penser. Ses

Ce qui résulte de ces doctes invectives, c'est que chacun des trois gouvernements est le pire des trois : c'est une fort belle découverte.

Il s'en faut de beaucoup que ce ridicule soit perdu pour la morale universelle, et pour la politique qui en est une branche. Il donne lieu aux réflexions les plus utiles : il fait connaître la principale maladie de ce siècle et le caractère des hommes dangereux qui nous ont fait tant de mal.

Voilà Rousseau qui ne veut d'aucun gouvernement, et qui les insulte tous. La monarchie est détestable ; l'aristocratie est détestable ; la démocratie ne vaut pas mieux : il ne peut supporter aucune forme de gouvernement ; l'Angleterre n'a pas les premières notions de la liberté. « Le peuple anglais pense être libre : il se trompe fort ; il ne l'est que durant l'élection des membres du Parlement. Sitôt qu'ils sont élus, il est *esclave*, il n'est rien. Dans les courts moments de sa liberté, l'usage qu'il en fait mérite bien qu'il la perde (1). »

La durée même de la République de Venise prouve qu'elle ne vaut rien. « Le simulacre de cette République dure encore uniquement parce que ses lois ne conviennent qu'à de méchants hommes (2). »

---

conceptions équivoques tiennent de la magie du style une existence apparente ; mais si l'analyse arrive avec son scalpel, elle ne trouve rien.

(1) *Contrat social*, liv. III, ch. xv.

(2) *Contrat social*, liv. IV, ch. iv.

La liberté batave déplaît à Mably. « Le gouvernement de cette République se déforme depuis qu'elle a
changé en magistrature ordinaire une dictature qui
devait être réservée pour des temps courts et difficiles.
Le stathouder n'est encore qu'un lionceau qu'on tient
à la chaîne ; mais il ne peut la rompre et devenir un
lion ; parlons sans figure : tout invite ce prince à ruiner
sa patrie. »

Voltaire ne veut point de la liberté antique : il l'appelle *le gouvernement de la canaille*. Mais il aime encore
moins la monarchie, et il s'écrie pour l'instruction civile
et religieuse des peuples :

> O sagesse du Ciel ! je te crois très profonde ;
> Mais à quels plats tyrans as-tu livré le monde !

Un orateur de la Convention nationale maudissait
encore l'année dernière, la cendre des Girondins, pour
avoir voulu ravaler la nation française au niveau des
Grecs et des Romains. « Ils voulaient aussi la liberté »,
disaient-ils, « mais comme à Lacédémone et à Rome »
— les monstres !... — « c'est-à-dire la liberté subordonnée à l'aristocratie des talents, des richesses et de
l'orgueil (1). »

Condorcet ne pense pas plus avantageusement sur
les anciens. « Ces hommes que nous avions la bonhomie
d'admirer, n'ont jamais su établir *que des anarchies des-*

---

(1) Garnier de Saintes. Séance du 21 septembre 1794. *(Moniteur,* n° 5, p. 22.)

potiques; et ceux qui cherchent des leçons chez eux sont des pédants. »

Cependant il veut la liberté : ira-t-il peut-être la chercher dans la sage et paisible Helvétie? Encore moins.

« Les gouvernements de ces pays y conservent seulement l'apparence et le langage des constitutions républicaines ; et, en y gardant soigneusement toutes les formes de l'égalité, les distinctions n'y sont pas moins réelles que celles qui séparent les premiers esclaves d'un despote, du dernier de ses sujets (1). »

Un philosophe suisse, disciple sans doute de ces grands hommes, juge son pays encore plus sévèrement. « Dans les états démocratiques de la Suisse », dit-il, « si l'on excepte les intrigants, les chercheurs de place, les hommes vils, vains et méchants, les ivrognes et les fainéants, il n'y a pas, dans la République un seul homme heureux et content (2). »

Mais ce Condorcet qui voulait absolument la liberté et qui voulait l'établir sur les débris de tous les trônes, l'avait-il vue au moins quelque part sur la terre? Non, « jamais il n'a vu de constitution vraiment républicaine » et telle qu'il la désirait (3).

---

(1) CONDORCET, *Éloge d'Euler.*

(2) « Moyen de faire de la République française un tout à jamais indivisible. » (Brochure in-4°, par un Suisse. *Courr. république.*, 1795, n° 558, p. 128.)

(3) *Vie de Turgot*, p. 106.

Que voulait-il donc, grand Dieu ! Et que veulent tous les philosophes, puisque rien de ce qui existe ou de ce qui a existé ne peut avoir le bonheur de leur plaire? Ils ne veulent aucun gouvernement, parce qu'il n'en est point qui n'ait la prétention de se faire obéir ; ce n'est pas *cette* autorité qu'ils détestent, c'est l'*autorité :* ils n'en peuvent supporter aucune. Mais si vous les pressez, ils vous diront qu'ils veulent, comme Turgot, une grande démocratie (1) ; déjà même Condorcet avait dessiné de sa main savante ce *grand* cercle carré ; mais, comme on sait, ce plan n'a pas fait fortune.

Il serait inutile de multiplier ces folles citations : c'en est assez pour nous ramener à l'excellent mot de Rousseau qui a toujours raison lorsqu'il parle contre lui-même : « Si je consulte les philosophes, chacun n'a que sa voix. » Ennemis mortels de toute espèce d'association, possédés d'un orgueil repoussant et solitaire, ils ne s'accordent que sur un point : la fureur de détruire ; et, chacun voulant substituer à ce qui lui déplaît ses propres conceptions qui ne sont approuvées que par lui, il en résulte que toute leur puissance est négative, et que tous leurs efforts pour édifier sont impuissants et ridicules. O hommes égarés ! apprenez une fois enfin à connaître ces jongleurs dangereux, laissez-les s'admirer tout seuls et ralliez-vous à la raison nationale qui ne trompe jamais. Souvenez-vous que chaque nation a, dans ses lois et dans ses coutumes

____

(1) *Ibid.*

anciennes, tout ce qu'il lui faut pour être heureuse autant qu'elle peut l'être, et qu'en prenant ces lois vénérables pour les bases de tous vos travaux régénérateurs, vous pouvez déployer toute votre perfectibilité sans vous livrer à de funestes innovations.

Elevez-vous encore à de plus hautes pensées. L'éternelle raison a parlé, et ses oracles infaillibles nous ont montré dans l'orgueil « le commencement de tous les crimes » ; ce principe est déchaîné sur l'Europe, depuis que ces philosophes vous ont débarrassés de la foi de vos pères. La haine de l'autorité est le fléau de nos jours : il n'y a de remède à ce mal que dans les maximes sacrées qu'on vous a fait oublier. Archimède savait bien que, pour soulever le monde, il lui fallait un point d'appui hors du monde.

Les ennemis de tout ordre ont trouvé ce point d'appui, pour bouleverser le monde moral. L'athéisme et l'immoralité soufflent la révolte et l'insurrection. Voyez ce qui se passe sous vos yeux : au premier signal des révolutions, la vertu se cache, et l'on ne voit plus agir que le crime. Qu'est-ce donc que cette liberté dont les fondateurs, les fauteurs et les apôtres sont des scélérats? Ah ! vous avez un moyen sûr d'opérer de grandes et salutaires révolutions. Au lieu d'écouter les prédicateurs de la révolte, travaillez sur vous-mêmes : car c'est vous qui faites les gouvernements, et ils ne peuvent être mauvais si vous êtes bons (1).

---

(1) Un prédicateur anglais prononça, en 1793, un jour de jeûne solennel, un sermon sous ce titre : *Fautes du gouvernement, fautes*

La sagesse humaine, avec moins de motifs et moins de lumières, tient cependant le même langage, et vous pouvez l'en croire lorsqu'elle vous dit que « le premier bien pour un empire, pour une armée et pour une famille, c'est l'obéissance (1). »

Marchamont Needham, faible précurseur de Rousseau, qui raisonnait aussi mal que le citoyen de Genève, mais qui était, en outre, plat et verbeux, dit que *dans un gouvernement populaire* la porte des dignités est ouverte au mérite et à la vertu, et que c'est ce qui produit dans les états libres cette noble et généreuse émulation qui nous fait concevoir les plus beaux desseins et nous porte aux actions les plus héroïques (2). »

Son traducteur français ajoute d'après Shaftesbury: « Un gouvernement libre est pour les arts ce que la bonté du sol est pour les plans vigoureux. C'est ce qui fait que les nations libres les ont portés, en peu de temps, à un si haut point de perfection ; tandis que les empires les plus vastes et les plus puissants, lorsqu'ils sont sous le joug du despotisme, ne produi-

---

du peuple: « Sins of governement, sins of the nation. » *(London-Chronicle*, 1793, n° 5747, p. 58.) J'ignore si le titre fut rempli comme il pouvait l'être ; mais ce titre seul est une grande vérité et vaut un livre.

(1) Xenoph., *Laced. polit.*, c. viii, § 3.

(2) *De la souveraineté du peuple et de l'excellence d'un état libre.* Trad. franç., t. I, p. 57.

sent, après des siècles de loisir, que des essais informes
et barbares (1). »

Et d'après Ceruti, auteur un peu moins respectable :
« Semblables à ces plantes qui demandent, pour croître, le sol le plus fécond et le climat le plus favorable,
ce n'est que sous le climat fortuné de la gloire, sur le sol
bienfaisant des honneurs, qu'on peut espérer de voir
l'éloquence germer et fructifier (2). »

Hume était d'un avis bien différent lorsqu'il disait :
« J'ai honte d'avouer que Patru plaidant pour la restitution d'un cheval est plus éloquent que nos orateurs
agitant les plus grands intérêts dans les assemblées du
Parlement (3). »

En effet, la nation française est la plus éloquente de
toutes, non seulement parce que ses orateurs proprement dits sont au-dessus de tous les autres, mais parce
qu'elle a porté l'éloquence dans tous les genres de com-
positions, et que nulle nation n'a mieux parlé sur tout.
L'influence qu'elle a sur l'Europe tient en premier
lieu à ce talent, malheureusement trop démontré au
moment où j'écris (4).

----

(1) *De la souveraineté du peuple et de l'excellence d'un état libre.*
Trad. franç., t. I, p. 57.

(2) *Ibid.*, p. 57.

(3) *Essais.*

(4) Mais ce talent, comme la lance d'Achille, peut guérir les
maux qu'il a faits. Les nations, ainsi que les individus, ont une
mission dans ce monde ; il est probable que celle de la nation française n'est pas achevée ; et comme la France, pour remplir les

Il faut donc avouer que la nation française était libre sous ses rois, ou que la liberté n'est pas nécessaire à l'éloquence. Je laisse le choix à ces grands philosophes. Ce que je dis de l'éloquence, il faut le dire de tous les arts et de toutes les sciences : il est si faux qu'ils aient besoin de la liberté que, dans les états libres, ils ne brillent jamais qu'au déclin de la liberté.

Les plus beaux monuments d'Athènes appartiennent au siècle de Périclès. A Rome quels écrivains a produits la République? Plaute et Térence seuls. Lucrèce, Salluste et Cicéron l'ont vu mourir. Vient ensuite le siècle d'Auguste où la nation fut tout ce qu'elle pouvait être en fait de talents. Les arts, en général, ont besoin d'un roi : ils ne brillent que sous l'influence des sceptres. En Grèce même, le seul pays où ils aient fleuri au milieu d'une république, Lysippe et Apelles travaillaient pour Alexandre. Aristote tenait de sa générosité les moyens de composer son histoire des animaux ; et, depuis la mort de ce monarque, les poètes, les savants, les artistes allaient chercher la protection et les récompenses dans les cours de ses successeurs (1).

---

vues auxquelles elle est destinée, avait besoin de conserver son intégrité, elle l'a conservée contre toutes les probabilités humaines. *Populi meditati sunt inania.* Réduits par notre faible nature à nous attacher aux probabilités, songeons au moins qu'il y a des probabilités fécondes comme il y a des vérités stériles.

(1)   *Nec sacra fert quisquam sese ad certamina Bacchi,*
        Suaviloquo doctus modulari gutture carmen,
        Quin pretium referat dignum arte. Hinc tollere cœlo

Que veut dire Needham lorsqu'il avance que les gouvernements populaires seuls produisent cette noble émulation qui fait concevoir les plus beaux desseins?

Que veut dire Shaftesbury lorsqu'il soutient que « les nations libres ont porté les arts en peu de temps au plus haut point de perfection, et que les empires les plus vastes et les plus puissants, lorsqu'ils sont sous le joug du despotisme, ne produisent, après des siècles de loisirs, que des essais informes ou barbares » ?

On serait tenté de croire que c'est une plaisanterie. Sparte et Rome libre n'ont jamais pu enfanter un poème ni tailler une colonne (1). Et ce n'était pas sous le régime de la liberté qu'Horace s'écriait :

Non, jamais il ne fut de mortels plus heureux !
Nous chantons, nous peignons mieux que ces Grecs fameux.

L'*Enéide* fut faite pour Auguste ; le frontispice de la *Pharsale* est décoré d'un bel éloge de Néron. L'Arioste et le Tasso flattèrent de plus petits princes, à la vérité ; mais cependant, c'étaient des princes. Voltaire, né à Paris, dédia la *Henriade* à une reine d'Angleterre. Enfin, si l'on excepte Milton, qui brilla dans un moment de frénésie universelle et qui semble n'avoir

---

Musarum interpres vatum chorus omnis eumdem
Adproperat; neque enim diti præclarior ulla
Res homini, quam tuta insigni gloria cantu.
Theocr. Idyll. XVII. *Encomium Ptolemæi.* Je me sers de l'élégante traduction de M. Zamagna.

(1) *Nos etiam qui rerum istarum rudes sumus.* (Cic., *In Verrem.*)

**   21

écrit, dit Voltaire, que pour les anges, pour les diables et pour les fous, tous les poètes épiques ont chanté des rois pour amuser des rois.

Un regard de Louis XIV payait l'auteur de *Cinna;* c'était pour Louis que Racine enfantait ses miracles ; Tartufe et Armide le distrayaient des affaires ; et *Télémaque,* qu'il n'étudia pas assez, fut cependant une production de son règne.

De nos jours, nous avons vu Métastase, abandonnant son pays trop morcelé pour son génie, venir chercher à Vienne l'aisance et la protection dont il avait besoin.

Quant aux grands mouvements et aux grandes entreprises, elles n'appartiennent qu'aux monarchies, par la raison toute simple que les républiques étant toujours petites et pauvres, ce qu'elles font est petit comme elles.

La plus fameuse de toutes fut Athènes ; mais que pouvait faire une République qui n'avait que 20.000 citoyens, dont les revenus n'excédaient guère trois millions de notre monnaie (1) ; qui donnait à ses ambassadeurs deux drachmes, c'est-à-dire 40 sous de cette même monnaie par jour (2) ; à qui Démosthène disait

---

(1) Xénophon, sur les revenus d'Athènes, à l'endroit, si je ne me trompe, où il parle des mines.

(2) « Athènes dans le temps de sa plus grande splendeur ne donnait à ses ambassadeurs que deux drachmes par jour. » (Note de M. Larcher sur *Hérodote*, liv. III, § 131.) — A la place des originaux qui me manquent, je puis citer un moderne, savant et exact.

dans le moment du plus grand danger : « Je dis donc qu'en tout il vous faut 2.000 hommes de pied, tous étrangers ; je ne m'y oppose pas, hors 500 Athéniens..... Joignons-y 200 cavaliers, dont 50 au moins soient Athéniens (1). »

Que peuvent faire de pareilles puissances en fait d'entreprises et de monuments? Fortifier une ville médiocre et la décorer.

Mais les pyramides, les temples, les canaux, les réservoirs d'Egypte, les jardins, les palais et les murs de Babylone, etc., n'appartiennent qu'à des pays immenses, c'est-à-dire à des monarchies.

Est-ce une main républicaine qui pesa l'air? qui traça les méridiennes d'Uranisbourg, de Bologne et de Paris? qui porta le pendule à Cayenne? qui mesura les degrés du méridien à Quito, à Torneo, à Paris, à Rome, à Turin, à Vienne ? Est-ce dans le sein d'une république que naquirent les quatre géants Copernic, Képler, Galilée et Descartes, qui renversèrent l'édifice des préjugés et firent place à Newton?

Ces navigateurs intrépides qui ont découvert de nouvelles contrées, rapproché tous les hommes, et si fort perfectionné l'astronomie, la géographie et toutes les parties de l'histoire naturelle, depuis Christophe Colomb jusqu'à Cook, n'ont-ils pas tous porté une couronne dans leur pavillon?

Quant aux arts, la Grèce a brillé dans ce genre, non parce que la liberté leur est nécessaire, ce qui est une

____

(1) Démosth., *Phil.* I, trad. d'Olivet.

grande erreur, mais parce que les Grecs étaient destinés au gouvernement républicain, et que nulle nation
ne déploie tous ses talents que sous le gouvernement
qui lui convient.

Mais si les édifices de Palmyre et de Rome antique (1), si la mosquée de Cordoue et le palais de
l'Alhambra, si l'église de Saint-Pierre, les fontaines,
les palais, les musées, les bibliothèques de Rome chrétienne, si la colonnade du Louvre, les jardins de Versailles, l'arsenal de Brest, de Toulon et de Turin ; si
les tableaux de Michel-Ange, de Raphaël, de Corrège,
du Poussin et de Lesueur ; si les statues de Girardon,
de Puget ; si la musique de Pergolèse, de Jomelli, de
Gluck et de Cimarosa ; si toutes ces choses, dis-je,
qui sont cependant des productions du génie humain
courbé *sous le joug du despotisme*, ne paraissent à
Shaftesbury et à ceux qui pensent comme lui, *que des
essais informes ou barbares*, il faut avouer que les philosophes sont bien difficiles à contenter.

Ce qu'il y a de curieux, c'est que, tandis que ces cen-
seurs du *despotisme* l'accusent de *stupéfier* les hommes
et de les rendre inhabiles aux grandes productions
du génie, d'autres l'accusent au contraire de corrompre
et d'enchaîner les hommes en les tournant trop vers les
jouissances de ce genre. « On a trop admiré, » dit
Rousseau, « les siècles où l'on a vu fleurir les lettres et

---

(1) Les monuments antiques qu'on va admirer à Rome sont
presque tous postérieurs à la République qui ne se piquait nullement de goût. *Tu regere imperio*, etc.

les arts, sans pénétrer l'objet secret de leur culture, sans en considérer le funeste effet, *idque apud imperitos humanitas vocabatur quum pars servitutis esset* (1). » Pauvre monarchie ! on l'accuse tout à la fois d'abrutir les peuples et de leur donner trop d'esprit.

Considérons encore les gouvernements du côté de la population. « Le meilleur, » dit encore Rousseau, « est celui qui peuple le plus. » Il ne s'est pas compris lui-même, comme on l'a vu plus haut, en avançant cette maxime ; il fallait dire qu' « un peuple est bien gouverné lorsque, sous l'influence de son gouvernement particulier, sa population se tient au plus haut point possible, relativement à l'étendue de son territoire, ou s'en approche graduellement. »

Mais ce plus haut point possible ne dépend nullement de telle ou telle forme de gouvernement. Un poète ancien disait dans un éloge du premier des Ptolémées : « Nulle terre dans l'univers n'est plus féconde que celle de l'Egypte. On y compte 33.339 villes qui obéissent au sceptre de Ptolémée... Parlerai-je de l'immensité de ses forces militaires? Ses richesses effacent celles de tous les rois. Chaque jour et de toute part elles affluent dans son palais. Son peuple industrieux travaille sans crainte au sein de la paix. Nul étranger n'oserait envahir le Nil et troubler les travaux du paisible agriculteur (2) », etc.

---

(1) *Contrat social*, liv. III, ch. ix, dans la note.

(2) *...Sunt scilicet omnes*

    Ter centum, ter denæ olli, terque ordine ternæ

Supposons, si l'on veut, quelque exagération dans le nombre des villes, quoiqu'il soit exprimé d'une manière si précise ; supposons encore que la poésie ait abusé jusqu'à un certain point du mot de *ville* : il nous restera toujours l'idée d'une richesse et d'une population relative vraiment extraordinaires.

On assure, dit Hérodote, que « l'Egypte ne fut jamais plus heureuse ni plus florissante que sous Amasis... *Ce pays* contenait alors 20.000 villes toutes bien peuplées (1). »

« L'Egypte, » dit un autre historien, « était autrefois

Triginta supra tria millia, quas regit unus.
Tet populis sceptrisque potens Ptolemæus...
Quid memorem turmasque equitum, protectaque scutis
Agmina quæ densa fremunt, atque ære corusca
Solis inardescunt radiis? Longe anteit omnes
Divitiis reges ingentibus : undique rerum
Quotidie aggeritur vis tanta in tecta, nec ullum
Interea populis sollerti in pace beatis
Cessat opus. Nemo piscosum invadere Nilum
Scilicet, ac trepidis acies inferre pedestres
Agricolis audet...

(THEOCR. *Ptolem. Encom.* Idyll. XVII, v. 94, 99, traduction de M. Zamagna.)

On peut reprocher à cette traduction, d'ailleurs si exacte, et dont les premiers vers surtout sont un tour de force, de laisser douter si les 33.339 villes se trouvaient dans l'Egypte seule, ou dans l'ensemble des pays qui obéissent à Ptolémée. Le texte ne permet pas le moindre doute sur ce point

(1) HÉROD., l. II, § 77. V. la note de M. Larcher sur cet endroit.

le pays le plus peuplé de l'univers ; et de nos jours
encore, je ne le crois inférieur à aucun autre. Dans les
temps anciens, il possédait plus de 18.000 villes ou
bourgades considérables, comme l'attestent les regis-
tres sacrés ; et, sous le règne de Ptolémée, fils de Lagus,
on en comptait plus de 30.000 (1). »

« Calculateurs, c'est maintenant votre affaire ;
comptez, mesurez, comparez (2). » Voyez comment en
Egypte, non seulement sous le règne des Ptolémées,
mais encore sous la despotisme théocratique de ses
anciens rois, « les citoyens, sans moyens étrangers,
sans naturalisation, sans colonies, peuplaient et multi-
pliaient plus qu'en aucun autre lieu de l'univers (3). »

Dans la séance de la Convention nationale du 25 décembre 1794, on lui disait, au nom du Comité de commerce, que « l'Espagne, avant l'expulsion des Maures,
avait quatre-vingts villes du premier rang et cinquante
millions d'habitants (4). »

Le rapporteur qui copiait, à ce qu'il semble, le *Pré-*

------

(1) Dion. Sic., l. I, § 31. — M. Larcher ne veut point lire ici,
avec quelques manuscrits, trente mille (τρισμυριων), cette
leçon lui paraissant pécher contre la vraisemblance. Elle s'accorde
cependant avec le témoignage de Théocrite et des autres anciens,
beaucoup mieux que celle de trois mille (τρισχιλιων) qu'il adopte
et qui paraît absolument inadmissible, si l'on observe seulement
la marche des idées dans le texte de Diodore.

(2) *Contrat social*, l. III, ch. ix.

(3) *Ibid.*

(4) *Moniteur*, n° 96, p. 367, décembre 1794.

cis historique sur les Maures, aurait dû dire que ces quatre-vingts villes du premier ordre se trouvaient dans les états seuls du calife de Cordoue (1) qui en contenaient encore trois cents du second ordre et un nombre infini de bourgs. Cordoue seule renfermait dans ses murs deux cent mille maisons. Les ambassadeurs de l'empereur grec venaient, dans cette immense cité, se prosterner devant le calife pour en obtenir des secours contre les califes de Bagdad qui pressaient l'empire de Constantinople.

Les rois maures de Grenade, dans un état de quatre-vingts lieues de long sur trente de large, possédaient quatorze grandes cités, plus de cent petites villes et un nombre prodigieux de bourgs. Ils avaient cent mille hommes de troupes réglées, et cette armée dans un besoin pouvait aisément se doubler. La seule ville de Grenade fournissait cinquante mille guerriers (2).

Et ces Maures, si redoutables les armes à la main, étaient encore les meilleurs agriculteurs, les plus excellents artistes, les négociants les plus actifs et les premiers hommes de l'univers dans tous les genres de science.

Aujourd'hui l'Espagne entière, réunie sous le sceptre

---

(1) Ces états ne comprenaient que le Portugal, l'Andalousie, les royaumes de Grenade, de Murcie, de Valence et la plus grande partie de la Nouvelle-Castille.

(2) FLORIAN, *Précis historique sur les Maures*, p. 51, 57, 113.

du même souverain, n'a que dix millions et demi d'habitants (1).

Cependant, il n'a jamais existé de despotisme plus fort que celui des califes. Rousseau, qui avait tant lu de romans, se rappelait sans doute avoir lu dans les *Mille et une nuits* cet endroit où le vizir dit à sa fille Dinazarde : « Vous sentez, ma fille, *que si le sultan m'ordonnait de vous tuer, je serais obligé d'obéir.* »

Le despotisme civil et religieux des califes est donc « infailliblement le meilleur gouvernement (2), » ou, du moins, il vaut mieux que la monarchie tempérée, puisque, sous le même ciel, sur le même territoire, et au milieu des guerres les plus opiniâtres et les plus cruelles dont l'histoire fasse mention, la population générale et partielle s'élevait à un point qui semble incroyable, comparé à ce que nous voyons de nos jours.

Et ce qu'il est bien essentiel d'observer, c'est que les peuples ne parviennent jamais à ce point de population sans une grande énergie morale, que toutes les nations ont possédée, plus ou moins, à une certaine époque de leur vie politique. Tous les précepteurs modernes de la révolte, depuis le cèdre jusqu'à l'hysope, répètent à l'envi que le despotisme avilit les âmes : c'est encore

---

(1) Suivant le *censo* fait par M. le comte de Florida Blanca avec toute l'exactitude possible, et publié à Madrid par ordre du roi, in-4°, 1787. — *N.B.* La population avait augmenté d'un million depuis dix-huit ans. (*European Magazine*, déc. 1790, p. 403.)

(2) Rousseau, à l'endroit cité.

une erreur ; le despotisme n'est mauvais que lorsqu'il s'introduit dans un pays fait pour un autre gouvernement, ou lorsqu'il se corrompt dans un pays où il est à sa place. Mais, tandis que ce gouvernement est dans sa vigueur, le peuple est grand et énergique à sa manière, autant et plus peut-être que dans les républiques.

Etaient-ce donc des hommes vils et efféminés que ces étonnants Arabes (1), qui parcoururent la moitié du globe, l'alcoran d'une main et le glaive dans l'autre, et criant : « *Victoire et paradis?* » Transportons-nous au siècle d'Omar. « L'Asie tremble devant lui, et les terribles Musulmans, modestes dans leurs victoires, rapportant leurs succès à Dieu seul, conservent au milieu des pays les plus beaux, les plus riches, les plus délicieux de la terre, au sein des peuples les plus corrompus, leurs mœurs austères, frugales, leur discipline sévère, leur respect pour la pauvreté. On voit les derniers des soldats s'arrêter tout à coup dans le sac d'une ville, au premier ordre de leur chef, lui rapporter fidèlement l'or et l'argent qu'ils ont enlevé, pour le déposer dans le trésor public. On voit ces capitaines si braves, si superbes avec les rois, quitter, reprendre le commandement d'après un billet du calife, devenir tour à tour généraux, simples soldats, ambassadeurs,

---

(2) Si les Arabes n'avaient pas eu de grandes qualités naturelles, ils n'auraient pas accompli les grandes choses qu'ils ont faites, et Dieu ne les aurait pas pris pour châtier les chrétiens dégénérés. (*Note de l'éditeur.*)

à la moindre de ses volontés. On voit encore Omar lui-
même, Omar le plus puissant souverain, le plus riche,
le plus grand des rois de l'Asie, se rendre à Jérusalem
monté sur un chameau roux, chargé d'un sac d'orge et
de riz, d'une outre pleine d'eau et d'un vase de bois. Il
marche dans cet équipage à travers les peuples vain-
cus qui se pressent sur son passage, qui lui demandent
de les bénir et de juger leurs différends. Il arrive à son
armée, lui prêche la simplicité, la valeur, la modestie ;
il entre dans Jérusalem, pardonne aux chrétiens, conserve les églises, et, remonté sur son chameau, le calife
retourne à Médine faire la prière à son peuple (1). »

Les Turcs (2), sous Soliman II, étaient tout ce qu'ils
pouvaient être et tout ce qu'ils devaient être ; l'Europe
et l'Asie tremblaient devant eux. Le célèbre Busbeck
les observa à cette époque, et nous avons la relation
de son ambassade. Il existe peu de monuments aussi
curieux. Cet homme avait le coup d'œil juste, et son
caractère public le mettait à même de tout examiner.
Il est intéressant de voir comment il jugea ce gouvernement. Une des choses qui l'étonna le plus, ce fut
la discipline militaire : il vit un camp ; la description
qu'il nous en a laissée fait encore passer dans nos

___

(1) FLORIAN, *Précis historique sur les Maures,* 1ᵉ époque,
in-12, 1792, p. 21. — Les personnes qui connaissent l'histoire des
Arabes n'accuseront point cet écrivain d'avoir peint d'imagination.

(2) Ce que nous avons dit des Arabes s'applique également
aux Turcs dont la mission ne fut pas moins formidable. *(Note
de l'éditeur.)*

âmes le sentiment et l'émotion qu'éprouva la sienne. Au milieu de ces innombrables légions de turbans, il n'entendit pas le moindre bruit. C'était partout le silence terrible de la discipline (1) ; nulle part on n'apercevait le moindre désordre, la moindre agitation. Chacun se tenait à sa place dans le plus grand repos ; les officiers généraux assis, et tout le reste debout (2). Mais rien n'attirait l'attention comme l'aspect imposant de quelques milliers de janissaires qu'on voyait dans l'éloignement. Busbeck, averti que l'étiquette exigeait le salut de sa part, salua les janissaires qui tous ensemble lui rendirent le salut en silence. *Jusque-là*, dit-il, *j'aurais pu douter si je voyais des hommes ou des statues* (3). Les armes et les équipages étaient magnifiques ; mais, au milieu de ce luxe militaire, on voyait briller le goût de la simplicité et de l'économie (4).

---

(1) *Nunc ades et mecum maximam multitudinem turbinatorum capitum specta... Imprimis vero in tanta multitudine silentium et modestia... nullæ ibi voces; nullum murmur.* (Gisl. Busbeckii legatio turcica, Ep. 1.)

(2) *Nulla concursatio; summa quiete quisque sui ordinis locum tuebatur. Sedebant summa capita quæ ipsi Aga vocant... Vulgus stabat. (Ibid.)*

(3) *Digna erant præcipuque quæ spectarentur aliquot Gionizarorum millia, qui longo ordine sejuncti a reliquis, tam immoti stabant ut me diu judicii incertum redderent, hominesne essent an statuæ. (Ibid., Ep. I.)*

(4) *In tanto tamen luxu magna simplicitas et parcimonia. (Ibid.)*

Comme il méprise la mollesse de nos armées, lorsqu'il la compare à la sobriété, à la modération, à l'invincible patience du soldat turc (1) !

On voit briller sous sa plume l'enthousiasme national des Turcs et cette vigueur morale qui fait les grandes choses. Il nous fait voir, il nous fait entendre ce soldat expirant sur le champ de bataille, qui dit à ceux qui l'entourent : *Allez dire à ma patrie que je suis mort pour sa gloire et pour l'avancement de ma religion* (2) ; il nous rend le cri de ses compagnons exaltés qui s'écrient : *O le plus heureux des hommes !* qui ne pourrait pas envier ton sort (3) ? »

Mais lorsque ce même observateur passe de l'examen du régime militaire à celui de la constitution civile des Turcs, on voit clairement qu'il nous trouva aussi inférieurs, sous ce point de vue général, que nous l'étions sous le rapport particulier des armes. Ce qu'il dit sur la noblesse mérite surtout attention. Il est choqué des

---

(1) *Turcæ cum extremis difficultatibus patientia, sobrietate victus et parcimonia pugnant et se rebus melioribus servant, longe aliter quam milites nostri. (Ibid.)*

(2) Ce beau mouvement rappelle l'épitaphe si connue des 300 Spartiates tués aux Thermopyles :

Dic, hospes, patriæ, nos te hic vidisse jacentes
Dum sanctis patriæ legibus obsequimur.

Mais ici c'est le héros mourant qui donne la commission ; au lieu qu'aux Thermopyles, c'est le marbre qui parle pour les morts.

(3) *O te ter felicem !* etc. *(Ibid., Ep. III.)*

priviléges exclusifs do cot ordre dans los états chrétions;
et les Turcs lui paraissont bien plus sages. Ici, dit-il,
« les grandes actions obtiennent les honneurs ot la
puissanco ; parmi nous, c'ost autro choso : la naissance
obtient tout et le mérite rien (1). »

Ailleurs il s'étond davantage. « C'est le prince, »
dit-il, « qui distribue les omplois, et son choix n'est
point déterminé par les richesses, par la chimère de la
naissance, par la protection d'un individu, ou par le
jugement de la multitude. Les vertus soules, la conduite, le caractère, les talents sont pris en considération ; et chacun est récompensé en proportion de
son mérite (2).

Enfin Busbeck, en nous comparant aux Turcs, ne put
s'empêcher de voir d'un côté *toutes les vertus qui font
briller les empires, et de l'autre tous les vices qui en
amènent la ruine* (3). Le courage l'abandonna, et il fut

---

(1) *Illi rebus gestis florent, dominantur... Apud nos aliis vivitur
moribus : virtuti nihil est relictum loci ; omnia natalibus deferuntur.
(Ibid.* Ep. II.)

(2) *Munera et officia princeps ipse distribuit in quo non divitias,
non fumum nobilitatis pendit ; non gratiam cujusquam, aut mul-
titudinis judicium moratur, sed merita considerat, sed mores inge-
niumque atque indolem intuetur. Ex sua virtute unusquisque
ornatur. (Ibid.)*

(3) Il n'est pas surprenant qu'à l'instant de leur progrès,
les Turcs, en dépit de leur fausso religion, aient possédé des vertus
civiles, et que, au même temps, des nations chrétiennes en décadence aient eu, malgré la vraie religion, des vices qui amenaient
leur ruine. D'ailleurs, *corruptio optimi pessima. (Note de l'éditeur.)*

sur le point de désespérer du salut de la chrétienté (1).

Mably, à la place de Busbeck, n'aurait pas manifesté de préoccupations : il savait que pour les « sujets des princes despotiques, et surtout pour les Turcs il n'y a d'autres vertus que la patience, et quelques qualités utiles des esclaves compatibles avec la paresse et la crainte. »

Ces pauvretés de collège seraient bonnes (car tout ce qui amuse est bon) si elles n'avaient pas l'inconvénient d'agir sur les mauvaises têtes, et de les rendre toujours plus fausses et plus dangereuses.

Les Turcs sont faibles dans ce moment, et d'autres peuples les écrasent parce que ces disciples du Coran ont de l'esprit et des écoles de sciences, parce qu'ils savent le français, parce qu'ils font l'exercice à l'européenne : en un mot, parce qu'ils ne sont plus Turcs.

---

(3) *Quæ cogitantem horror corripit quid postremo futurum sit cum hanc nostram rationem cum eorum comparo : superare alteros, alteros interire necesse est ; ambo certe incolumes esse non possunt. Ab illa parte stant immensæ imperii opes, vires integræ, armorum usus et exercitatio, miles veteranus, victoriarum assiduitas, laborum patientia, concordia, ordo, disciplina, frugalitas, vigilantia : ab hac nostra, publica egestas, privatus luxus, deminutæ vires, infracti animi, laborum et armorum insolentia, contumaces milites, duces avari, disciplinæ contemptus, licentia, temeritas, ebrietas, crapula ; quodque est pessimum, illis vincere, nobis vinci solitum. (Ibid.,* Epist. III.)

Quid nostra arma cum his collata valeant utinam nobis ignorare liceat ! (Ejusdem de re militari contra Turcas institut. concil. ad calcem legat. turcicæ.)

Lorsqu'on parle de leur ignorance et de leur barbarie, on peut avoir raison ; mais si c'est dans la vue de blâmer leur gouvernement, on ne sait ce qu'on dit.

En général, nous n'entendons presque rien à l'ensemble des choses, et en cela nous sommes trop excusables, mais nous ne le sommes pas d'ignorer que cet ensemble existe. Le monde imaginaire de Descartes représente assez bien la réalité du monde politique : chaque nation est un tourbillon particulier à la fois pressant et pressé ; le *tout* n'est que l'assemblage de ces tourbillons, et les nations sont entre elles comme les individus qui les composent. Chaque membre de ces grandes familles qu'on appelle *nations* a reçu un caractère, des facultés et une mission particulière. Les uns sont destinés à glisser en silence sur le chemin de la vie sans faire remarquer leur passage ; d'autres font du bruit en passant, et presque toujours ils ont la renommée à la place du bonheur. Les facultés individuelles sont diversifiées à l'infini avec une magnificence divine, et les plus brillantes ne sont pas les plus utiles ; mais tout sert, tout est à sa place ; tout fait partie de l'organisation générale, tout marche invariablement vers le but de l'association.

Parmi cette foule d'individus il en est qui semblent naître sous un anathème caché. Il y a des fous, des imbéciles, des êtres dégradés au physique et au moral ; tout ce qu'on sait d'eux, c'est qu'ils sont là. A quoi sert ce *crétin* des Alpes ? — Demandez-le à celui qui organisa le cerveau de Newton.

Il en est des nations comme des individus. Toutes ont un caractère et une mission qu'elles accomplissent sans savoir ce qu'elles font. Les unes sont savantes, et les autres conquérantes ; et les caractères généraux se diversifient encore à l'infini. Parmi les peuples conquérants, les uns sont purement destructeurs, et d'autres semblent ne détruire que pour faire place à des créations d'un nouveau genre. Les Orientaux ont toujours été contemplatifs ; l'intuition semble leur être plus naturelle que le raisonnement. Comme ils habitent beaucoup avec eux-mêmes et qu'ils travaillent moins que nous sur les objets extérieurs, leur âme est plus ouverte aux impressions spirituelles : aussi toutes les religions viennent d'Asie.

Parmi les nations savantes, il en est qui ne montrent que peu ou point de talent pour tel ou tel genre de connaissances ; d'autres semblent les cultiver toutes avec un succès à peu près égal ; d'autres enfin sont portées d'une manière frappante vers un certain genre de sciences, et alors elles en abusent presque toujours.

Ainsi les Arabes, qui avaient un talent prodigieux pour la médecine et la chimie, s'adonnèrent à la magie et à toutes les opérations théurgiques ; et les Chaldéens, qui furent de grands astronomes, donnèrent dans l'astrologie, au point que le nom de *chaldéen* devint dans la suite synonyme de celui d'*astrologue*. Paracelse et Képler même furent deux types de ces nations.

Les Français ont très peu de talent pour la médecine ; et, si l'on excepte le livre de Sénac sur le cœur, qui même appartient plus à la physiologie qu'à la médecine proprement dite, je doute que la France ait produit un seul ouvrage original sur cette science.

Les Anglais, au contraire, se sont infiniment distin-

gués dans ce genre ; et tandis que l'étude de la médecine a conduit dans d'autres pays une infinité d'hommes, même d'hommes habiles, au matérialisme, les
médecins anglais au contraire présentent une *constel-
lation* de noms aussi distingués par leur caractère
moral et religieux que par leurs profondes connaissances (1).

Je sortirais de mon sujet si je poussais ces observations plus loin : c'est assez pour faire sentir combien
nous sommes ridicules lorsque nous accusons tel ou tel
gouvernement d'abrutir les peuples. Nulle nation ne
doit son caractère à son gouvernement, pas plus que sa
langue ; au contraire, elle doit son gouvernement à son
caractère, qui, à la vérité, est toujours renforcé et perfectionné dans la suite par les institutions politiques.
Si vous voyez languir une nation, ce n'est point parce
que son gouvernement est mauvais ; c'est parce que ce
gouvernement, qui est le meilleur pour elle, dépérit
comme toutes les choses humaines, ou plutôt c'est
parce que le caractère national est usé. Alors les nations
subissent des palingénésies politiques, ou bien elles
meurent. Il n'y a rien de moins fondé que nos discours éternels sur l'ignorance des Orientaux : ces
hommes savent ce qu'ils doivent savoir, ils marchent
vers un but général ; ils obéissent à la loi universelle,
aussi bien que nous qui faisons des brochures. —
L'ignorance d'ailleurs ne tient ni au climat, ni à la reli-

---

(1) C'est la remarque d'un anonyme dans l'*European Magazine*, 179..., n°... (Cette note m'a échappé.)

gion, ni au gouvernement : le caractère des nations a des racines plus profondes. On répète tous les jours que le mahométisme favorise l'ignorance ; point du tout. Le gouvernement repousse la science à Constantinople ; il l'appelait à Bagdad et à Cordoue, dans le moment où l'islamisme était dans son plus haut degré d'exaltation. Quelques saints personnages de l'Eglise chrétienne, qui firent jadis, contre les sciences, à peu près l'argument d'Omar, ne nous ont pas empêchés d'être ce que nous sommes. Et puisqu'il s'agit de sciences, j'observerai que nous nous accoutumons trop, en Europe, à croire que les hommes ne sont créés que pour faire des livres. Voltaire avait ce ridicule au suprême degré : il croyait qu'une nation qui n'avait pas un théâtre et un observatoire n'était pas digne de respirer. Ses petites sciences humaines lui tournaient la tête, au point que, dans une ode qu'il composa à l'occasion du retour des académiciens qui étaient allés mesurer au pôle un degré du méridien, il adressa aux anges cette risible apostrophe :

Parlez ! Du grand Newton n'étiez-vous point jaloux?

Pope était bien plus sage, plus profond, plus spirituel lorsqu'il disait en parlant aussi aux anges :

Newton était pour eux ce qu'un singe est pour nous (1).

Il n'y a point de sciences devant Celui qui a fait les nations ; il n'est pas même permis au sage d'être

----

(1) *Essay on man*, epistle... V...

orgueilleux sur ce qu'il sait, lorsqu'il songe à ce qu'il ignore ; en réfléchissant, d'ailleurs, sur les inconvénients des sciences, on pourrait dire d'elles, sans aller aussi loin que Rousseau, ce que Tacite a dit des métaux précieux, en parlant d'un peuple simple qui ne les connaissait pas : « C'est une question de savoir si la divinité les refuse dans sa bonté ou dans sa colère (1). »

Les sciences sont bonnes si elles nous rendent meilleurs et plus heureux. Quoi qu'il en soit, soyons savants autant qu'on peut l'être sur cette planète encroûtée ; et puisque c'est notre lot, tirons-en parti, mais ne soyons pas toujours si disposés à nous préférer aux autres. Chaque peuple remplit sa mission ; nous méprisons les Orientaux, et ils nous méprisent : où est le juge entre nous? Voyez ces pachas, ces vizirs disgraciés! La mer leur offre une fuite assurée ; d'immenses richesses mobilières leur promettent l'aisance dans tous les pays ; ils connaissent notre hospitalité, et cette curiosité empressée qui nous fait accueillir avec transport tout ce que n'avions pas vu tous les jours. Nous leur offrons nos arts, notre liberté, notre politesse ; ils ne veulent ni de nos arts, ni de notre liberté, ni de notre politesse. Ils demeurent chez eux ; ils attendent le cordon, et leurs descendants disent fièrement : « Chez moi on ne meurt pas dans son lit (2). »

____

(1) *Argentum et aurum propitii, an irati dii negaverint dubito.* (TACITE, *de Mor. Germ.*, V.)

(2) Une dame turque fit cette réponse à mylady Wortley-Montagu. Elle avait le ton d'une Française qui aurait compté

Le comble de la folie serait de soutenir que le caractère des peuples est leur ouvrage ; mais, quand nous disons qu'ils ont fait leur gouvernement, c'est la même folie en d'autres termes.

Consultons l'histoire : nous verrons que chaque nation s'agite et tâtonne, pour ainsi dire, jusqu'à ce qu'une certaine réunion de circonstances la place précisément dans la situation qui lui convient : alors elle déploie tout à coup toutes ses facultés à la fois, elle brille de tous les genres d'éclat, elle est tout ce qu'elle peut être, et jamais on n'a vu une nation revenir à cet état, après en être déchue (1).

---

parmi ses ancêtres cinq ou six maréchaux de France tués sur le champ de bataille. (V. les lettres de cette spirituelle lady.)

(1) Bolinbrocke a dit que les nations pouvaient se régénérer : il aurait bien dû le prouver. Voici ce qui me paraît plus vrai : c'est que les nations, en parcourant leur période de dégradation, peuvent avoir, de temps en temps, certains élans de force et de grandeur qui sont eux-mêmes en progression décroissante, comme les temps ordinaires. Ainsi, l'Empire romain, dans son déclin, fut grand sous Trajan, mais cependant moins que sous Auguste ; il brilla sous Théodose, mais moins que sous Constantin ; enfin, il eut de beaux moments jusque sous le pédant Julien et sous Héraclius, mais la progression décroissante allait son train et ne changeait point de loi. Le plus haut point pour une nation est celui où sa force intellectuelle arrive à son *maximum* en même temps que sa force physique ; et ce point, déterminé par l'état de la langue, n'a jamais eu lieu qu'une fois pour chaque nation. Il est vrai que l'état dont je parle n'est pas un point indivisible, et qu'il est susceptible de plus et de moins. Ainsi, pour ne pas se perdre dans

Ce point rayonnant fut, pour la France, le siècle de Louis XIV. Nul souverain dans l'univers ne fut plus roi que ce prince : l'obéissance, sous son règne, fut un véritable culte, et jamais les Français ne furent ni plus soumis ni plus grands. Alors on vit le type par excel-

---

les subtilités, si l'on représente l'agrandissement et la décadence du peuple romain par une parabole, Auguste est au sommet, et son règne occupe une certaine portion du haut de la courbe ; on descend d'un côté jusqu'à Térence ou Plaute, de l'autre jusqu'à Tacite ; là finit le génie ; là commence la barbarie ; la force continue le long des deux branches, mais toujours en diminuant ; elle naît dans Romulus.

Considérons maintenant les phases de la nation française : elle a brillé surtout sous les règnes de Clovis Ier, de Charlemagne, de Philippe-Auguste, de Charles le Sage, de François Ier, d'Henri IV, de Louis XIII et de Louis XIV ; jusqu'à cette dernière époque elle n'a cessé de s'élever, et tout ce qu'elle a souffert sous les règnes malheureux doit être mis au rang de ces secousses douloureuses qui ne régénèrent pas les nations (car personne n'a prouvé qu'elles puissent être régénérées), mais qui les perfectionnent lorsqu'elles sont dans leur période progressive, et les poussent vers le plus haut point de leur grandeur.

Aujourd'hui il y a de belles questions à faire sur la France : par exemple, ce plus haut point, dont nous parlons, peut-il être déterminé par les contemporains, ou par leur postérité immédiate ? Un autre siècle pourra-t-il présenter encore le même phénomène que le XVIIe : c'est-à-dire tous les talents réunis au plus haut degré, en France, par des Français, et à la même époque ? la langue de cette nation peut-elle se perfectionner ? Y a-t-il, peut-il y avoir des preuves que la nation a commencé sa période de dégradation ? Les arguments qu'on ferait pour établir l'affirmative, aurait-on

lence du caractère français, dans toute la perfection dont il est susceptible : c'était un mélange de religion, de chevalerie, de génie, d'amabilité, de galanterie ; c'était enfin un tout si éblouissant, que l'Europe s'inclina devant ce caractère unique, le proclama comme le modèle de la grandeur aimable et mit sa gloire à l'imiter.

La conclusion générale qu'il faut tirer de toutes ces observations, c'est qu'il est impossible qu'une nation ne soit pas faite pour le gouvernement sous lequel on la voit déployer à la fois toutes ses facultés morales : or, comme toutes les nations sont parvenues à ce haut point de grandeur sous des gouvernements différents, il s'en suit que tous les gouvernements sont bons, et par une conséquence non moins certaine, qu'il n'y a point de contrat social, point de convention, point de délibération sur l'acceptation de la souveraineté en général, ni de telle ou telle souveraineté en particulier :

---

pu les faire du temps de la Jacquerie et de la Ligue? Toutes les nations que nous avons vues passer étant mortes de la même manière, c'est-à-dire par de nouvelles nations qui venaient se substituer aux autres sur le propre sol de ces dernières par voie de conquête, si ce moyen n'a pas lieu, et si la nation la plus corrompue qu'on pourrait imaginer demeure tranquille dans ses limites, peut-il se former sur le même sol une nouvelle nation, véritablement *autre*, quoiqu'elle parle la même langue?... L'examen de ces questions, sur lesquelles l'histoire paraît muette, me conduirait trop loin et passerait d'ailleurs mes forces ; je me borne donc à les soulever, comme disait une fois le *Journal de Paris*.

car ce n'est point l'homme qui s'est fait sociable, et nul homme en particulier ne s'est fait propre à tel ou tel gouvernement. Les nations, comme les individus, ne sont donc, suivant l'expression de Thalès, que les *outils de Dieu*, qui les forme et qui s'en sert, suivant des desseins cachés, dont on peut tout au plus se douter. Lorsqu'elles commencent à se connaître et à réfléchir sur elles-mêmes, leur gouvernement est fait depuis des siècles. Nul n'en peut montrer les commencements, parce qu'ils précèdent toujours toutes les lois écrites, qui ne sont jamais que les déclarations de droits antérieurs gravés seulement dans la conscience universelle. Les grands législateurs, les législateurs par excellence, ne prouvent rien contre la thèse générale, et même ils la confirment. D'abord, par leur petit nombre ils sont des phénomènes, des miracles, qui attestent plus particulièrement et rendent palpable, au pied de la lettre, une action supérieure à l'action humaine. En second lieu, comme, pour former une machine, il faut deux choses, premièrement un artiste capable de l'exécuter, et secondement une matière qui réponde aux desseins de l'artiste ; de même le législateur ne produirait rien s'il n'avait sous la main une *matière*, c'est-à-dire un peuple fait pour obéir à son action, et ce peuple ne s'est pas fait tel. Le grand homme qui le façonne est déjà un prodige.

La souveraineté est donc étrangère au peuple de deux façons, puisqu'il n'a délibéré ni sur la souveraineté en général, ni sur la souveraineté particulière qui le régit. Dans un sens élevé, le peuple romain sur le Janicule est aussi passif que le pacha qui reçoit le cordon et le baise. Le soldat qui monte à l'assaut déploie certainement une très grande activité ; cependant il ne fait qu'obéir à son général qui l'envoie à la victoire ou à la mort ; pareillement le peuple qui montre la plus grande énergie pour sa liberté, déploie les qualités qu'il a reçues et qui le rendent capable de tel gouvernement. Tout nous ramène donc à l'auteur de toutes choses. La puissance vient de lui, l'obéissance vient de lui ; tout vient de lui, excepté le mal. . . . . . .

Cet ouvrage n'a pas été plus loin ; et ce n'est d'ailleurs qu'une esquisse qui n'a pas même été relue (NOTE DE L'AUTEUR).

FIN

TABLE DES MATIÈRES

ESSAI SUR LE PRINCIPE GÉNÉRATEUR

DES CONSTITUTIONS POLITIQUES

ÉTUDE SUR LA SOUVERAINETÉ

Lyon. — Imp. Emmannel Vitte, 18, rue de la Quarantaine. — 345

ŒUVRES COMPLÈTES DE J. DE MAISTRE

14 vol. in-8°, plus une table analytique des matières...................... Prix 168 fr.

Cette édition définitive qui contient un grand nombre de lettres inédites (près de 400), forme 14 volumes in-8°, imprimés sur papier vergé. Chaque volume a environ 30 feuilles (480 pages) et se vend 12 fr.

Les six derniers volumes (tomes IX, X, XI, XII, XIII et XIV) contiennent toute la correspondance inédite.

Division de l'ouvrage : chaque partie se vend séparément à raison de 12 fr. le volume.

Tome I. — Considérations sur la France. Trois fragments sur la France; Essai sur le principe générateur. Etude sur la souveraineté. 1 vol.

Tome II. — Du Pape. 1 vol.

Tome III. — L'Eglise gallicane; l'Inquisition espagnole. 1 vol.

Tome IV et Tome V. — Les Soirées de Saint-Pétersbourg; Appendice sur les sacrifices; Délais de la justice divine dans la punition des coupables. 2 vol.

Tome VI. — Examen de la philosophie de Bacon. 1 vol.

Tome VII et Tome VIII. — Opuscules. 2 vol.

Tomes IX, X, XI, XII, XIII et XIV. — Correspondance. 6 vol.

Joseph DE MAISTRE, par l'anecdote, le détail et l'image, par Antoine Albalat.

1 beau vol. in-8°, de 212 pages (25 illustrations hors texte).